Alois Gmeiner

# Das Low-Budget-Werbe-1x1

REDLINE WIRTSCHAFT

Alois Gmeiner

# Das Low-Budget-Werbe-1x1

Für Existenzgründer, Selbstständige und Kleinunternehmer – Schritt für Schritt die besten Werbestrategien / Werbemedien / Werbemittel

REDLINE WIRTSCHAFT

Alois Gmeiner
**Das Low-Budget-Werbe-1x1**
Für Existenzgründer, Selbstständige und Kleinunternehmer – Schritt für Schritt die besten Werbestrategien /Werbemedien / Werbemittel
ISBN 3-636-01191-X

**Unsere Web-Adresse:**

http://www.redline-wirtschaft.de

3., aktualisierte und erweiterte Auflage 2005



Umschlag: Vierthaler & Braun, München
Coverabbildung: Getty Images

Ein Unternehmen der Süddeutscher Verlag Hüthig Fachinformationen
Satz: Redline GmbH, J. Echter
Druck und Bindearbeiten: Himmer, Augsburg
Printed in Germany 01192/020501

# Inhaltsverzeichnis

# Anmerkung

Um das Arbeiten mit diesem Buch für Sie möglichst einfach und effizient zu gestalten, haben wir wichtige Textpassagen mit folgenden Icons gekennzeichnet:

! Achtung wichtig!

Stolperstein

Das sollten Sie auf jeden Fall vermeiden!

z.B. Beispiel

Tipp Tipp

Low Budget Besonders budgetschonender Tipp

# Ein Buch vom Praktiker für die Praxis!

Ist Werbung eine Geheimwissenschaft?
Können nur die so genannten „Kreativen" erfolgreiche Werbung gestalten?
Was bedeutet Erfolgskontrolle? Dass Sie als Unternehmer so viel Aufmerksamkeit wie möglich erregen oder dass Ihre Werbung Tag für Tag verkauft?
Hier die beruhigende Antwort: Auch Sie als Kleinunternehmer können effiziente Werbung machen – vorausgesetzt, Sie kennen die elementaren Regeln des Handwerks der Werbung!
Vor Ihnen liegt ein regelrechtes „Kochbuch". Mit Rezepten, die sich immer und immer wieder bewährt haben, weil die Menschen sich nicht ändern.
Verständlich, systematisch und übersichtlich führt Alois Gmeiner, ein Werbepraktiker aus Berufung, Sie in das Kleine Einmaleins der effizienten Werbung ein. Viele anschauliche Ratschläge aus dem Alltag der Werbung, die sich sofort umsetzen lassen, helfen Ihnen, sich gegen Ihre Konkurrenz durchzusetzen und mehr Umsatz zu machen!
Kurzum, dieser Werbeleitfaden ist ein wahrer Goldesel, dessen Sie sich immer wieder bedienen können!

*Kay Tangermann*
Agenturchef und Autor des Buches *Werbung. Der Milliardenpoker!*

## Low Budget?!

Low Budget – ein Ausdruck aus dem Englischen – bedeutet nichts anderes als „kleines Budget" oder „niedriges Budget" und beschreibt daher präzise jene Situation, die in hunderttausenden Kleinbetrieben tagtäglich anzutreffen ist: „No money" – kein Geld. Und genau darum habe ich bei diesem Buch den Schwerpunkt auf die Low-Budget-Problematik gelegt. Schon im Titel dieses Buches wollte ich Sie darauf aufmerksam machen, dass Werbung auch ohne die gigantischen Budgets der großen Markenfirmen funktioniert. Leider glauben die meisten Unternehmer in Klein- und Mittelbetrieben noch immer, dass „gute Werbung" nur mit „viel Geld" einhergeht. Meiner Meinung nach war das nie so und es wird auch nie so sein. Das beweisen die eklatanten Marketing- und Werbeflops der Großen. Denn auch mit viel Geld kann nichts „verkauft" werden, wenn grundsätzliche und schwer wiegende Fehler in der Ansprache der Kunden und in der Kommunikation gemacht werden. Sie finden einige Beispiele in diesem Buch. Außerdem: Viel Geld in die Werbung zu stecken ist keine Kunst: Das kann jeder. Aber mit wenig Geld große Erfolge zu erzielen, dazu gehört eine gesunde Portion Know-how. Genauer: das Wissen um die vielen kleinen Regeln, Tricks und Kniffe der Werbung. Wohlgemerkt, es sind keine Geheimnisse, um die es geht. Aber auch mich erstaunt immer wieder, dass es oft nur einzelne Worte sind (siehe „Werbezauberworte", Kapitel 8), die aus einer gewöhnlichen Anzeige eine „Erfolgsanzeige" machen oder aus einem billigen Flugblatt einen „Umsatzbringer".

! **Low-Budget-Werbung muss sein:**

Auffälliger als die anderen
Ungewöhnlicher als die anderen
Besser als die anderen
Erfolgreicher als die anderen
Billiger als die anderen

# Nichts ist mehr, wie es einmal war ...

Seit der Erstauflage diese Buches sind nur wenige Jahre vergangen. Das Buch mauserte sich still und heimlich zum Longseller und ist heute oft zitiertes Standardwerk. Sogar in der Ausbildung neuer Werbefachleute spielt das Buch, das Sie gerade in Händen halten, eine nicht zu unterschätzende Rolle. Für mich der wichtigste Effekt: Tausende Unternehmer und Ich-AGs haben sich durch dieses Buch die Angst vor der Werbung nehmen lassen. Denn noch vor wenigen Jahren waren die Begriffe Werbung und Geld (viel Geld) untrennbar miteinander verbunden. Viele Unternehmer zogen es daher vor, das Thema komplett aus ihrem täglichen Aufgabenbereich zu eliminieren. Schade, denn mit Werbung konnte damals, wie auch heute noch, viel – sehr viel bewegt werden. Da ist noch alles beim Alten!

Was sich allerdings massiv geändert hat, das ist der moderne Konsument – der Verbraucher – der Gast – der Kunde – der Klient –, ja sogar der Patient bei einem Arzt ist nicht mehr jener, den es noch vor 20 oder 30 Jahren gegeben hat.

Was ist passiert – was hat sich geändert?

In der ZEIT erschien vor kurzem ein Artikel mit dem Titel: DER GNADENLOSE KUNDE! Darin wurde (wieder einmal) der böse Kunde präsentiert, der Alptraum jedes Markt- und Meinungsforschers, das Schreckgespenst jedes Werbers. Ein Kunde, der sich nicht mehr einordnen lässt – ein Kunde, der sich nicht mehr an die von den Marktforschern aufgestellten Zielgruppenvorgaben hält. Ein Kunde, der einfach nicht mehr das tut, was man eigentlich von ihm erwarten würde. Die Werbebranche ist verwirrt, denn: *„Mitten in der Wirtschaftsflaute tritt den Herstellern ein selbstbewusster Konsument entgegen, der die Extreme liebt: Hier treibt ihn die Lust an der Extravaganz – dort der Verzicht. Das Verhalten der Verbraucher polarisiert sich.“* Wie soll man so einen Kunden umwerben? Wie soll man so einem Kunden seine Produkte verkaufen? *„Für viele*

*Deutsche ist es kein Widerspruch mehr, am Körper ein Häkelkleid von H&M für 9,90 Euro zu tragen, am Handgelenk aber eine Armbanduhr, die mehr als das Hundertfache gekostet hat. 100 Gramm Champagner-Trüffel für 4 Euro harmonisieren heute mit einer Packung Billig-Salami für 89 Cent.*" Ich meine nun, dass die Billig-Salami für 89 Cent nur dann gekauft wird, wenn sie auch einen Vorteil für den Konsumenten hat – in diesem Fall kann das nur eines bedeuten: Geschmack! Und viele Produkte im Food-Bereich, die mit viel Pomp und noch mehr Geld in den Markt gepresst werden, floppen nur deshalb, weil bei der Konzipierung und Strategieentwicklung im Vorfeld etwas zu wenig bedacht wurde: Schmeckt das Zeug überhaupt? Sofort werden jetzt einige Werbefachleute und vor allem Marktforscher aufschreien (die sich, wie ich festgestellt habe, ebenfalls in großer Zahl unter den Lesern dieses Buches finden). Moment, lieber Herr Gmeiner, sooooo geht es ja nicht, wir testen doch jedes Produkt hunderte und tausende Male, bevor es in die Produktion geht. Ja, aber es gibt immer noch einen Spruch, der dieses Problem und damit die hunderten Flops am Lebensmittelsektor, die jahrein, jahraus passieren, erklären:

Viele Köche verderben den Brei!

Denn das Ziel und der Grund für Markforschungstests und Meinungsumfragen ist ja nur eines: Jene Geschmacksrichtung und jenen Duft herauszufinden, den der überwiegende Teil der Befragten am besten findet. Das bedeutet aber auch, dass ich viele Menschen befrage, die im wahrsten Sinne des Wortes von gutem Geschmack überhaupt keine Ahnung haben. Was dabei herauskommen muss, ist ein „Allerweltsgeschmack", der zwar von niemandem abgelehnt wird, der aber auch von niemanden mehr wirklich gemocht wird. Bestätigt wird diese These auch aus ganz anderer Richtung. Bei der Recherche zu meinem Buch *HOTEL KREATIV* (www.hotelkreativ.de) ging es mir hauptsächlich um „neue Ideen" für Gastronomie und Hotellerie. Ganz nebenbei ergab sich bei einem der vielen Interviews, die ich für das Buch führte, eine für mich entscheidende Aussage eines bekannten Tourismus- und Gastroexperten, der mir voll zustimmte, dass die Auslastung von Hotels „mit Idee" ganz entscheidend höher ist als die Auslastung von

08/15-Hotels und damit einen gerade in der heutigen Zeit besonders wichtigen Wettbewerbsvorteil darstellt. Anders seine Meinung bei Gastrobetrieben. *„Bei einem Restaurant oder Gasthaus ist doch eigentlich nur entscheidend, dass gut gekocht wird – dann kommen die Leute wieder – wer was anderes sagt, belügt sich selbst!“* So, und nun überprüfen Sie selbst einmal, wann Sie das letzte Mal wirklich zufrieden mit einem Restaurantbesuch waren und welche Lokale Sie als Ihre Stammlokale titulieren würden – mit Sicherheit ist das Essen dort besser als in Lokalen, die „schöner, neuer, hipper, cooler“ sind. Oder? Und meist bestehen diese Lokale bereits in zweiter, dritter oder sogar vierter Generation – ohne Werbung. Der Grund für ihr Bestehen – Stammgäste und Mundpropaganda!

Die beste Low-Budget-Werbung ist Mundpropaganda!

Werbung soll bei den Kunden Interesse wecken, Ihr Produkt, Ihren Service, Ihre Beratung das „erste Mal“ zu testen. Wenn Ihr Produkt, Ihr Service, Ihre Beratung gut sind, dann werden diese Kunden zu Stammkunden. Wenn aber der Kunde enttäuscht oder auch nur „gleichgültig“ dem Produkterlebnis (Geschmack, Geruch, Aussehen, Vorteile etc.) gegenüber ist, dann wird er Ihnen nach diesem Erstkauf sofort wieder abhanden kommen, denn es gibt ja heute unzählige Alternativen.

**Wir haben alles und wollen nur mehr das Besondere:**

Das Beste – Billigste – Teuerste – Praktischste – Bequemste – …

(Egal, welche Zielgruppe – egal, in welcher Preisklasse)

Wenn Sie diesen Wertewandel des modernen Konsumenten (Sie sind übrigens auch einer dieser modernen Konsumenten) einmal „behirnt“ haben, dann sehen Sie Werbung auch in einem ganz anderen (nämlich unverkrampften) Licht. Sie wissen dann nämlich, dass Sie nicht zu denselben Waffen wie die großen Anbieter greifen müssen (nämlich die große Geldkanone), sondern dass Sie jeden Kunden auch durch LOW-

BUDGET-WERBEAKTIONEN erreichen können. Ganz einfach, weil Sie eben nicht dem Trugschluss erliegen, in „Imagewerbung und teure Models“ für Ihre Werbung investieren zu müssen, um zu verkaufen – sondern simpel gesagt, eigentlich ausschließlich die VORTEILE und BESONDERHEITEN Ihres Produktes präsentieren müssen, um sich auch gegen Marken- oder Billigprodukte oder gegen die großen Ketten zu behaupten. Und das funktioniert auch mit Low Budget!

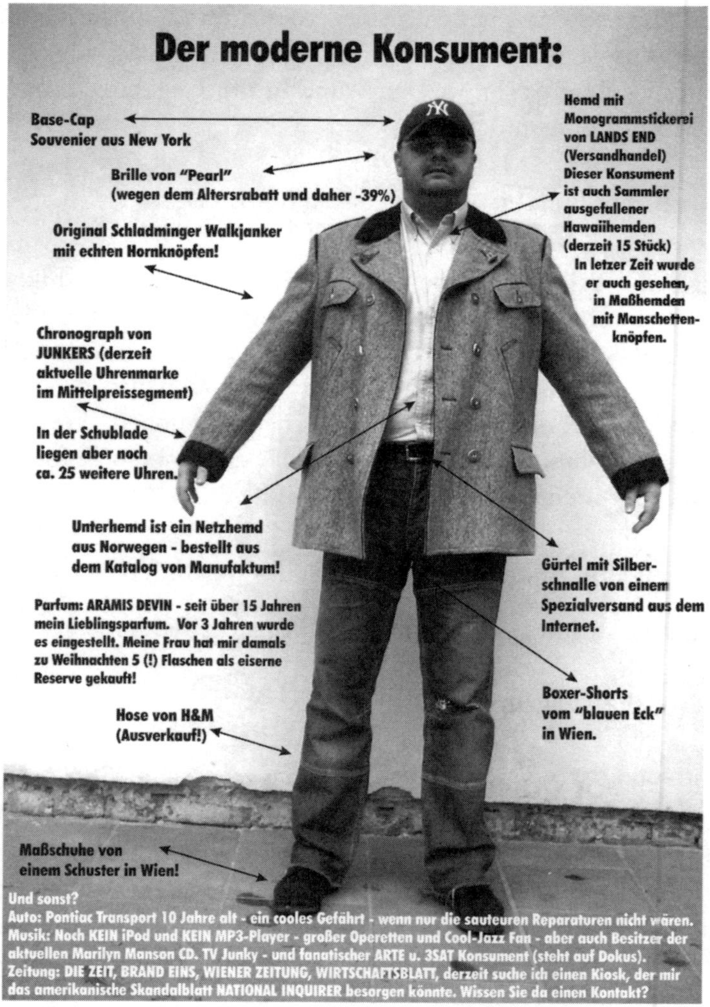

Kurz gesagt:
**Anders als die anderen**

## Das „kleine“ und „große“ Werbe-1x1?!

Jeder kann rechnen, der eine besser, der andere schlechter – aber alle können es und tun es täglich! Und eines ist interessant: Es gibt auf der Welt Millionen von Unternehmern und von diesen Unternehmern gibt es sicher hunderttausende, die nicht (oder nicht gut) schreiben können – dennoch führen sie erfolgreich ihr Geschäft. Aber es gibt weltweit keinen Unternehmer, der weder rechnen kann noch muss. Egal, ob es sich bei diesem Unternehmer um einen fliegenden Händler in Afrika handelt, der im Busch seine Habseligkeiten verkaufen möchte, oder um den Hamburger Großhändler, der tagtäglich für Millionen Euro Ware ein- und verkauft. Alle rechnen, es gehört sozusagen zum Grundhandwerk eines jeden Geschäftsmannes. Und genauso wie alle Unternehmer der Welt rechnen können, genauso ist es auch mit der Werbung:

## Alle Unternehmer dieser Welt betreiben Werbung!

Nur wissen es die meisten gar nicht. Denn sie machen es seit jeher – unbewusst – und meist ohne spezielles Werbebudget. Und so wie der Hamburger Geschäftsmann etwas kompliziertere Berechnungen anstellen muss als der fliegende Händler in Afrika, genauso ist auch die Werbung in unserer komplexeren westlichen Industriegesellschaft eben ein wenig komplizierter als im afrikanischen Busch. Denn Sie wissen schließlich, was eine Anzeige ist. Vielleicht haben Sie sogar schon eine oder mehrere Anzeigen geschaltet oder in Auftrag gegeben. Sie sehen tagtäglich Plakate, Prospekte, Visitenkarten, Flugblätter, TV-Spots und hören Radiospots. Darüber muss ich Sie also nicht mehr aufklären. Das „Große Werbe-1x1" beschäftigt sich daher mehr mit den Feinheiten der Werbung, z.B., wie man aus einer „Normalanzeige" eine „Erfolgsanzeige" macht oder wie man mit kleinen Plakaten große Wirkung erreichen kann.

Und: Nicht trockene Theorie ist das Ziel, sondern so viel praktisches Wissen, damit Sie schon bei Ihren ersten „Werbe-Experimenten" voll ins Schwarze treffen und mehr Umsatz machen, noch dazu mit möglichst wenig Werbebudget.
Denn von einer Sache bin ich so sehr überzeugt, dass ich sie zu meinem Firmenslogan erkoren habe:

! Werbung ist keine Frage des Budgets – sondern der Ideen!

## Erwarten Sie von diesem Buch:

- ❑ Vorschläge, die mit wenigen hundert Euro Einsatz mehrere tausend oder sogar zehntausend Euro Umsatz bringen
- ❑ Vorschläge, die Sie selbst am Computer verwirklichen können
- ❑ Vorschläge, die Ihnen tatsächlich bereits nach 14 Tagen neue Kunden und mehr Umsatz bringen
- ❑ Vorschläge, wie sie sich von Ihrer Konkurrenz absetzen können
- ❑ Vorschläge, die nicht nur Ihre Werbung, sondern auch Ihr Marketing beeinflussen werden
- ❑ Vorschläge, die klein im Aufwand, aber groß in der Wirkung sein werden
- ❑ Vorschläge und Beispiele, die in der Praxis auch tatsächlich genauso funktioniert haben

## Erwarten Sie von diesem Buch nicht:

- ❑ Reine Theorie ohne jeden Praxisbezug
- ❑ Wissenschaftliches Zahlen- oder Tabellenmaterial
- ❑ Vorschläge, die nicht umsetzbar sind
- ❑ Vorschläge, die für Klein- und Mittelbetriebe nicht finanzierbar sind
- ❑ Vorschläge, die nur von Großbetrieben umsetzbar sind
- ❑ Vorschläge, die nur ein einziges Mal funktioniert haben
- ❑ Den Stein der Weisen!

Noch eine wichtige Anmerkung:

## Werbung ist Geschmackssache!

Sie finden in diesem Buch viele Vorschläge und Grafikumsetzungen. Nicht jede dieser Gestaltungen wird Ihnen gefallen. Das wäre auch unmöglich. Werbung ist eben Geschmackssache. Nehmen Sie diese Grafiken, Texte und Gestaltungen daher eher als Richtungsweiser und als „Schnittmuster" für Ihre eigenen Ideen und Umsetzungen.
Doch vor allem will ich mit diesem Buch eines:

! Ich will Ihnen Mut machen.

Denn eines habe ich in all den Jahren in der Werbung gelernt:

## Tun Sie was – dann ist der Erfolg „beinahe" garantiert!

Zu oft komme ich in Betriebe, in denen zwar für tausende und abertausende Euro geworben wird, der Erfolg sich aber nicht einstellen will. Und nur weil bestimmte Grundregeln – eben das 1x1 der Werbung – aus Unwissenheit oder aus Arroganz nicht eingehalten werden. Ja, auch Arroganz, denn oftmals verzichten Unternehmer gerade auf jene Werbemittel, die ihnen Erfolg bringen könnten, nur deshalb, weil sie selbst nicht Konsumenten dieser Werbemittel oder Medien sind. Eine teuflische Falle und ein fataler Fehler.

## Der Wurm muss dem Fisch schmecken – nicht dem Angler!

Genau jenen Wurm oder Köder zu finden, der unserem Kunden am besten mundet, das ist die Aufgabe der Werbung. Und wie beim Angeln muss der Köder je nach Fischart, Gewässer und Witterungsbe-

dingungen ausgewählt und oft auch mehrmals gewechselt werden, um Erfolg zu bringen. Der große Fang kann nur gelingen, wenn alle Voraussetzungen richtig sind. Fehlt der richtige Köder, dann kann ich jahrelang immer wieder meine Angel auswerfen, der Erfolg wird ausbleiben. Genau wie bei jenen Unternehmern, die immer wieder die gleichen Werbemethoden anwenden, obwohl sie genau wissen, dass sie nichts bringen. Das Argument, warum sie es dennoch tun, lautet meist: Wenn ich gar nicht werbe, dann kommen vielleicht überhaupt keine Kunden mehr.
Jeder Fischer würde nach spätestens nach einem Tag die Geduld verlieren und seine Taktik überdenken. Er würde zu Fischerfreunden gehen und sich mit diesen über die beste Stelle, die beste Tageszeit und natürlich den besten Köder unterhalten. Bei manchen Unternehmern jedoch scheint die Geduld – oder sollte man es Schwerfälligkeit nennen – extrem hoch zu sein.

z.B.

Auf einem meiner Seminare zeigte mir vor kurzem ein gestandener Seniorchef seine Anzeigen mit dem Hinweis: „Die bringen alle nichts."
Ein kurzer Blick auf eine der Anzeigen genügte und ich war im Bilde. Es war eine jener klassischen „Weihnachts-Dankeschön-allen-Kunden-für-die-Treue-Anzeige", die zu hunderten vor Weihnachten und Neujahr in den vielen Lokal- und Gratiszeitungen erscheinen. Ich habe den Unternehmer gefragt, warum ein Kunde auf Grund dieser Anzeige bei ihm kaufen sollte. Nach langem Überlegen kam dann die zögernde, unsichere Aussage:
„Na ja, weil … weil … keine Ahnung!"
„Ach, und der Kunde soll es wissen, obwohl nicht einmal Sie als Chef der Firma es mir sagen können?"
„Hmmmm … stimmt eigentlich!"

Schockierend! Anzeigen werden ohne konkrete Aussage und ohne Vorteil für den Kunden geschaltet. Geld wird mit Schwung zum Fenster hinausgeworfen. Und warum? Nur weil der Anzeigenvertreter so nett ist? Oder weil man halt werben muss? Nein! Nur weil man es nicht besser weiß und weil man nie gelernt hat, es besser zu machen. Aber hauptsächlich, weil Unternehmer nicht einmal über die Kundenvorteile ihrer eigenen Produkte bzw. Dienstleistungen Bescheid wissen. Und genau dieses Manko soll durch das erste Kapitel dieses Buches aus der Welt geschafft werden. Denn: Wenn ICH nicht weiß, was ICH besser kann als alle anderen, wie sollen es dann meine Kunden wissen?

Machen wir also den ersten wichtigen Schritt in Richtung Werbeerfolg! Viele Kunden und auch Seminarteilnehmer fragen mich immer wieder, ob es denn in der Werbung bestimmte Regeln oder Gesetzte gibt, die immer zutreffen. Meine Antwort:

Im Prinzip lässt sich die Werbung auf **sechs goldene Tipps** reduzieren. Sie wollen diese goldenen Tipps nun sicher, wie es unserer schnelllebigen Zeit entspricht, „sofort" und „gleich" erfahren. Und wenn Sie jetzt vielleicht in der Buchhandlung stehen und einer derjenigen sind, die, bevor sie ein Buch kaufen, nicht nur den Klappentext lesen, sondern auch das Vorwort überfliegen, dann möchte ich vermeiden, dass Sie jetzt (verstohlen umblickend) hastig durch das schöne neue Buch blättern müssen, um einen kurzen gierigen Blick auf diese **sechs goldenen Tipps** zu erhaschen. Ich mache es Ihnen einfach (natürlich in erster Linie, um unschöne Eselsohren in meinem hübschen, bis jetzt noch jungfräulichen Werk zu verhindern)!

Also auch auf die Gefahr hin, dass Sie nun dieses „Beste aller Werbebücher" wieder ins Regal stellen und es nicht mehr kaufen: Hier präsentiere ich Ihnen die einzigen, die wahren, die echten …

**Die sechs goldenen Werbetipps!**

Goldener Tipp 1

**Denken Sie nicht an den eigenen Vorteil, denken Sie an den Vorteil für den Kunden!**

Erst dann, wenn jemand in Ihrem Produkt, Ihrer Dienstleistung oder in der Werbeaussage, die Sie über Ihr Produkt verbreiten, einen Vorteil für sich erkennt, wird er auch zum Kunden.

Goldener Tipp 2

**Anders als die anderen!**

Versuchen Sie niemals, sich ähnlich wie Ihr Konkurrent zu verkaufen oder zu präsentieren. Auffälligkeit durch Andersartigkeit! Sie sind doch schließlich auch ... einzigartig!

Goldener Tipp 3

**Wenn Sie zur richtigen Zeit das richtige Produkt der richtigen Zielgruppe anbieten, ist es eigentlich egal, ob die Gestaltung Ihrer Werbung gut oder schlecht ist.**

Eine Erkenntnis der Low-Budget-Werbung: Heute verkaufen nicht mehr „schöne Bilder“, sondern es entscheiden die „inneren und kommunizierten Vorteile“, die Ihr Produkt von der Konkurrenz unterscheidet und es damit für Ihre Zielgruppe zu einem „Muss“ machen.

Goldener Tipp 4

**Kontinuität geht vor Kreativität**

Wenn Sie einmal Ihren Werbestil gefunden haben, bleiben Sie dabei. Immer alles ändern bringt gar nichts. Lieber weniger kreativ, aber dafür konsequent und erfolgreich. Denken Sie an die Waschmittelwerbung: Seit 50 Jahren bleibt fast alles beim Alten – nur kleine Nuancen werden variiert.

Goldener Tipp 5

**Sagen Sie was – tun Sie was!**

Etwas gute Werbung ist besser als viel schlechte Werbung!

Mit Low-Budget-Werbung haben kleine Anbieter die gleichen Chancen wie die großen internationalen Konzerne.

Goldener Tipp 6

**Werbekontrolle ist Bargeldkontrolle!**

Überprüfen Sie ständig, ob und wo Ihre Werbung funktioniert und wo nicht. Besser können Sie Ihr Werbebudget nicht verwalten.

Na, habe ich zu viel versprochen? Oder sind Sie vielleicht gar enttäuscht, weil es so simpel ist? Denken Sie daran, dass die besten Erfindungen immer die einfachsten und unspektakulärsten sind. Wenn Sie mir jetzt nicht glauben, dann werden Sie viel Geld, Zeit und Gehirnschmalz vergeuden und sich dennoch nach mehreren Monaten oder auch Jahren eingestehen müssen:

Die sechs goldenen Regeln funktionieren wirklich!

# 1 Die Ist-Analyse

Einfach gesagt: „Wo stehe ich derzeit mit meinem Unternehmen und wo will ich eigentlich hin?“
Die Ist-Analyse überprüft nichts anderes als den Ist-Zustand und den derzeitigen Status quo in Ihrem Unternehmen. Denn wie die Erfahrung zeigt, wissen viele Unternehmer meist selbst nicht immer ganz genau, welche Vorteile ihr Unternehmen gegenüber der Konkurrenz eigentlich zu bieten hat, sei es aus Betriebsblindheit oder aus anderen Gründen. Nicht die Vorteile zu kennen, die Ihrer Firma das Überleben sichern, kann letztlich auch zum Tod des Betriebs führen. Denn nur der Kundenvorteil bringt Ihnen Kunden, Aufträge und Umsätze. Es haben auch schon große Betriebe bitter dafür bezahlen müssen, wenn das Management in seinem Elfenbeinturm nichts mehr mit dem Tagesgeschäft bzw. den Kunden zu tun haben wollte und über die Köpfe aller hinweg fatale Produkt- und Marketingentscheidungen fällte. IBM war Anfang der 80er-Jahre beinahe dem Untergang geweiht, weil keiner mehr die überteuerten Produkte kaufen wollte und der Riese einen Verwaltungsapparat mit sich herumschleppte, der auch einer ehemaligen Ostblockdiktatur zur Ehre gereicht hätte. Doch man erkannte das Problem, ehe es zu spät war. Innerhalb weniger Jahre wurde aus einem Moloch wieder ein schlagkräftiges Unternehmen mit Produkten, die sich verkauften. Das war nur möglich, weil man zuerst eine „ehrliche“ Analyse des Ist-Zustandes anfertigte. Denn „Unehrlichkeit zu sich selbst“ – egal, ob bewusst oder unbewusst – kann zu keinem klaren Bild des Unternehmenszustands führen. Dies ist gerade in Kleinbetrieben ein nicht zu unterschätzendes Problem. Da wagt der Buchhalter nicht, dem Chef die wahre finanzielle Situation zu schildern, und der Außendienst schwärmt in Gegenwart des Chefs immer noch von den Produkten, obwohl es immer schwerer wird, diese Produkte an den Mann oder die Frau zu bringen. Deshalb bitte ich Sie inständig: Lesen Sie die folgenden Seiten genau durch. Beschäftigen Sie sich darüber hinaus in einer ruhigen Stunde

**intensiv** mit den gestellten Fragen auf den nächsten Seiten. Beziehen Sie auch alle Mitarbeiter mit ein und/oder Ihren Führungsstab. Und sollten Sie „Einzelkämpfer" sein, dann sehen Sie Ihr Unternehmen einmal (ehrlich) von der Warte eines Kunden oder Interessenten.
Nach diesem Kapitel können Sie nach Herzenslust Absätze, Seiten oder ganze Kapitel einfach überblättern. Denn wenn Sie in Kürze eine Direct-Mailing-Aktion planen – wozu sich den Kopf mit den wichtigsten Punkten für die Anzeigengestaltung füllen? Schauen Sie in Kapitel 8 nach! Wenn Sie an oder in Verkehrsmitteln werben wollen, dann springen Sie lieber zu Kapitel 12 und holen sich letzte, aber entscheidende Tipps für die erfolgreiche Durchführung.
Beantworten Sie aber die folgenden Fragen auf jeden Fall ehrlich und ohne Selbstüberschätzung. Wenn nicht, dann würde es sich nämlich bitter durch erbarmungslose Erfolglosigkeit rächen.

Ich garantiere Ihnen: Wenn Sie dieses Kapitel gewissenhaft durcharbeiten, haben Sie den Werbeerfolg bereits zu 50 Prozent, ach, was sage ich, zu 70 Prozent in der Tasche. Mit Sicherheit!

Denn genau diese Ist-Analyse ist es, um die sich alteingesessene Betriebe nicht mehr (oder nicht intensiv genug) kümmern. Und darum werden altehrwürdige Betriebe so oft und so schnell von jungen Betrieben überholt. Nicht, weil der junge Unternehmer dynamischer ist, sondern weil er **kundenorientierter** agiert und denkt.
Hand aufs Herz! Haben Sie schon einmal Ihren unternehmerischen Status quo festgestellt? Mit anderen Worten: Haben Sie schon einmal darüber nachgedacht, warum jemand bei Ihnen Kunde wird oder wurde? Oder, noch besser, warum er das überhaupt werden sollte?
Ich nenne Ihnen den Grund, warum es weltweit nicht nur einen einzigen Computerhersteller gibt oder nur einen Hersteller für Schokolade und warum in aller Welt täglich für verschiedenste Waren und verschiedenste Dienstleistungen geworben wird:

Nach einer Million Jahren an Entwicklung ist der Mensch im Geiste das geblieben, was er immer war: **Jäger und Sammler!**

Immer auf seinen persönlichen Vorteil bedacht, immer auf der Suche nach einem Schnäppchen, immer auf der Pirsch nach der Lösung und Befriedigung seiner ganz individuellen Probleme und Wünsche.
Der Mensch könnte sich auch mit einem einzigen Kleidungsstück wärmen und schützen. Aber nein, es zieht ihn jede Saison hinein in die Boutiquen, um nach etwas Neuem Ausschau zu halten. Und da die Geschmäcker verschieden sind, leben von diesem Wunsch nach Individualität tausende von Firmen prächtig. Und so sieht es auch bei anderen Produkten aus – ein einziges Produkt bedeutet Einschränkung; man will auswählen können. Sei es nun ein Hustensaft, „der länger im Hals haften bleibt", oder ein Hustensaft ohne Zucker, mit oder ohne Alkohol, die Tropfen mit Eukalyptusgeschmack oder die neue Geschmacksrichtung Wildkirsche. Als ob es ein einziger (wirkungsvoller) Hustensaft nicht auch tun würde. Wie die Jäger und Sammler vor Jahrtausenden nehmen auch wir Mühen und Entbehrungen bei der „Jagd" auf uns, wenn wir tagelang, wochen- und oftmals monatelang Vergleichsangebote und Prospekte studieren und auf der Suche nach dem „perfekten Produkt" in Dutzende Kauf- und Warenhäuser gehen, bis wir das geeignete Produkt finden. Sei es zu dem von uns gewünschten günstigen Preis oder in der von uns präferierten Farbe oder Form. Es muss nach unserem Willen gehen – koste es, was es wolle. Beobachten Sie einmal Ihr eigenes Kaufverhalten.
Ein kleines Beispiel zeigt sehr genau, was gemeint ist: Sie betreten den Supermarkt und haben eine detaillierte Einkaufsliste für die Besorgungen dabei. Auf dieser Liste steht unter anderem ein Kilo Orangen. Sie kommen zur Obsttheke und vor ihnen prangt in riesigen Lettern:

Orangen im Angebot
3 kg zum Preis von 2 kg

Was werden Sie tun? Ich denke das, was 80 Prozent aller Orangenkäufer tun würden – Sie „schnappen" das Schnäppchen und fühlen sich gut. Sie haben sich eben spontan einen klaren „Vorteil" verschafft. Erst nach der Kasse (nachdem es zu spät ist) überlegen manche, ob dieser Kauf denn notwendig war. Meist siegt auch hier der Jäger- und

Sammlerinstinkt und der Kunde versucht, sich selbst mit Argumenten von seinem richtigen Handeln zu überzeugen: „War doch billig – außerdem die vielen Vitamine, gut für die Kinder – essen wir heute eben keine Süßspeise, sondern was Gesundes …"
Ich sehe Sie bereits schmunzeln! Aber so handeln wir eben – egal, ob beim Kauf von Orangen oder beim Autokauf –, wir suchen einzig nach unserem Vorteil. Es ist kein Geheimnis: Alle tun es, egal, ob Bankdirektor oder Hilfsarbeiter. Die Beträge und Summen ändern sich und vielleicht die Produkte – aber das System bleibt das gleiche.

z.B.

Einer meiner Kunden, der sich mit Badewannensanierung beschäftigte, zeigte mir auf die Frage, ob denn Anzeigen für ihn das geeignete Werbemittel wären, ohne Worte eine Anzeige seines Betriebs. Sie war fein säuberlich aus einer Zeitung ausgeschnitten. „Da, hab' ich heute von einer alten Dame bekommen – die Anzeige ist drei Jahre alt." Der Inhalt der Anzeige war sofort abzulesen – Aktionswochen: 15 Prozent auf alles! So viel zur erbarmungslosen Jagd der Konsumenten nach dem eigenen Vorteil.

**Werbung funktioniert also**, wenn Sie auf den Vorteil für den Kunden achten. Je mehr Vorteile in Ihren Werbemitteln vorhanden sind, desto weniger spielt es eine Rolle, ob eine Anzeige in Schwarz-Weiß oder in Farbe erscheint oder ob Ihr Prospekt auf Hochglanzpapier oder auf Kopierpapier gedruckt wird. Und das kann wiederum Ihr Werbebudget ganz entscheidend schonen.
Und genau darum ist es notwendig, sich Fragen zu stellen wie: Was kann ich meinen Gästen und Kunden bieten, das sie woanders nicht oder nur in schlechterer Qualität bekommen? Welches Angebot unterscheidet mich von meiner Konkurrenz? Und: Welche „Zielgruppen" sind derzeit noch „unterversorgt" oder werden nicht adäquat betreut?

!

Eine große Bitte – Nehmen Sie sich Zeit!

Beginnen wir bei der konkreten Ist-Analyse mit einem Punkt, der Ihnen (hoffentlich) sehr vertraut ist!

# Ihr Unternehmen – Ihre Produkte (bzw. Dienstleistungen)

Aufgeteilt in drei grundsätzliche Fragen:

## In welchen Bereichen ist mein Unternehmen derzeit tätig?

Also z.B. bei einer *Bäckerei* a) Brot, Gebäck, Konditorwaren b) Konditorei-Café c) Großhandel (Lieferung an Lebensmittelhandel, Gastronomie etc.) d) …

a ..........................................
b ..........................................
c ..........................................
d ..........................................
e ..........................................
f ..........................................

## Welche speziellen Produkte (Dienstleistungen) kann ich meinen Kunden und Gästen derzeit anbieten?

(z.B. *Bäckerei:* lokale Spezialität; *Obsthändler:* seltene exotische Früchte; *Tischler:* Feng-Shui oder Verarbeitung von Mondholz; *Pizzeria:* monatliche Spezialitätenwochen, Frischfische etc.)

1. ..........................................
2. ..........................................
3. ..........................................
4. ..........................................
5. ..........................................
6. ..........................................

## Warum kommen Kunden und Gäste gerade zu mir?

(*Produktspezifische Gründe:* günstiger Preis, Gratis-Lieferung, Gratis-Planung, spezielle Angebote. *Allgemeine Gründe:* Freundlichkeit, Nähe, schnelle Terminvereinbarung, ständige Erreichbarkeit, günstige Verkehrsverbindungen, günstiger Preis.)
Beantworten Sie diese Aufgabe im Rahmen eines Brainstormings. Alle Mitarbeiter Ihrer Firma sollten daran teilnehmen (vielleicht auch Ihre Kunden). Jede auch noch so simpel klingende Antwort gibt Aufschluss über die Beweggründe Ihrer Kunden, zu Ihnen – und nur zu Ihnen – zu kommen. Die schnelle Antwort einer Mutter zu ihrem Friseur: „Weil Sie diese Spielecke im Geschäft haben", sagt sehr viel über die Beweggründe von gestressten Müttern aus. Sie treffen eine bestimmte Kaufentscheidung fast ausschließlich in Hinblick auf die Versorgung (oder Beschäftigung) des Kleinkindes.

a ...........................................................
b ...........................................................
c ...........................................................
d ...........................................................
e ...........................................................
f ...........................................................
g ...........................................................
h ...........................................................
i ...........................................................
j ...........................................................
k ...........................................................
l ...........................................................
m ...........................................................
n ...........................................................
o ...........................................................
p ...........................................................
q ...........................................................
r ...........................................................
s ...........................................................
t ...........................................................

z.B. Ein Praxisbeispiel soll Ihnen beweisen, dass Kaufentscheidungen oftmals sehr kompliziert zu durchschauen sind. Eine freiberufliche Mitarbeiterin meiner Agentur lebt in Linz und ein- bis zweimal im Jahr treffen wir uns persönlich. Die Dame ist Mutter von zwei Kindern und beinahe jedes Gespräch das wir in Linz führten, fand in einem Möbelhaus am Stadtrand von Linz statt. Natürlich nicht im Möbelhaus selbst, sondern im Kundenrestaurant, das in diesem Möbelhaus im letzten Stockwerk untergebracht ist. Wir waren dort nicht, weil das Cafe so schön, nicht, weil das Essen ausgezeichnet ist, sondern einzig und alleine, weil es dort einen großen abgegrenzten Kinderspielbereich gibt. So konnten die Kinder meiner Mitarbeiterin spielen und wir konnten in Ruhe unsere Geschäftsgespräche führen. Sie sehen, oft sind es Vorteile, die einem nicht sofort in die Augen springen, die den Ausschlag darüber geben, ob ein Lokal oder auch ein Produkt angenommen wird oder nicht.

Sie müssen sich natürlich nicht auf die oben abgedruckten wenigen Zeilen beschränken. Besser wäre es, wenn Sie sich ein Blatt zurechtlegen und die Seite zuerst in drei Spalten unterteilen. In die erste Spalte schreiben Sie Ihre einzelnen Hauptproduktgruppen/Hauptprodukte oder Ihre Hauptdienstleistungen. Wenn Sie also Besitzer eines Lebensmittelgeschäfts sind, dann könnte Ihre Liste folgendermaßen aussehen:

**Meine Hauptproduktgruppen:**

- ❑ Lebensmittelspezialitäten und besonders Wurstspezialitäten
- ❑ Getränke antialkoholisch (z.B. nur spezielle Marken höherer Qualität)
- ❑ Getränke alkoholisch (z.B. nur bekannte Marken höchster Qualität)
- ❑ Käse (z.B. hauptsächlich mittleres Preisniveau)
- ❑ Hygieneartikel und Reinigungsartikel
- ❑ Brot und Gebäck
- ❑ Konditorware (darunter z.B. auch arabische bzw. türkische Spezialitäten)
- ❑ Süßigkeiten (unteres Preisniveau) etc.

**Meine Spezialitäten:**

- ❑ Frischer Beinschinken aus Italien
- ❑ Parmaschinken
- ❑ Wildpasteten aus eigener Erzeugung
- ❑ Steirisches Kürbiskernöl eines bestimmten Bauern
- ❑ Weinessig eines kleinen Weinbauern
- ❑ Top-Rotweine aus Spanien/Österreich/Deutschland
- ❑ Top-Weißweine aus Deutschland etc.

**Meine Dienstleistungen:**

- ❑ Buffet- und Partyservice
- ❑ Lieferung frei Haus ab 30 Euro
- ❑ Hausgemachte Wildpasteten

Als Überschrift über die noch übrig gebliebenen beiden Spalten schreiben Sie einmal **Plus** und einmal **Minus**. Zu jedem einzelnen Punkt schreiben Sie nun spontan (oder auch nach reiflicher Überlegung), was Ihnen dazu Positives bzw. Negatives einfällt. Beim Beispiel unseres Lebensmittelhändlers könnte das Ergebnis so aussehen:

| Erzeugnis | Plus | Minus |
|---|---|---|
| Wildpasteten aus eigener Erzeugung | Werden von den Kunden sehr gut angenommen und nachgefragt.<br>Einige neue Kunden! | Sehr viel Arbeit.<br>Preis ist derzeit noch zu niedrig kalkuliert. |
| Käse | Nach der Schule kommen viele Schüler und fragen nach billigen Käsebrötchen. | Zu wenig Nachfrage.<br>Gleiche Produkte wie der Supermarkt.<br>Müsste Topqualitäten bieten.<br>Günstigen Käse nur für Schüler bereithalten, Stückzahl muss aber erhöht werden. |

Allein auf Grund der Beantwortung dieser zwei Punkte unseres Lebensmittelhändlers lässt sich vorhersagen, dass ihm nach der Analyse seines Unternehmens auffallen würde, dass es für ihn besser wäre, nicht mehr mit den Supermärkten um das „Billigpreissegment" zu kämpfen (ein Kampf, den er auf alle Fälle verlieren würde), sondern sich auf seine Vergangenheit als Spezialitätengeschäft zu besinnen. Er sollte sich daher auch wieder auf Spezialitäten und hochpreisige Ware spezialisieren und sich noch mehr als bisher auf die Eigenproduktion (seiner Wildpasteten) konzentrieren. Was auch erkennbar wurde: Obwohl die Nachfrage nach den Pasteten anscheinend sehr gut ist, können diese leider noch nicht zu einem befriedigenden Preis verkauft werden. Genau hier ist der Punkt, wo die Werbung versuchen sollte, für dieses „sehr gute" Produkt auch einen besseren Preis auf dem Markt zu erzielen. Sei es durch eine elegantere Verpackung, eine Imagewerbung, durch die dem Konsumenten die Pasteten auch mit dem höheren Preis schmackhaft gemacht werden können, oder einfach durch die Erschließung von neuen Zielgruppen, die ohnehin bereit sind, den höheren Preis zu bezahlen. Das alles kann die

Werbung leisten – allerdings nur, wenn der Unternehmer die Vor- und Nachteile seiner Produkte oder seines Betriebs genau benennen kann. Der zweite wichtige Ansatz bei der Analyse des Ist-Zustands ist Ihr derzeitiger Kundenstamm. Wer kauft bei Ihnen derzeit ein – und wer soll in Zukunft bei Ihnen einkaufen?

## Ihre Kunden – Ihre Zielgruppen

Wer ist Ihr Kunde – wer kauft bei Ihnen? Der Bestsellerautor Jay Conrad Levinson (*Guerilla-Werbung*) beschreibt es in seinem Buch sehr treffend:

> „Jeder Werbetreibende setzt bei drei Zielgruppen an:
> den Leuten, die seine Produkte bereits kaufen,
> den Leuten, die seine Produkte kaufen sollten,
> und den Leuten, die die Absicht haben, diese Produkte demnächst zu kaufen.
> Gute Werbung zielt auf alle drei dieser Zielgruppen ab, indem sie jenen, die bereits kaufen, einen Grund gibt, bald wieder zu kaufen; indem sie jenen, die die Absicht haben, zu kaufen, einen Grund gibt, es jetzt sofort zu tun, und jenen, die die Absicht haben, in Zukunft zu kaufen, einen Grund gibt, endlich zur Tat zu schreiten."

Nicht schlecht. Allerdings hätte ich da noch einen weiteren Grund, um zu werben, lieber Mr. Levinson. Nämlich jenen, den Kunden, die gerade bei Ihnen gekauft haben, zu bestätigen, dass sie *genau die richtige Entscheidung getroffen haben*. Hier geht es um die so genannte kognitive Dissonanz direkt nach dem Kauf – meist einer größeren Anschaffung. Also eine Unsicherheit, die eine eben getroffene Entscheidung mit sich bringt. Hat man als Kunde richtig entschieden? Hat man gut gekauft? Oder gibt es da ein Angebot, das nicht doch besser gewesen wäre?
Die Bestätigung, die richtige Kaufentscheidung getroffen zu haben, ist besonders bei Luxus- oder Investitionsgütern wichtig, also bei Juwe-

lieren, Autohändlern, Pelzhändlern, Immobilienmaklern, Möbelhäusern etc.
Ihre Kunden müssen auch nachträglich genügend Argumente finden, um zufrieden mit ihrem Kauf zu sein.

Low Budget

Am einfachsten und preiswertesten ist die Ausgabe von „Qualitätspässen“, in denen noch einmal alle Kundenvorteile und die besonderen Eigenschaften des Produkts (Handarbeit, spezielle Materialien etc.) aufgelistet werden. Möglicher Textbeginn: „Sie haben richtig gewählt. Das Produkt, das Sie gerade erstanden haben, zählt zum Besten, das derzeit auf dem Markt verfügbar ist …“
Aus welchem speziellen Grund Sie auch immer werben – die Definition der eigenen Zielgruppen ist deshalb so wichtig, weil Sie sehr viel Werbebudget sparen können, wenn Sie wissen, wer Ihre Käufer sind, welche Zeitungen Ihre Kunden lesen bzw. welche Medien von Ihrer Zielgruppe genutzt werden und welche grundsätzlichen Verhaltensweisen Ihre Kunden an den Tag legen. Denn es wäre widersinnig, würde man in einer Seniorenzeitung Werbung für die neueste Hardrock-CD schalten. Allerdings wäre es durchaus erfolgversprechend, in einer reinen Frauenzeitung für einen Männerhemdenversand zu werben, denn noch immer entscheiden meist Frauen darüber, was ihr Mann „drüber und drunter“ trägt. Überlegen Sie sich vor jeder Werbeaktion immer, wie Ihre angepeilte Zielgruppe reagieren und agieren würde.

z.B.

Ich hatte vor Jahren einmal den Auftrag, für einen Perückenhersteller ein Direct-Mailing zu entwerfen. Zielgruppe für dieses Mailing: Damen von 59 bis 89 Jahren. Wie habe ich das Problem gelöst? Ganz einfach, ich habe an meine eigene Großmutter gedacht und daran, wie diese alte Dame reagieren würde, was ihr gefallen oder missfallen würde. Was soll ich sagen – das Mailing wurde ein Erfolg!

Wenn Sie also ein Geschäft mit billigen „No-name"-Aktionswaren haben, hätte es kaum Sinn, eine Anzeige in einer Managerzeitung zu platzieren. Anders jedoch, wenn derselbe Laden Designer-Markenanzüge zu sensationell günstigen Preisen organisieren könnte. Dann wäre die Schaltung gerade in einer dieser Wirtschaftszeitungen erfolgversprechend und es würde sich wieder die Jäger-und-Sammler-Einstellung des Menschen bewahrheiten. Auch Gutverdiener werden dann den Weg in Ihren Laden finden, aber wahrscheinlich nicht (wie Normalverdiener) nur einen einzigen Anzug kaufen, sondern mit Sicherheit gleich zwei, drei oder mehr. In diesem Fall wäre die große Marke, gepaart mit dem kleinen Preis, ein unwiderstehlicher Magnet. Leider bemerke ich bei meinen eigenen Kunden immer wieder einen Hang zum Elitären. Was sie selbst nicht lesen, ist quasi nicht wichtig, ja sogar unter ihrer Würde. Dieses Denken kann eine schöne Stange Geld kosten. Überlegen Sie also sehr genau, wer Ihre Hauptkunden sind und welche besonderen Eigenschaften diese aufweisen. Gerade bei Einzelhandelsgeschäften kommt es auch sehr darauf an, welche Zielgruppenschichten in der nächsten Umgebung des Ladens arbeiten und wohnen. Als Boutique in einer Reihenhaussiedlung werden Sie wohl kaum Erfolg haben, wenn Sie sich hochpreisige Designerware auf Lager legen und hoffen, das große Geschäft mit der Hausfrau von vis-a-vis zu machen. Verstehen Sie mich jetzt bitte nicht falsch: Sie können mit teurer Ware, die Sie an Besserverdiener verkaufen, genauso gut oder schlecht leben wie mit Billigware, die Sie zu Aktionspreisen an Schnäppchenjäger verscherbeln. Denken Sie an den Meister dieser Billigschiene: „Aldi" (bzw. „Hofer" in Österreich). Es kommt auf die richtigen Produkte oder das richtige Angebot zur richtigen Zeit am richtigen Ort an und natürlich auf die entsprechende Kalkulation. Oft haben gerade elegante Innenstadtboutiquen zwar hohe Umsätze, durch die exorbitanten Fixkosten bleibt jedoch meist weniger übrig als bei manchem „Billigladen" in der Vorstadt.
Einige Beispiele zur Verdeutlichung der Zielgruppenfindung:

- **Boutique**: Sind Ihre Kunden alte oder junge Menschen, eher Frauen oder Männer, eher Besserverdiener oder Leute, die den Cent dreimal umdrehen, bevor sie ihn ausgeben?

- **Fleischer**: Sind es junge T-Bone-Steak-Käufer oder doch eher alte Damen, die sich wöchentlich gerade mal 100 g Mettwurst leisten?
- **Tischler in der Provinz**: Junge Bauherren (schauen auf den Pfennig), aber auch Gewerbebetriebe und Zweiteinrichter (nur das Beste vom Besten).

Sie sehen, die Fokussierung auf eine Hauptzielgruppe ist eine wichtige unternehmerische Entscheidung, welche die gesamte zukünftige Richtung, in die Ihr Unternehmen sich entwickeln soll, beeinflusst.

z.B.

Ich selbst bin das beste Beispiel für überlegte Zielgruppenauswahl: Als freiberuflicher und allein arbeitender Werbefachmann habe ich es hauptsächlich mit Klein- und Mittelbetrieben zu tun, ich habe mich daher auf die Bedürfnisse dieser Zielgruppe spezialisiert und eingestellt. Warum ich mir ganz bewusst diese Zielgruppe ausgewählt habe, ist ganz einfach:

- Diese Zielgruppe wird kaum von Werbeagenturen umworben, da die Werbeetats dieser Klein- und Mittelbetriebe meist zu gering für den aufwändigen Apparat einer Agentur sind.
- Es ist für mich sehr beruhigend zu wissen, dass, auch wenn ein Kunde meine Dienste von einem Tag auf den anderen nicht mehr in Anspruch nimmt, ich nicht in finanzielle Schwierigkeiten komme – so wie es bei mittleren und großen Werbeagenturen oft geschieht, wenn einer der wenigen Großkunden plötzlich die Agentur wechselt.
- Es ist bei dieser Zielgruppe relativ einfach, durch minimale Werbung an neue Kunden zu kommen. Darüber hinaus gibt es bei Vertragsabschlüssen keine langen Verhandlungen, da die Entscheidungsgewalt meist in einer einzigen Hand liegt.

- Im Gegensatz zu Großagenturen werden meine Ideen und Vorstellungen ohne Reibungsverluste direkt an den Kunden weitergeleitet und meist auch 1:1 verwirklicht. „Kreative" in Agenturen haben dieses Erfolgserlebnis – wie ich aus eigener Erfahrung weiß – nur sehr selten. Daher ist es für mich persönlich sehr befriedigend, mit dieser Zielgruppe zu arbeiten.
- Nicht zuletzt könnte ich es mir bei Großkunden nicht – wie derzeit – leisten, mich für einige Wochen in Klausur zu begeben, um mich ungestört meinen „kreativen Spinnereien" (wie diesem Buchprojekt) zu widmen.

Sie sehen, die Entscheidung für eine Zielgruppe sollte genau bedacht werden. Die **Hauptzielgruppe** eines alteingesessenen Autohändlers in der Provinz könnte also wie folgt aussehen:

- Unternehmer aus den Bereichen Landwirtschaft, Gewerbe und Gastronomie, einige höhere Angestellte und Freiberufler.
- Eigenschaften: männlich, 40 bis 65 Jahre alt, höheres Einkommen, konservativ denkend (bei diesen Daten sieht man förmlich einen Mercedes-, Opel- oder Audi-Händler vor seinem geistigen Auge).

Nun kommt es bei diesem Autohändler zu einer Veränderung. Seine Tochter will nach dem Studium im Betrieb mitarbeiten. Eine ideale Gelegenheit, um die etwas überalterte Zielgruppe zu verjüngen und auch auszuweiten. Die **Wunschzielgruppe** könnte also folgendermaßen aussehen:

- Einerseits mehr Freiberufler (Ärzte, Anwälte usw., auch aus der nahen Stadt) und andererseits auch Private aus der Umgebung und aus dem 20 km entfernten städtischen Raum.
- Eigenschaften: weiblich, männlich, zwischen 25 bis 45 Jahre alt, mittleres bis hohes Einkommen, liberal aufgeschlossene Einstellung – nicht Technik steht bei der Kaufentscheidung im Vordergrund, sondern Spaß und cooles Design. (Hier wären Mercedes-A-Klasse,

Smart oder eine neue japanische oder italienische Marke interessant, die ins bisherige Angebot aufgenommen werden könnten.)

So weit ein fiktives Beispiel – jetzt sind Sie an der Reihe. Nehmen Sie sich Zeit für die Beantwortung der folgenden Fragen.

## Meine derzeitigen Kunden und Hauptzielgruppen

**Zielgruppe 1**: ..........................................................
**Soziodemografische Eigenschaften**: ❑ weiblich ❑ männlich
Alter: ..........................................................
Einkommen: ❑ gering ❑ mittel ❑ höher ❑ sehr hoch
Sonstiges: ..........................................................

**Zielgruppe 2**: ..........................................................
**Soziodemografische Eigenschaften**: ❑ weiblich ❑ männlich
Alter: ..........................................................
Einkommen: ❑ gering ❑ mittel ❑ höher ❑ sehr hoch
Sonstiges: ..........................................................

**Zielgruppe 3**: ..........................................................
**Soziodemografische Eigenschaften**: ❑ weiblich ❑ männlich
Alter: ..........................................................
Einkommen: ❑ gering ❑ mittel ❑ höher ❑ sehr hoch
Sonstiges: ..........................................................

**Zielgruppe 4**: ..........................................................
**Soziodemografische Eigenschaften**: ❑ weiblich ❑ männlich
Alter: ..........................................................
Einkommen: ❑ gering ❑ mittel ❑ höher ❑ sehr hoch
Sonstiges: ..........................................................

## Welche Zielgruppen werden derzeit von Ihnen noch zu sehr vernachlässigt und sollten in Zukunft verstärkt angesprochen werden?

**Wunschzielgruppe 1**: ...........................................
**Soziodemografische Eigenschaften**: ❑ weiblich ❑ männlich
Alter: ...........................................
Einkommen: ❑ gering ❑ mittel ❑ höher ❑ sehr hoch
Sonstiges: ...........................................

**Wunschzielgruppe 2**: ...........................................
**Soziodemografische Eigenschaften**: ❑ weiblich ❑ männlich
Alter: ...........................................
Einkommen: ❑ gering ❑ mittel ❑ höher ❑ sehr hoch
Sonstiges: ...........................................

**Wunschzielgruppe 3**: ...........................................
**Soziodemografische Eigenschaften**: ❑ weiblich ❑ männlich
Alter: ...........................................
Einkommen: ❑ gering ❑ mittel ❑ höher ❑ sehr hoch
Sonstiges: ...........................................

**Wunschzielgruppe 4**: ...........................................
**Soziodemografische Eigenschaften**: ❑ weiblich ❑ männlich
Alter: ...........................................
Einkommen: ❑ gering ❑ mittel ❑ höher ❑ sehr hoch
Sonstiges: ...........................................

## Aktuelle Konkurrenzsituation

Kommen wir zum nächsten wichtigen Punkt unserer Ist-Analyse. Wie sieht Ihre derzeitige Konkurrenzsituation aus? Anders ausgedrückt: Gibt es viele direkte Konkurrenten, die Ihnen das Leben schwer machen, sind es nur wenige oder gibt es vielleicht sogar keine

Konkurrenten in Ihrem direkten Einzugsgebiet oder in Ihrem Stadtgebiet?
Zu Ihrer Information:

**Direkte Konkurrenten**: Das sind Konkurrenten aus Ihrer Branche, welche die gleichen Zielgruppen bearbeiten bzw. die gleichen Fachbereiche und Dienstleistungen anbieten.
**Indirekte Konkurrenten**: Das sind nur Konkurrenten der eigenen Branche, aber ohne gleiche Spezialisierung bzw. mit anderen Zielgruppenschichten.

### Wie würden Sie Ihre Konkurrenz derzeit einschätzen

1. Allgemeine Konkurrenzsituation in meiner Branche: …….%
   (0 % (keine direkte Konkurrenz) 100 % (extrem starke Konkurrenzsituation))
2. Derzeitige direkte Konkurrenzsituation in meinem Fachbereich: …….%
3. Wie viele Betriebe würden Sie derzeit als „direkte Konkurrenten“ bezeichnen? …….

## Werbung Konkurrenz

Welche Betriebe gibt es derzeit, die Werbung für ihre Produkte oder Dienstleistungen betreiben, und wie würden Sie deren Werbeauftritt beurteilen? Welche Werbemittel und welche Medien nutzen diese Betriebe und was finden Sie positiv an deren Werbegestaltung – was finden Sie negativ?

**Konkurrent A**:
Name: ..........................................................
Homepage: ......................................................
Werbemittel: ❏ Logo ❏ Anzeige ❏ Homepage ❏ Prospekt ❏ Briefwerbung ❏ Gelbe Seiten ❏ PR ❏ Event ❏ Newsletter ❏ Plakat ❏ Verkehrsmittelwerbung ❏ ................................
Werbung positiv: ...............................................

................................................................

Werbung negativ: ...............................................

................................................................

**Konkurrent B**:
Name: ..........................................................
Homepage: ......................................................
Werbemittel: ❏ Logo ❏ Anzeige ❏ Homepage ❏ Prospekt ❏ Briefwerbung ❏ Gelbe Seiten ❏ PR ❏ Event ❏ Newsletter ❏ Plakat ❏ Verkehrsmittelwerbung ❏ ................................
Werbung positiv: ...............................................

................................................................

Werbung negativ: ...............................................

................................................................

**Konkurrent C**:
Name: ..........................................................
Homepage: ......................................................
Werbemittel: ❏ Logo ❏ Anzeige ❏ Homepage ❏ Prospekt ❏ Briefwerbung ❏ Gelbe Seiten ❏ PR ❏ Event ❏ Newsletter ❏ Plakat ❏ Verkehrsmittelwerbung ❏ ................................
Werbung positiv: ...............................................

................................................................

Werbung negativ: ...............................................

................................................................

Wenn Sie die Fragen gewissenhaft beantwortet haben, dann wird sich wahrscheinlich ein bestimmter Käufertyp (oder auch mehrere) herauskristallisiert haben. Und nun geht es darum, diesen Käufer auch in den Medien wiederzufinden. Denken Sie dabei an sich selbst – Sie haben bestimmte Vorlieben für Zeitungen, Zeitschriften, Radio- und TV-Programme. Genauso ist es mit jedem anderen Menschen – er hat Vorlieben und Gewohnheiten. Er nutzt bestimmte Medien stärker oder schwächer. Genau darum geht es im kommenden Punkt der Ist-Analyse.

## Welche Medien für welche Zielgruppe?

Nachdem Sie nun Ihre Zielgruppen umrissen haben, können Sie sich überlegen, welche Medien diese Personen nutzen bzw. mit welchen Werbemitteln Sie Ihre Käufer am besten erreichen können. Im Falle unseres Autohändlers:

- ❑ **Hauptzielgruppe**: Anzeigen in klassischen Tageszeitungen, Regionalzeitungen, Bauernzeitungen, Wirtschaftszeitungen, Kammerzeitung für Selbstständige, Fachzeitungen für potenzielle Käufer seiner Nutzfahrzeuge (z.B. Tischlerzeitung, Gastronomiefachzeitung, Fleischerzeitung, Gelbe Seiten etc.). Hinzu kommen Veranstaltungen und Präsentationen im Autohaus, Bewerbung durch Mailings, Hausprospekte, Hauszeitung.
- ❑ **Die neuen Zielgruppen der Tochter**: Bewerbung durch Plakate, Anzeigen in Qualitätszeitungen, Fachzeitungen (Ärzte, Anwälte), Special-Interest-Magazine (z.B. lokale Veranstaltungszeitung, lokale Lifestylemagazine oder Sport- und Musikzeitungen usw.), Gelbe Seiten, verstärkt Direct-Mailing-Aktionen, Internet sowie kulturelle oder musikalische Veranstaltungen im Autohaus (Bewerbung auch durch Plakate und Mailing), Hausprospekte, Hauszeitung. (Wichtig: Anderer Inhalt und andere Aufmachung als bei der konservativen Zielgruppe des Vaters.)

Da es sich bei diesem Buch um ein Low-Budget-Werk handelt, sind mit „Wochen- oder Monatszeitschriften" natürlich nicht *Focus* oder *Spiegel* gemeint, sondern Zeitungen und Magazine, die in Ihrer nächsten Umgebung, im Landkreis oder sogar in Stadtbezirken erscheinen.

## Sind die folgenden Werbemittel und -medien für die Werbeansprache Ihrer Zielgruppe sinnvoll? (Bitte ankreuzen und bewerten.)

| Werbemedien | sinnvoll | weniger | gar nicht |
|---|---|---|---|
| ❑ Regionale Tageszeitungen | ❑ | ❑ | ❑ |
| ❑ Überregionale Massenblätter | ❑ | ❑ | ❑ |
| ❑ Qualitätszeitungen (Frankfurter Allgemeine, Standard etc.) | ❑ | ❑ | ❑ |
| ❑ Gratiszeitungen | ❑ | ❑ | ❑ |
| ❑ Wirtschaftszeitungen | ❑ | ❑ | ❑ |
| ❑ Wochenzeitungen | ❑ | ❑ | ❑ |
| ❑ Berufsfachzeitschriften (fast jede Berufsgruppe hat eine eigene Zeitung) | ❑ | ❑ | ❑ |
| ❑ Wochenmagazine | ❑ | ❑ | ❑ |
| ❑ Illustrierte | ❑ | ❑ | ❑ |
| ❑ Frauenzeitschriften | ❑ | ❑ | ❑ |
| ❑ Männerzeitschriften | ❑ | ❑ | ❑ |
| ❑ Special-Interest-Zeitschriften (Zeitschriften zu verschiedenen Themen) | ❑ | ❑ | ❑ |
| ❑ Gelbe Seiten (Telefonbuchwerbung) | ❑ | ❑ | ❑ |
| ❑ Buchwerbung (nur einige Verlage bieten diesen Service) | ❑ | ❑ | ❑ |

| | | | |
|---|---|---|---|
| ❑ Bessere und größere Geschäftstafel am Eingang | ❑ | ❑ | ❑ |
| ❑ Prospekte/Eigenpräsentationen | ❑ | ❑ | ❑ |
| ❑ Firmenlogo (auffälliger als bisher) | ❑ | ❑ | ❑ |
| ❑ Visitenkarten | ❑ | ❑ | ❑ |
| ❑ Kundenvorteilskarte | ❑ | ❑ | ❑ |
| ❑ Internet-Bannerwerbung | ❑ | ❑ | ❑ |
| ❑ E-Mail-Werbung | ❑ | ❑ | ❑ |
| ❑ Internet-Homepage oder sogar -Shop | ❑ | ❑ | ❑ |
| ❑ Public-Relations-Aktionen | ❑ | ❑ | ❑ |
| ❑ Direct-Mailing-Aktionen (also Briefwerbung) | ❑ | ❑ | ❑ |
| ❑ Kuponheftwerbung | ❑ | ❑ | ❑ |
| ❑ Verkehrsmittelwerbung (innen) | ❑ | ❑ | ❑ |
| ❑ Verkehrsmittelwerbung (außen) | ❑ | ❑ | ❑ |
| ❑ Firmenwagenbeschriftung (auffälliger als bisher) | ❑ | ❑ | ❑ |
| ❑ Beilagen in Medien | ❑ | ❑ | ❑ |
| ❑ Rundschreiben | ❑ | ❑ | ❑ |
| ❑ Flugblätter | ❑ | ❑ | ❑ |
| ❑ Bandenwerbung auf Sportplätzen | ❑ | ❑ | ❑ |
| ❑ Großplakate | ❑ | ❑ | ❑ |
| ❑ Kleinplakate | ❑ | ❑ | ❑ |
| ❑ Miniplakate (oder Aufkleber) | ❑ | ❑ | ❑ |
| ❑ Büro-, Geschäftsausstattung (CI-Linie) | ❑ | ❑ | ❑ |
| ❑ Mitarbeiterkleidung oder Uniformen | ❑ | ❑ | ❑ |
| ❑ Veranstaltungen in eigenen Räumlichkeiten | ❑ | ❑ | ❑ |
| ❑ Hausmessen | ❑ | ❑ | ❑ |
| ❑ Verkostungen – Präsentationen | ❑ | ❑ | ❑ |

| | | | |
|---|---|---|---|
| ❑ Hauszeitung/Firmenzeitung/ Kundenzeitung | ❑ | ❑ | ❑ |
| ❑ Eigene Seminare – Vorträge | ❑ | ❑ | ❑ |
| ❑ Eigene Fachpublikationen | ❑ | ❑ | ❑ |
| ❑ Fach- oder Publikumsmessen | ❑ | ❑ | ❑ |
| ❑ Elektronische Medien/Radio | ❑ | ❑ | ❑ |
| ❑ Elektronische Medien/TV | ❑ | ❑ | ❑ |
| ❑ Elektronische Medien/Kino | ❑ | ❑ | ❑ |
| ❑ Werbegeschenke und Werbeartikel | ❑ | ❑ | ❑ |
| ❑ Sportsponsoring | ❑ | ❑ | ❑ |
| ❑ Kultursponsoring | ❑ | ❑ | ❑ |

Denken Sie vorerst nicht darüber nach, ob das Medium zu teuer oder aufwändig ist, sondern nur daran, wo Sie Ihre Zielgruppe finden könnten bzw. ob Sie in diesem Medium oder mit diesem Werbemittel Ihre Zielgruppe umwerben könnten.

## Ihre Werbeaktivitäten im letzten Jahr

Dies ist die Frage danach, was Sie im letzten Jahr wann und wofür ausgegeben haben und ob es überhaupt etwas gebracht hat. Auch hier ist es notwendig, den derzeitigen (oder letztjährigen) Status quo festzustellen. Wie viel haben Sie im letzten Jahr für Werbemaßnahmen aufgewendet und wie viel ist das im Verhältnis zu Ihrem Gesamtumsatz? Bedenken Sie, dass bei Markenartikeln bis zu 10 Prozent des Gesamtumsatzes für Marketing und Werbemaßnahmen verwendet werden. Von nichts kommt eben nichts. Ein guter Anfang wären schon 2 bis 5 Prozent vom Gesamtumsatz als Budget für Ihre Werbung. Sind Sie allerdings ein Jungunternehmer, sollten Sie durchaus das Mehrfache dieses Prozentsatzes veranschlagen. Sie werden sehen, dass es sich auszahlt. Bedenken Sie: Wer nichts von Ihrer Neueröffnung weiß, kann auch nicht Kunde bei Ihnen werden. Logisch, oder?

## Was haben Sie also dieses bzw. letztes Jahr in die Werbung investiert?

Was hat funktioniert, und was hat nicht oder nicht gut funktioniert?

| | Okay? | Medium | Budget (€) |
|---|---|---|---|
| z.B. Anzeige | kaum Reaktionen | Stadtanzeiger | 750,00 |
| z.B. Broschüre | ja | an Besucher | 450,00 |
| z.B. Mailing | ja | an eigene Adressen | 375,00 |
| 1. | | | |
| 2. | | | |
| 3. | | | |
| 4. | | | |
| 5. | | | |
| 6. | | | |
| 7. | | | |
| 8. | | | |
| 9. | | | |
| 10. | | | |
| | | **Summe:** | |

# Derzeitige Unternehmensprobleme

Der letzte Punkt unserer Ist-Analyse. Jetzt wird es ernst. Hier geht es darum, die eigenen Schwachstellen konkret zu analysieren, um danach mittels zielgerichteter Werbung gegenzusteuern, um den Missstand aus der Welt zu schaffen. Mit einem Wort: „Was läuft derzeit schief in meinem Betrieb?“ Die Fragen, die Sie sich stellen sollten, lauten: Wo gibt es in meinem Unternehmen derzeit Probleme in der Kommunikation nach außen? Was könnte ich ändern? Was möchte ich in Zukunft für meine Kunden verbessern?

**Mögliche Probleme bei einem Café**: Kellnerin, die inkompetent oder nicht freundlich genug ist. Die Inneneinrichtung, die im Laufe der Zeit bereits schäbig geworden ist. Zu wenig Publikum zur Mittagszeit. Keine Highlights (Konzerte, Lesungen, Ausstellungen etc.). Das Durchschnittsalter der Gäste ist sehr hoch, eine Verjüngung täte daher für die Zukunft gut etc.

## Meine derzeitigen Schwachstellen

1. ...................................................
2. ...................................................
3. ...................................................
4. ...................................................
5. ...................................................
6. ...................................................

## Das kann ich ändern

1. ...................................................
2. ...................................................
3. ...................................................
4. ...................................................
5. ...................................................
6. ...................................................

Schwachstellen aufzudecken und Näheres über seine Käufer (und auch über die Beweggründe ihres Einkaufs) zu erfahren gelingt besonders zielgenau durch Marktforschungsaktionen. Dass Befragungen nicht immer teuer sein müssen, beweist das kommende Kapitel.

z.B.

Während ich dieses Buch überarbeite, wurde einer österreichische Autorin der Literaturnobelpreis verliehen. Elfriede Jelinek wurde diese hohe Ehre zuteil. Wenige Tage nach der Verlautbarung, die natürlich speziell in Österreich ein enormes Pressegetöse hervorgerufen hat, machte sich eine Wirtschaftszeitung auf die Suche nach dem Angebot an Elfriede Jelineks Werken in Wiener Buchhandlungen. Das Ergebnis war erschütternd und zeugt von der unglaublichen Arroganz gewisser Händler. In keiner einzigen Buchhandlungen gab es in den Auslagen Hinweise auf den Literaturnobelpreis. In wenigen auf Literatur spezialisierten Buchhandlungen wurde Jelinek dadurch hervorgehoben, dass man ihre Bücher im Kassenbereich platzierte. In einer großen Buchhandlung im größten Shoppingcenter von Wien war es besonders schlimm. Auszug aus dem Artikel: *„Der Nobelpreis hat unseren Jelinek-Absatz gegenüber dem vorigen Monat um 100 Prozent gesteigert, sagt der Verkäufer lakonisch. Wir haben heute ein Buch von ihr verkauft, im Vormonat keines. Der Nobelpreis ist hier kein Thema, auch nicht unter den Kunden."* Ja, kann das denn wirklich wahr sein?, frage ich mich. Da werden der Jelinek ganze Titelseiten gewidmet und einem Buchhändler ist das nicht mehr wert als ein Achselzucken. Unfähig, auf dieses epochale Ereignis zu reagieren und einige Bücher zu bestellen und sie werbewirksam zu positionieren. Oder gar einige Werke in der Auslage zu platzieren, mit einem Portrait der Autorin und dem Zusatz: Buchhandlung X gratuliert Elfriede Jelinek zum Literaturnobelpreis! Das hätte Zusatzumsatz und vor allem neue Kundenschichten in die Buchhandlung gebracht.

Übrigens: Derzeit werden in vielen Verlagen die Werke von Jelinek hektisch nachgedruckt – Jelinek ist (wenige Tage nach dem Artikel im Wirtschaftsblatt) so gut wie ausverkauft. Tja, ja, die Langsamen straft das Leben! Vermeiden Sie solche „Schwachstellen" in Ihrem Unternehmen – reagieren Sie auf aktuelle Geschehnisse.

# 2 Eine kleine Marktforschungsaktion

„Jetzt will ich's aber genau wissen!" So könnte das Motto dieses Kapitels lauten. Denn wo wir bisher in der Ist-Analyse nur auf eigene Einschätzungen und Überlegungen angewiesen waren, da kann eine konkrete Markt- oder Kundenbefragung zu sehr detaillierten Antworten führen. Darüber hinaus zeigt uns eine Befragung „objektive" Urteile über unser Angebot, unsere Produkte oder unsere Firma. Auch eine derartige Befragung lässt sich mit geringem Aufwand durchführen.

Kennen Sie die einfachste und billigste Befragung, um zu erfahren, ob Ihre Werbung funktioniert? Sie fragen einfach den Kunden, der Ihr Geschäft, Lokal oder Büro betritt:

Wie sind Sie auf mich gekommen?

Sofort erfahren Sie, ob sich Ihre Anzeige oder Ihr Plakat bezahlt gemacht hat oder ob die Kunden nur wegen Ihres schönen Schaufensters in Ihr Geschäft kommen. Und wie fragen Sie am einfachsten und billigsten, um zu erfahren, ob die Kunden zufrieden sind?

War alles zu Ihrer Zufriedenheit oder gab es Probleme?

Die Antwort auf diese beiden Fragen kann Ihnen bereits einen sehr detaillierten Einblick in die Beweggründe Ihrer Kunden bieten, warum sie gerade bei Ihnen einkaufen. Stellen Sie die Fragen nicht beiläufig, sondern so, dass der Kunde auch merkt, dass Sie es wirklich wissen wollen. Genau zuzuhören, wenn Kunden erzählen, warum gerade Sie es sind, bei dem sie einkaufen, kann Ihnen viel Werbegeld sparen. Denn vielleicht haben Sie bisher gedacht, die meisten Ihrer

Kunden kommen auf Grund der kostspieligen Anzeigen, die Sie im örtlichen Bezirksblatt geschaltet haben. Mit der Zeit erfahren Sie aber, dass es das einsame Plakat war, das seit einem halben Jahr an einer Bushaltestelle hängt. Oder Sie entdecken, dass Sie nur über Mundpropaganda zu Ihren neuen Kunden kommen (wenn das passiert – Gratulation!). Was auch immer der Kunde Ihnen sagt – seien Sie dankbar dafür, dass er Ihnen etwas sagt. Bei den großen Markenartiklern wird jährlich viel Geld investiert, um vom „Mann auf der Straße" zu erfahren, warum er was, wann und wo kauft.

z.B.

Meine Mutter hat bis zu ihrer Pensionierung ein kleines Buffet betrieben, in dem ich auch hin und wieder ausgeholfen habe. Und von Zeit zu Zeit gab es auch bei uns unzufriedene Gäste. Eine Situation, die mich jungen, unerfahrenen Mann immer sehr peinlich berührte. Meine Mutter hingegen blickte mich dann immer sehr resolut an und meinte nur: „Ich bin doch froh, wenn die Gäste etwas reklamieren, dann weiß ich beim nächsten Mal, was ich besser machen kann." Sprach's, schenkte dem murrenden Gast ein Gläschen Schnaps ein und entschuldigte sich bei ihm. Auch Sie werden sehen, wie schnell alles wieder im Lot ist, wenn man ein klärendes Gespräch führt.

Über das Thema Marktforschung ist viel geschrieben worden, so dass wir uns hier auf das Wesentliche beschränken wollen. Nur so viel: Es müssen nicht immer große Befragungen mit mehreren hundert oder gar tausend Befragten durchgeführt werden, um zu Erkenntnissen über die eigene Marktposition oder das Image zu gelangen. Es genügen oft einige wenige Interviews, die dafür aber die „richtigen" Fragen enthalten.

Gezielt eingesetzt ist die Marktforschung ein wichtiges Instrument, um Ihre Kunden und deren Wünsche und Beweggründe näher kennen zu lernen bzw. ihre Meinung über Ihr Unternehmen zu erfahren.

Low Budget

Der effektivste Weg ist meist die Befragung von Stammkunden mittels Direct-Mailing (Briefwerbung), Befragung in der Hauszeitung oder sogar in einem einfachen Flugblatt. Machen Sie aus der Befragung gleich eine Werbeaktion. Mit einem Mailing, verbunden mit einem kleinen Gewinnspiel, können so bereits schöne Ergebnisse und daraus resultierende Erkenntnisse über Kaufverhalten und Zielgruppenaufteilung erzielt werden. Aber Achtung! Stammkunden sind bereits Kunden bei Ihnen – bestimmte Fragen können daher von dieser Personengruppe nicht mehr aussagekräftig beantwortet werden, weil sie „befangen" agieren. Wenn Sie etwas über Ihre Firmenbekanntheit erfahren wollen, haben Fragen wie „Kennen Sie unsere Firma?" wenig Sinn – achten Sie also darauf, wem Sie welche Fragen stellen, sonst erhalten Sie verfälschte Ergebnisse.

Oder verteilen Sie einen Fragebogen in Ihrem Lokal oder Geschäft, den jeder Besucher bei seinem Besuch ausfüllen kann. (Denken Sie an die Fragebogen in manchen Kettenrestaurants oder Autobahnraststätten.) Mit der Zeit kommt eine erhebliche Anzahl an Fragebogen zusammen. Einfach ist auch die Errichtung eines „Kummerkastens". Alle diese Bemühungen haben allerdings nur dann wirklich Sinn, wenn Sie gewillt sind, etwaige Missstände oder Probleme auch tatsächlich zu beheben.

Wie soll der Fragebogen also aussehen? Hier eine kleine Auswahl von möglichen Fragen.

# Fragebogen für B2B-Unternehmen

## 1. Frage: persönliche Daten

**Ihr Alter**: ❏ bis 30 ❏ ab 40 ❏ ab 50 ❏ ab 65
**Geschlecht**: ❏ m ❏ w
**Ihr Unternehmen**:

❏ Unternehmen mit bis zu 2 Mitarbeitern
❏ Unternehmen mit bis zu 5 Mitarbeitern
❏ Unternehmen mit bis zu 10 Mitarbeitern
❏ Unternehmen mit bis zu 20 Mitarbeitern
❏ Unternehmen über 20 Mitarbeiter – nämlich: .......

**Sie sind**: ❏ Unternehmer ❏ leit. Angestellter/Management
❏ Angestellter ❏ Beamter ❏ Arbeiter ❏ sonst .............

**Firmenstandort (auch Bezirk)**: ..................................

**Wie lange sind Sie schon Kunde in unserem Unternehmen?**
❏ erstmals ❏ seit mehr als 1 Jahr ❏ seit mehr als 2 Jahren
❏ seit Bestehen

## 2. Frage: Fragen nach dem Woher

Wie wurden Sie auf unser Unternehmen aufmerksam?
❏ Werbung ❏ Empfehlung ❏ Gelbe Seiten ❏ Katalog
❏ Firmenintern ❏ Internet ❏ sonstiges. ....................

## 3. Frage: Frage nach der Entfernung

a) **Kommen Sie öfter persönlich in unser Unternehmen?**
❏ JA ❏ NEIN

**b) Wenn JA – wie oft besuchen Sie unser Unternehmen?**

❑ 1 – 5 x pro Jahr
❑ 1 x pro Monat
❑ 1 x pro Woche
❑ öfter und zwar ..............................................

**c) Wie weit haben Sie es in unser Unternehmen?**

Ca. .......................... Minuten
Und zwar .................... ❑ mit dem Auto
.............................. ❑ zu Fuß
.............................. ❑ mit öffentlichen Verkehrsmitteln
.............................. ❑ sonstiges ..................

## 4. Frage: Besondere Fragen (je nach Umfrageziel)

**a) Wie finden Sie unsere Geschäftsräumlichkeiten?**

❑ sehr gut ❑ gut ❑ weniger gut ❑ gar nicht gut
Verbesserung:

b) **Wie finden Sie unsere Warteräume (oder Sanitäranlagen, Verkaufsraum etc.)?**

❑ sehr gut ❑ gut ❑ weniger gut ❑ gar nicht gut
Verbesserung: ..............................................

## 5. Frage: Fragen nach der Zufriedenheit

a) **Wie zufrieden sind Sie mit unserer Pünktlichkeit?**

❑ sehr gut ❑ gut ❑ weniger gut ❑ gar nicht gut
Begründung: ..............................................

b) **Wie zufrieden sind Sie mit unseren Produkten (oder dem Essen, der Dienstleistung)?**

❑ sehr gut ❑ gut ❑ weniger gut ❑ gar nicht gut
Begründung: ..............................................

c) **Wie zufrieden sind Sie mit unserem Service?**
❏ sehr gut ❏ gut ❏ weniger gut ❏ gar nicht gut
Begründung: ........................................

d) **Wie zufrieden sind Sie mit der Wartezeit?**
❏ sehr gut ❏ gut ❏ weniger gut ❏ gar nicht gut
Begründung: ........................................

e) **Wie zufrieden sind Sie mit unseren aktuellen Produktinfos?**
❏ sehr gut ❏ gut ❏ weniger gut ❏ gar nicht gut
Verbesserung: ........................................

f) **Wie zufrieden sind Sie mit der Verständlichkeit unserer Auskünfte?**
❏ sehr gut ❏ gut ❏ weniger gut ❏ gar nicht gut
Begründung: ........................................

g) **Wie zufrieden sind Sie mit unserer Geschwindigkeit bei Problemlösungen?**
❏ sehr gut ❏ gut ❏ weniger gut ❏ gar nicht gut
Begründung: ........................................

h) **Wie zufrieden sind Sie mit unserem Büropersonal?**
❏ sehr gut ❏ gut ❏ weniger gut ❏ gar nicht gut
Begründung: ........................................

i) **Wie zufrieden sind Sie mit der Zusammenarbeit mit unseren Fachleuten?**
❏ sehr gut ❏ gut ❏ weniger gut ❏ gar nicht gut
Begründung: ........................................

j) **Wie zufrieden sind Sie mit der Transparenz unserer Rechnungsstellung?**
❏ sehr gut ❏ gut ❏ weniger gut ❏ gar nicht gut
Begründung: ........................................

**k) Wie zufrieden sind Sie mit unserem Preis-Leistungs-Verhältnis?**
❑ sehr gut ❑ gut ❑ weniger gut ❑ gar nicht gut
Begründung: ........................................

**l) Wie zufrieden sind Sie mit unseren Werbematerialien?**
❑ sehr gut ❑ gut ❑ weniger gut ❑ gar nicht gut
Verbesserung: ........................................

**m) Wie zufrieden sind Sie mit unserer Homepage bzw. dem Internet-shop?**
❑ sehr gut ❑ gut ❑ weniger gut ❑ gar nicht gut
Verbesserung: ........................................

**n) Würden Sie bestimmte Produkte auch per Internet kaufen wollen?**
❑ Ja ❑ Nein ❑ Vielleicht
Begründung: ........................................

## 6. Frage: Kommen Sie wieder?

**o) Aus heutiger Sicht: Würden Sie uns wieder einen Auftrag geben (wieder bei uns kaufen)?**
❑ Ja ❑ Nein ❑ Vielleicht
Begründung: ........................................

**p) Aus heutiger Sicht: Würden Sie uns weiterempfehlen?**
❑ Ja ❑ Nein ❑ Vielleicht
Begründung: ........................................

## 7. Frage: Eigene Anmerkungen!

**Welche weiteren Anregungen oder Kritiken möchten Sie uns noch mitteilen?**

..................................................

..................................................

## Einige interessante Links zu Marktforschung und Onlinebefragungen

http://www.2ask.de: Onlinebefragungen
http://www.egrade.de
http://www.stangl-taller.at/ARBEITSBLAETTER/FORSCHUNGS-METHODEN/Fragebogen.shtml: Anleitung zur selbstständigen Erstellung von Fragebögen
http://www.datagain.at
http://www.befragungsportal.de

**Marktforschung:**

http://www.marketagent.com
http://www.sdi-research.at/index.html
http://www.domestic.at
http://www.inquery.de/index.html
http://www.weinreich.com: Interessante allgemeine Infos
http://www.groetsch-anft.de/index.html

Und hier noch ein Fragebogen für Ladenbesitzer (als Beispiel ein Friseurbetrieb)

### 1. Frage – persönliche Daten

- ❏ Alter des Befragten ..........................................
- ❏ Geschlecht. ..........................................
- ❏ Anzahl der Kinder. ..........................................
- ❏ (Alter) ..........................................
- ❏ Beruf ..........................................
- ❏ Wohnort (Bezirk) ..........................................

## 2. Besondere Fragen (je nach Umfrageziel)

❑ Wie weit haben Sie es bis in mein Geschäft? Ca. … Minuten
Die Antwort ist wichtig dafür, wie weit von Ihrem Geschäft entfernt Sie z.B. Ihre Flugblätter streuen sollten.

❑ Wie oft gehen Sie durchschnittlich zum Friseur (egal zu welchem)?
❑ jede Woche
❑ alle 14 Tage
❑ jeden Monat
❑ alle zwei bis drei Monate
❑ seltener

Eine Aktionsidee für ein Beauty-Abo: Bei einem regelmäßigen Friseurbesuch alle drei Wochen könnte man versuchen, kürzere Abstände (alle zwei Wochen) schmackhaft zu machen – z.B. mit einem Jahres-Abo zu einem deutlich günstigeren Preis. 1. Vorteil: Kundenbindung; 2. Vorteil: Mehr Auslastung und Umsatz.

❑ Was lassen Sie beim Friseur machen?
❑ nur Schneiden
❑ Schneiden und Stylen
❑ Dauerwelle
❑ Färben
❑ Waschen
❑ Maniküren
❑ Massieren
❑ anderes, und zwar:
❑ Frisieren
..................

Wenn z.B. herauskommt, dass Maniküren sehr wenig verlangt wird, warum nicht eine Maniküre-Aktionswoche ins Leben rufen, um – vielleicht – die Hemmschwelle für diesen Luxusservice zu senken?

❑ Wie viele Friseure kennen Sie? Nennen Sie drei mit Namen:
..........................................................................

..........................................................................

❑ Was gefällt Ihnen am besten beim Friseur (egal, bei welchem)?

❑ Schneiden
❑ Dauerwelle
❑ Waschen und Föhnen
❑ Massieren
❑ Plaudern
❑ Stylen
❑ Färben
❑ Maniküren
❑ Frisieren
❑ Zeitung lesen
❑ anderes, und zwar:
. . . . . . . . . . . . . . . . . . ..

Haben Sie den Eindruck, es gibt genügend Friseure in Ihrer Gegend?
❑ zu viele
❑ zu wenige
❑ genügend
❑ keine

Gibt es zu wenige und Sie können nicht alle Kunden bedienen, ist vielleicht eine zweite Filiale ratsam.

❑ Wie gefällt Ihnen die Ausstattung meines Studios?
❑ sehr gut
❑ gut
❑ weniger gut
❑ gar nicht

❑ Ist der Aufenthaltsraum bequem genug?
❑ sehr bequem
❑ mittel
❑ bequem
❑ unbequem

❑ Ist der Aufenthaltsraum groß genug?
❑ groß genug
❑ weniger groß
❑ groß
❑ zu klein

❑ Was soll ein Friseur Ihrer Meinung nach allgemein können?
❑ gut stylen
❑ gut beraten
❑ gut schneiden
❑ gut plaudern
❑ richtige Typberatung
❑ wissen, was trendy ist
❑ gute Menschenkenntnis

❑ Was fehlt Ihnen in meinem Studio? Was würden Sie ändern?
. . . . . . . . . . . . . . . . . . . . . . . . . . . . . . . . . . . . . . . . . . . . . . .
. . . . . . . . . . . . . . . . . . . . . . . . . . . . . . . . . . . . . . . . . . . . . . .

❑ Wie finden Sie die Betreuung durch meine Assistentinnen?

| | |
|---|---|
| ❑ sehr gut | ❑ weniger gut |
| ❑ gut | ❑ gar nicht |

❑ Wie finden Sie die Bekleidung des Personals?

| | |
|---|---|
| ❑ sehr gut | ❑ übertrieben modisch |
| ❑ gut | ❑ gar nicht gut |

❑ Welche Geschäftszeiten wären für Sie ideal?

| Wochentage | Zeit |
|---|---|
| ........................ | ........................ |
| ........................ | ........................ |

❑ Wären für Sie Öffnungszeiten am Wochenende von Vorteil?

❑ ja ❑ nein

❑ Wären Hausbesuche für Sie von Vorteil?

❑ ja ❑ nein

**z.B.** Ein Optiker, der sein Geschäft in einem kleinen Dorf mitten in den Alpen betreibt, macht gute Geschäfte mit den Bergbauern in der Gegend. Einmal im Monat fährt er eine Tour zu allen Höfen, repariert Brillen und macht auch Augen- und Sehtests. Stolz meinte er: „In meiner Gegend gibt es keinen mit Discounterbrillen." Service at its best! Aber natürlich – ohne Fleiß kein Preis!

❑ Wäre ein offener Montag für Sie von Vorteil?

❑ ja ❑ nein

Wenn Sie der Einzige in Ihrer Gegend wären, der Montag offen hat – ein klarer Vorteil!

❑ Wie oft lesen Sie Beiträge über Frisurenmode in Zeitungen/Zeitschriften?
❑ oft/täglich ❑ selten
❑ gelegentlich ❑ nie

❑ Welche Zeitschriften/Zeitungen lesen Sie?
. . . . . . . . . . . . . . . . . . . . . . . . . . . . . . . . . . . . . . . . . . . . . . . . . .
. . . . . . . . . . . . . . . . . . . . . . . . . . . . . . . . . . . . . . . . . . . . . . . . . .
. . . . . . . . . . . . . . . . . . . . . . . . . . . . . . . . . . . . . . . . . . . . . . . . .

❑ Welche Regionalzeitung haben Sie als Letzte gelesen?
. . . . . . . . . . . . . . . . . . . . . . . . . . . . . . . . . . . . . . . . . . . . . . . . .
. . . . . . . . . . . . . . . . . . . . . . . . . . . . . . . . . . . . . . . . . . . . . . . . .
. . . . . . . . . . . . . . . . . . . . . . . . . . . . . . . . . . . . . . . . . . . . . . . . .

❑ Wären Sie bereit, sich als Frisurenmodell zur Verfügung zu stellen?
❑ ja ❑ nein

❑ Was erwarten Sie sich von einem guten Friseur? Ein guter Friseur soll (bitte ankreuzen)
❑ ein guter Menschenkenner sein
❑ die bestmögliche Behandlung bieten
❑ sich in der Mode auskennen
❑ sich ständig weiterbilden
❑ die neuesten Mittel und Kosmetika haben
❑ den billigsten Preis bieten
❑ sich für einen Plausch Zeit nehmen
❑ die Kunden gut informieren
❑ ein guter Stylist sein
❑ anderes, und zwar: . . . . . . . . . . . . . . . . . . . . . . . . . . . . . .
. . . . . . . . . . . . . . . . . . . . . . . . . . . . . . . . . . . . . . . . . . . . . . . . .

❏ Persönliche Anregungen:

.....................................................

.....................................................

Das Resultat lässt sich mühelos in einfachen Datenprogrammen verarbeiten oder sogar mit wenig Aufwand mittels Strichlisten und Tabellen auch per Hand aufzeichnen. Die Mühe würde sich lohnen, um mehr über die Wünsche und Probleme seiner eigenen Kunden zu erfahren. Eines ist jedoch zu bedenken – stellen Sie keine Fragen, welche die Antwort schon beinhalten, denn sonst besteht die Gefahr, dass Sie nicht nur zu falschen (geschönten) Umfrageergebnissen kommen, sondern dass Sie auch noch die falschen Rückschlüsse daraus ziehen. Keine Kundin, vor allem keine Stammkundin, würde „ehrlich" auf folgende „Fangfrage" ihres Figaro antworten:

Guter Service hat seinen Preis – würden Sie Ihre Haare auch einem Billigfriseur anvertrauen?

❏ ja ❏ nein

Alles klar?

# 3 Die Soll-Analyse

Was wollen Sie durch Ihre Werbung eigentlich erreichen?
Wo soll Ihr Unternehmen in 12 Monaten stehen – was soll bis dahin geschafft sein? Die Soll-Analyse ist nach der konsequenten Analyse des Ist-Zustands sozusagen der zweite Schritt auf dem Weg zur erfolgreichen Werbestrategie. Um entscheiden zu können, in welche Richtung Ihre Werbung in Zukunft gehen könnte, kommt es darauf an, die richtigen Schlussfolgerungen aus den gesammelten Daten der Ist-Analyse zu ziehen. Dieser Entscheidung kommt große Tragweite zu, denn davon hängt es ab, wie Sie sich Ihren Kunden präsentieren und wie Sie Ihren Werbeauftritt planen.
Als ersten Punkt der Soll-Analyse widmen wir uns dem **Werbeziel**. Hier legen Sie die Ziele fest, die Sie mit Ihrer Werbung erreichen wollen. Achten Sie darauf, dass Sie sich nicht zu große (und damit unerreichbare) Ziele stecken. Als Beispiel wäre ein kleiner Bäcker anzuführen, der als illusorisches Ziel die Marktführerschaft bei Brot in Bayern innerhalb von drei Jahren anstrebt. Ein Ziel für diesen Bäcker wäre aber durchaus, in diesem Zeitraum Marktführer in seinem Landkreis oder auch nur in seiner Stadt zu werden.

## Werbeziel

Bevor man Geld für Werbung ausgibt, müssen Sie also das Ziel ins Auge fassen.

Was will ich mit meiner Unternehmenswerbung erreichen?

Mögliche Ziele:

- ❑ besseres Image
- ❑ höhere Bekanntheit

- ❑ höhere Auslastung
- ❑ mehr Kunden
- ❑ mehr Umsatz
- ❑ Status quo festigen
- ❑ Kunden halten
- ❑ andere (neue bzw. jüngere) Zielgruppen gewinnen
- ❑ einheitliches Erscheinungsbild nach außen
- ❑ erfolgreiche Neueröffnung
- ❑ höheren Marktanteil in meinem Gebiet
- ❑ Frequenzerhöhung in meinem Geschäft
- ❑ ....................................

1. ........................................................
2. ........................................................
3. ........................................................
4. ........................................................
5. ........................................................
6. ........................................................
7. ........................................................
8. ........................................................
9. ........................................................ ......
10. ........................................................

Achtung! Bitte wählen Sie keine sich widersprechenden Werbeziele – also nicht „besseres Image“ und gleichzeitig „höhere Bekanntheit als Billigpreisgeschäft“.

## Die Hauptaussage Ihrer Werbung

Vom Vorteil für den Kunden haben wir in der Ist-Analyse schon gesprochen. Jetzt werden genau diese Daten und Fakten wieder aufge-

griffen. Sie haben sich im ersten Kapitel einige Vorteile aufgeschrieben, die Ihren Betrieb, Ihr Produkt oder Ihre Dienstleistung „einzigartig" gegenüber der Konkurrenz machen. Nehmen Sie sich nun diese Vorteile noch einmal vor und analysieren Sie diese hinsichtlich der Möglichkeit, sie in der Werbung zu verwenden und groß herauszustellen.
Auf welchen Vorteil würden Ihre angepeilten Kunden am besten reagieren? Welche Informationen könnten Ihre potenziellen Zielgruppen dazu bringen, bei Ihnen – und nur bei Ihnen – zu kaufen?

! Denn: Ohne klaren Kundenvorteil gibt es keinen Werbeerfolg!

Und nur wenn Sie Ihren potenziellen Kunden über alle Vorteile Ihres Angebots „informieren", kann der Kunde bei der Masse an Werbung, die ihn täglich bombardiert, die Spreu vom Weizen trennen. Erst dann wird er Ihr Angebot in die engere Wahl nehmen. Werbung ist Information – und Information ist Wissensvermittlung.
Werbung ohne Information ist wie eine Verpackung ohne Inhalt, wie ein Versprechen, das nicht eingelöst wird.
Denken Sie daran: Dass Werbung etwas mit wirklicher Information zu tun hat, ist heute fast schon vergessen. In der Vergangenheit waren die ersten Werbeaussagen die folgenden:

- „Frische Eier"
- „Wein aus Italien"
- „Neue Stoffe eingetroffen"

Diese Beispiele entsprechen übrigens archäologischen Funden ehemaliger Krämerläden bei Ausgrabungen mittelalterlicher europäischer Siedlungen. Wie man sieht, haben sich zwar die Zeiten dramatisch geändert, aber die Werbeaussagen sind fast die gleichen geblieben. Noch heute wird mit der Frische der Eier geworben und eventuell zusätzlich noch mit dem Hinweis „aus Bodenhaltung" oder „vom Bio-Bauernhof". Noch immer ist die Information „Wein aus Italien" attraktiv, allerdings nur mit der Zusatzinformation und dem Hinweis auf einen bekannten

Weinbauern oder einen berühmten Jahrgang. In der Mode funktioniert Informationswerbung zu jedem Saisonbeginn perfekt.

### Wie kommen Sie auf dem einfachsten Weg zu einem Vorteil für Ihre Kunden?

Als gewissenhafter Leser dieses Buches haben Sie natürlich schon längst „Ihr Unternehmen – Ihre Produkte (bzw. Dienstleistungen)“ durchgearbeitet und Ihr Unternehmen auf Besonderheiten und spezielles, derzeit vielleicht noch brachliegendes Know-how und nicht genutzte Angebote durchleuchtet. Diese Besonderheiten sollten Sie nun auf einen möglichen konkreten Kundennutzen abklopfen.
Die Fragen, die Sie sich dazu stellen sollten, sind folgende:

- ❏ Was unterscheidet mein Unternehmen oder meine Dienstleistung von anderen Unternehmen oder anderen Dienstleistungen?
- ❏ Wo ist mein Unternehmen gegenüber der Konkurrenz unschlagbar?
- ❏ Wo bin ich **anders als alle anderen**?

## Wofür wollen Sie bei Ihren Kunden „bekannt“ sein?

1. ..............................................................

2. ..............................................................

3. ..............................................................

Geben Sie nicht mehr als zwei bis drei Hauptvorteile an, die Sie von Ihrer Konkurrenz unterscheiden, und nur jene, die echte **Vorteile für den Kunden** sind. Mehr kann in einer Anzeige kaum „verkauft“ werden.
Übrigens: In der Werbung nennt man diese einzigartigen Verkaufsgründe USP (Unique Selling Proposition).
Also machen Sie sich einzigartig – am Ende soll für die Verwertung in der Werbung nur eine einzige Aussage von Ihren oben genannten übrig

bleiben. Mehr kann sich der Konsument nicht merken. Am besten ist es natürlich, wenn die Einzigartigkeit aus Ihrem Produkt resultiert (das größte, praktischste, schmackhafteste, süßeste, leichteste, einfachste ...) oder auch aus Ihrer Preispolitik oder sogar allein aus Ihrem einzigartigen Werbeauftritt (wie es die Yellow Cab Co. zustande brachte, indem sie ihre Taxis gelb anstrich). Der USP ist so ziemlich der einzige Grund, die sonst in der Werbung verpönten Superlative zu verwenden.
Sagen lässt sich das leicht: Der Billigste – der Exklusivste – der Leichteste ... Wie soll das aber in einer Zeit gehen, in der die Supermärkte einen gnadenlosen Preiskampf führen? Oder können Sie bei Ihrer Zielgruppe höhere Preise durchsetzen? Sie glauben vielleicht, bei hohen Preisen kann man nicht mit Superlativen auftrumpfen und stolz verkünden: Ich bin der Teuerste! Das ist ein Irrtum!

z.B.

Verkaufen Sie sich oder Ihr Produkt als das „teuerste der Welt"!

Ein besonders interessantes USP-Beispiel soll Ihnen beweisen, dass auch das funktioniert. Fragen Sie beim nächsten Besuch in Ihrer Apotheke einmal nach der „teuersten Zahncreme der Welt". Ihr Apotheker wird Sie Ihnen (falls vorrätig) gern überreichen. Ich habe, während ich diese Zeilen schreibe, mindestens fünf Minuten nachgedacht, wie diese verflixte Zahnpasta heißt. Ich komme nicht darauf. Aber auf Grund des einprägsamen USP weiß ich dennoch, wonach ich fragen muss, damit ich das Produkt erwerben kann. Und ich weiß, dass ich sie in einem Aufsteller auf dem Ladentisch meines Apothekers gesehen habe und dass auf dem Aufsteller als Werbeslogan genau dieser Satz stand: „Die teuerste Zahncreme der Welt". Ich finde diese „Positionierung" schlichtweg genial – vor allem in der heutigen Zeit, wo alle versuchen, möglichst billig anzubieten. Und soll ich Ihnen noch etwas verraten? Ich werde beim nächsten Apothekenbesuch einen „Testkauf" wagen – man gönnt sich ja sonst nichts.

## Wofür wollen Sie bzw. Ihr Unternehmen „bekannt“ sein?

...............................................................

**Nebenvorteile** könnten sein (wichtig z.B. für kurzfristige Aktionen etc.):

1. ............................................................
2. ............................................................
3. ............................................................
4. ............................................................
5. ............................................................
6. ............................................................

Zum Ende dieses USP-Exkurses noch einige mögliche USP-Beispiele:

- ❑ Die teuerste Zahnpasta der Welt
- ❑ Die billigste Tankstelle in Bayern
- ❑ Die scharlachroten „Limousinen-Taxis“
- ❑ Die Pasteten-Manufaktur
- ❑ Das leichteste Handy der Welt
- ❑ Der einfachste Computer der Welt
- ❑ Mauerentfeuchtung – kinderleicht
- ❑ Das älteste Hotel in Berlin
- ❑ Das Reisebüro für die exklusivsten Reisen

Bedenken Sie auch, dass, sollten Sie sich einmal für eine Aussage (und damit für eine Positionierung) entschlossen haben, jede weitere Produkt-, Marketing- und Werbeaktivität den USP unterstützen sollte. Es wäre also kontraproduktiv, wenn es die „teuerste Zahnpasta der Welt“ jemals zu einem Sonderpreis geben sollte oder wenn man eine Billigausgabe für die großen Supermärkte einführte. Es würde nicht funktionieren und den Konsumenten irritieren.

**Machen sie Ihr Produkt Einzigartig. Entweder durch einen besonderen Vorteil (Zigarren-Wein), durch das Design, durch einen auffälligen Produktanhänger, der zusätzliche Infos und Verkaufsimpulse direkt am P.O.S. gibt. Oder wie wäre es mit einem Foto von Ihnen selbst, denn als Erzeuger sind Sie immer der beste Produktpräsentator.**

## Wie wollen Sie sich in der Öffentlichkeit präsentieren? – Die Corporate Identity (CI)

Wieder ein englischer Begriff: „Corporate Identity" oder abgekürzt CI. Die einfachste deutsche Übersetzung lautet „das einheitliche Erscheinungsbild". Damit ist der gesamte optische Eindruck des Unternehmens gemeint. Also: Wie wirkt Ihr Unternehmen auf die Außenwelt und auf Ihre Zielgruppen? Ganz gleich, ob es die Farbgestaltung des Geschäftslokals, den Einrichtungsstil, die einheitliche Werbegestaltung oder die gleich bleibende Schriftwahl in Prospekten und Anzeigen betrifft. Jeder Gang in die Öffentlichkeit muss auf das Unternehmen abgestimmt sein. Sollten Sie keinen Warenvertrieb besitzen, sondern nur ein Büro und nur Dienstleistungen „verkaufen", werden Sie sich sicherlich fragen, wo bei Ihnen die Corporate Identity anfängt und wo sie aufhört.

Bei Gastgewerbebetrieben erwartet man „Gestaltung". Das Lokal ist in einem besonderen Stil eingerichtet, bestimmte Farben überwiegen, es ist konservativ, modern, rustikal etc. Bei Boutiquen oder Geschäften ist für viele „Gestaltung" ebenfalls nachvollziehbar. Aber in Büros – wozu denn?

Unterschätzen Sie den ersten Eindruck nicht, der von Ihrem Büro, von den gewählten Farben oder den verwendeten Materialien ausgehen kann. Dies beeinflusst oft nachhaltig den Konsumenten (auch im Kaufverhalten). Ihr Unternehmen wirkt auf die Außenwelt in seiner Gesamtheit. Sie können dieses Erscheinungsbild ganz entscheidend beeinflussen und legen so schon vor der Eröffnung Ihres Geschäfts, Ihres Lokals oder Ihres Büros den Image-Grundstein für Ihr Unternehmen.

z.B.

An diesem Beispiel werden Sie sofort erkennen, wie sehr Kleinigkeiten die Kundenstruktur und das Käuferverhalten bei Unternehmen beeinflussen.
Jeder kennt Flohmärkte, besucht sie hin und wieder oder – so wie ich – häufiger. Dabei fällt auf, dass die Stände der Händler sehr unterschiedlich sind und in Stil und Aufmachung meist sehr genau der dort angebotenen Ware bzw. dem jeweiligen Preisniveau der Waren entsprechen. Da gibt es den privaten Anbieter, der seinen ganzen Krimskrams einfach in einem großen Haufen (wie in den Supermärkten die billigen Wühlkisten) auf den Boden wirft und den Kunden auch tatsächlich nach Herzenslust wühlen lässt – der aber auch sehr günstige Preise anbietet. Da gibt es aber auch den Händler, der nur Designerstücke (egal, ob namhafte oder No-Name-Produkte) auf einer schwarzen Samtdecke ausbreitet und noch dazu nicht auf einem Haufen, sondern liebevoll die wenigen Stücke arrangiert und oft sogar farblich aufeinander abstimmt. Und will man sich eines der Stücke näher betrachten, greift es sich der Chef, bevor man selbst zulangen kann, und hält einem die „Kostbarkeit" hin. Nichts da mit Wühlen, nichts da mit Selbstbedienung – automatisch wird mit dieser Präsentation auch „teuer" und „exklusiv" assoziiert. Dementsprechend sind auch die Preise dieser Profi-Krämer bedeutend teurer als die der „Krimskramsstände". Und das – eigentlich – nur durch ein Stück schwarzen Samt.

Low Budget

Das letzte Beispiel hat Ihnen gezeigt, dass CI nicht unbedingt teuer sein muss.
Für Kleinbetriebe wäre z.B. die besondere Gestaltung der Einkaufstüten oder Tragetaschen wichtig. Überwiegend sieht man nur sehr schlichte Taschen in der Grundfarbe weiß. Ich komme heute gerade von meiner Steuerberaterin, mit der ich mich auch ein wenig über Werbung und die Möglichkeiten für Steuerberater unterhalten habe. Ein sehr günstiger Vorschlag, um für etwas Aufsehen zu sorgen, wären stabile Papiertaschen (für die Akten der Klienten) in einer besonderen Farbe. Ein elegantes Gelb wäre dafür ideal. Tolle Idee. Ich habe noch keine Tragetasche eines Steuerberaters gesehen. Auch einem Optiker habe ich Tragetaschen vorgeschlagen. Diesem habe ich mit wenig Aufwand eine neue, auffällige CI-Linie verpasst. Um die Kunden möglichst sofort und umgehend mit der neuen CI-Linie zu konfrontieren, wurden Papiertaschen in grellgrüner Grundfarbe mit in Blau gehaltenem Logo bestellt. Ungeheuer auffällig – enorm werbewirksam. Und das mit unwahrscheinlich wenig Geld. Ein Tipp für Sie?

Ganz allgemein ist zu sagen, dass das äußere Erscheinungsbild eines Unternehmens deshalb so wichtig ist, weil in jeder Lebenslage das Aussehen Vorrang hat. Der Mensch als prähistorischer Jäger entdeckte und erforschte die Welt zu einem großen Prozentsatz mit seinen Augen. Diese Vorrangigkeit und Allgegenwärtigkeit optischer Darbietung wirkt sich auch noch heute und besonders stark im Wirtschaftsleben aus. Nicht umsonst werden Broschüren, Kataloge und vieles mehr gedruckt, Logos werden möglichst elegant oder auffällig gestaltet. Firmenschilder sollen möglichst weit sichtbar und auffällig sein. Dies alles sind Werbemittel, die uns zum Schauen animieren und uns durch die Reizung des Auges in unserer Entscheidung beeinflussen sollen.
Aber auch das äußere Erscheinungsbild einzelner Produkte (die Verpackung, die Ausstattung, die Farbe, der Stil, die Präsentation) beeinflusst ganz entscheidend das Verhalten der Umworbenen.

Denken Sie nur an bestimmte große Marken. Sofort fällt Ihnen entweder der Stil der Werbung ein, die Farben und Formen der Verpackungen oder des Markensignets (Coca-Cola, Pepsi, Aldi, IBM, Mercedes usw.).
Dies ist nur möglich durch die konsequente Arbeit mit den Mitteln der Corporate Identity. Die Möglichkeiten, am einheitlichen Erscheinungsbild eines Unternehmens zu feilen, sind faszinierend und auch nahezu unbegrenzt, wenn Sie an all die Dinge denken, die Sie in Ihrem Büro, Ihrem Geschäft, Ihrem Lokal etc. umgeben. Durch die stilistische und farbliche Abstimmung von Einrichtung, Werbeauftritt und Produktgestaltung können Sie konkrete Aussagen für das Unterbewusstsein der Kunden transportieren bzw. eine Stimmung vermitteln.

z.B.

Für eine durchdachte CI-Linie sei nur ein Immobilienhändler genannt: Er könnte sein Büro in einer bestimmten Farbe ausgestalten und auch z.B. seine Aktentasche, sein Handy, seine Aktenmappen, Kugelschreiber etc. in dieser „Firmenfarbe" halten. Oder denken Sie nur an streng konservative Anwaltskanzleien, die noch immer den Hauch der Jahrhundertwende atmen, weil sie eben mit Stilmöbeln, schweren Teppichen, alten Ölgemälden und samtenen Vorhängen ausgestattet sind. Automatisch absorbiert der Besucher, der zum ersten Mal die Kanzlei betritt, die Atmosphäre und wartet fast ehrfürchtig darauf, dass ihm jemand mit gestärktem Stehkragen und weißer Fliege entgegentritt.

Wenn Sie diese Stimmung erreichen wollen – kein Problem; und wenn Sie selbst nichts mit einem modernen Einrichtungsstil anzufangen wissen – wunderbar. Sie müssen sich schließlich wohl fühlen. Wenn Sie dann auch noch die richtigen Klienten für dieses Kanzlei-Image haben (konservativ, etwas älter, Unternehmer, Landwirte etc.), was kann da noch schief gehen?
Wie falsch wäre dieser Stil allerdings bei einer Werbeagentur, die ja von den Kunden nicht zuletzt deshalb engagiert wird, um Modernität

und Innovation im eigenen Betrieb zu garantieren. Man kauft schließlich Dienstleistungen auch mit den Augen.
Wie wichtig selbst kleine Details sind, möchte ich Ihnen anhand einer persönlichen Episode schildern. Als Werbetexter und Werbefachmann wird man, wie die meisten Berufsgruppen, von seinen Kunden in eine bestimmte Image-Schublade gesteckt.

z.B.

Vor einigen Jahren bekam ich von meiner Frau einen pinkfarbenen Plastikkoffer geschenkt. Als braver Ehemann tauschte ich meine (selbstgekaufte) teure schwarze Ledertasche gegen dieses ziemlich skurrile Ding. Schon bei meinem ersten Besuch bei einem Kunden bemerkte ich, wie die Augen meines Gegenübers immer wieder verstohlen lächelnd auf meinem Plastikkoffer landeten. Hoppla, da schau her, dachte ich mir. Ich wurde aufmerksam und studierte von nun an die unterschiedlichsten (aber immer positiven) Reaktionen meiner Kunden auf mein „kitschiges" Anhängsel. Schließlich wurde ich anlässlich der Präsentation eines Werbekonzepts in der Vorstandsetage einer großen Brauerei bei meinem ersten Schritt ins Konferenzzimmer vom sehr konservativ gekleideten Direktor mit den freudigen Worten „Jaaaaa, da kommt endlich die Kreativität!" begrüßt. Ich war im ersten Moment perplex, weil ich ehrlich gesagt nicht genau wusste, worauf angespielt wurde. Was soll ich sagen, es war dieser kleine (und sehr billige) Plastikkoffer in Schweinchenrosa, der es diesem hoch bezahlten Manager angetan hatte. Tja, Pech für die in elegantem Blau erschienene Konkurrenzagentur. Ich brauche wohl nicht zu erwähnen, dass wir die Präsentation gewonnen haben. Dieser Tipp gilt für alle Branchen, die den Nimbus der Kreativität an sich haften haben. Also für Architekten, Grafiker, Friseure, Modedesigner, aber auch für alle Arten von Medienunternehmern.

! Resümee: Jeder Gang in die Öffentlichkeit muss auf das Unternehmen und sein jeweiliges Image abgestimmt werden. Die Zielgruppe sollte sofort erkennen, um welches (wessen) Angebot es sich handelt. Ein Blick sollte genügen, um die vorliegende Anzeige oder das Plakat eindeutig zu identifizieren.

Zusätzlich muss diese Identifikation auch noch bei geringer Aufmerksamkeit durch den Leser und bei sehr kurzer Betrachtungsdauer stattfinden. Die Marktforschung hat ergeben, dass die Betrachtungsdauer für Werbemittel in den nächsten Jahren auf weit unter eine Sekunde sinken wird. Ein sehr rasches Erkennen und auch „Verstehen" dieser Werbemittel sowie auch Ihrer Werbebotschaften ist daher von entscheidender Bedeutung für Ihren Werbeerfolg. Genau hierbei hilft eine klare CI-Linie.
Haben Sie sich einmal auf eine Werbe- und CI-Linie eingelassen, sollte diese auch konsequent weiterverfolgt werden. Daher ist der immer gleiche Aufbau (und die gleichen Gestaltungselemente) aller Werbemittel unumgänglich.

! Kontinuität geht vor Kreativität!

Egal, ob es Farben sind, bestimmte wiederkehrende Formate (etwa bei Anzeigen oder Prospekten), die Mitarbeiterkleidung, gleichartige Gestaltungselemente oder auch bestimmte wiederkehrende Formulierungen oder Schreibstile, die mit Ihnen in Verbindung gebracht werden – gravierende Änderungen sind Gift für Ihren Werbeerfolg.
Wir haben jetzt so viel von Farben gesprochen. Wie wirken nun eigentlich die einzelnen Farben auf unser Unterbewusstsein? Welche Farbe ist für welchen Anlass oder welches Unternehmen geeignet? Eine klare Antwort kann es darauf nicht geben, der persönliche Geschmack entscheidet. Die folgenden Stichworte zu den gängigsten Farben sollen lediglich als eine kleine Entscheidungshilfe dienen.

# Die Psychologie der Farben

Farben beherrschen unser Leben!
Der Mensch sieht – im Gegensatz zu vielen Tieren – farbig. Dass daher auch unsere Eigenpräsentation an Attraktivität gewinnt, wenn Farben verwendet werden, ist klar. Allerdings ist Farbe, gerade bei Kleinbetrieben, nicht unbedingt und zwingend notwendig, um einen hohen Aufmerksamkeitseffekt zu erzielen. Der Verzicht auf Farbe bringt auch einen nicht unerheblichen Vorteil auf der Kostenseite. Denn in der Werbung ist in Bezug auf Farben eines zu beachten:

Farben sind teuer!

Überall und in jeder Form. Ob in Anzeigen oder auf einem Flugblatt, das gedruckt wird. Jede zusätzliche Farbe (die schwarze Druckfarbe ist obligat) muss bezahlt werden. Für jede zusätzliche Farbe wird in der Druckvorbereitung auch ein eigener „Druckfilm" benötigt. Ein Vierfarbdruck benötigt daher vier einzelne Filme, die in die Druckmaschine eingespannt werden müssen – das kostet Geld. Daher sollte bereits bei der Gestaltung von Werbemitteln (und vor allem beim Logo) darauf Bedacht genommen werden, mit möglichst wenigen Farben auszukommen.

Low Budget

In meiner täglichen Praxis als Werbefachmann habe ich immer wieder mit Logos und Firmenzeichen zu tun, die aus unerfindlichen Gründen vom Grafiker vierfarbig konzipiert wurden. Diese Logos wirken meist auch nur mit all diesen Farben, und sobald sie in Schwarz-Weiß-Druck erscheinen, ist das Logo nur halb so schön. Oft verliert die Gestaltung in Schwarz-Weiß so stark, dass eine Neugestaltung erforderlich ist. Verzichten Sie also – wenn möglich – auf vierfarbige Logogestaltungen – es würde Sie zu viel Werbegeld kosten.

**Tipp** Achten Sie bei der Logokonzeption darauf, dass Ihr zukünftiges Markenzeichen zwar Auffälligkeit durch eine oder zwei „Firmenfarben" gewinnt, aber seine Auffälligkeit bei reinem Schwarz-Weiß-Druck auch nicht verliert.

Die Farbpsychologie sollte grundsätzlich nicht überbewertet werden. Bei der Gestaltung von Verpackungen, der Einrichtung eines Büros, eines Geschäfts oder eines Lokals kommt der Farbe dennoch entscheidende Bedeutung zu. Hier sind einfach die Farbflächen größer und können daher auch voll zur Geltung kommen. Bei Logos oder auch Anzeigen ist es für den Erfolg nicht wirklich entscheidend, ob Grün oder Blau verwendet wird. Ein Logo in Gelb wäre auf Grund der schlechten Erkennbarkeit von Gelb auf Weiß allerdings aus rein technischer Sicht abzulehnen. Beim Einsatz von Farben sind einige Grundregeln zu beachten. Die nun folgende kurze Aufstellung der wichtigsten Farben und deren Wirkungsweise soll Ihnen einen kurzen Einblick geben.

## Einige Fakten über die Wirkungsweise von Farben

- **Rot**: die älteste und prominenteste Farbe. Fragen Sie jemanden spontan nach seiner Lieblingsfarbe – in 90 Prozent der Fälle wird Rot genannt. Rot ist anregend, eine männliche Farbe (ja, tatsächlich männlich), die Farbe der Lust, der Dynamik, aber auch des Lasters; Rot bewirkt in Labortests die stärksten Reaktionen bei Testpersonen; es ist eine warme, fast heiße Farbe; Rot wirkt als Alarm (Verkehrszeichen, Verbotszeichen).
  **Praxisanwendung**: Farbe, die den Appetit anregt und im Verpackungsdesign für süße, aber auch scharfe, kräftige, würzige Produkte verwendet wird (Kaffee, starke Zigaretten). Rot lenkt auch bei Verpackungen (neben Orange) die stärkste Aufmerksamkeit auf sich. Nicht umsonst wird die rote Farbe schon seit jeher in der Werbung für Heraushebungen verwendet. Rot wirkt in Anzeigen informierend, dringlich, modern und aktuell. Achtung! Rot kann aber auch aufdringlich und billig wirken.

- **Blau**: die Farbe, die nach Rot am häufigsten als Lieblingsfarbe genannt wird. Blau ist eine weibliche Farbe; sie symbolisiert den Himmel, Ferne, Sehnsucht nach Ruhe und Entspannung. Blau ist eine kühle Farbe. In einem blauen Zimmer empfindet eine Testperson eine bestimmte Temperatur subjektiv um einige Grad kühler (also Achtung bei einem ganz in Blau gehaltenen Büro – es kann kalt und abweisend wirken). Blau zeigt in Verkehrszeichen freie Fahrt an – also keine Gefahr. Blau ist im Gegensatz zu Rot eine passive und leise Farbe.
  **Praxisanwendung**: eine seriöse Farbe, die unaufdringlich wirkt und Klasse ausstrahlt. Eleganz und Technik werden durch diese Farbe symbolisiert. Daher haben auch sehr viele Automarken Blau in ihrem Logo. Blau ist auch eine „reine" Farbe. Sie wird daher neben Weiß gern im medinzinischen Bereich verwendet. Interessant: Blau = süß (daher wird Zucker meist in blauen Verpackungen angeboten). Blau in Verbindung mit Gelb oder Weiß findet auch bei Light-Produkten Verwendung.
- **Gelb**: die hellste Farbe. Daher Assoziation mit Sonne, Sauberkeit, heiter, sanft, reizend, Optimismus, Wärme, Jugendlichkeit. Gelb wird auch teilweise mit Gold gleichgesetzt, daher ist Gelb auch eine elegante, exklusive Farbe. Gelb wird neben seinen positiven Eigenschaften aber auch für Warnsignale verwendet (in der Natur haben z.B. Wespen die gelbe Warnfarbe).
  **Praxisanwendung**: In der Werbung ist Gelb meist die Farbe für den Hintergrund. Niemals Gelb für Schrift verwenden (außer auf dunklem Untergrund), da gelbe Schrift auf weißem Papier nahezu unlesbar ist. Logobeispiele für Gelb sind unter anderem die Post, die mit Gelb gleichgesetzt wird. Auch McDonald's wirbt mit dem großen gelben M um Kundschaft. Hier wird Gelb allerdings immer in Verbindung mit einer anderen Farbe verwendet. Ideal: Rot, Blau, Schwarz. In jüngster Zeit setzt auch ein Stromanbieter voll auf diese helle, leichte und fröhliche Farbe.
- **Grün**: die Farbe des Lebens. Assoziation mit: Vitalität, Wachstum, Gesundheit, Jugend, Harmonie, Hoffnung, Ruhe, Ausgeglichen-

heit; grüne Piktogramme geben sich als hilfreiche Signale zu erkennen.

**Praxisanwendung**: Farbe für Umweltschutz, Bioprodukte, erfrischend (daher oft bei Hustenbonbons). Interessant: Hellgrüne oder grasgrüne Teppiche wirken in Gaststätten und Speisezimmern appetitanregend (es ist allerdings im wahrsten Sinne des Wortes eine „Geschmacksfrage“, ob ich mein Lokal nur auf Grund dieser Erkenntnis mit einem grünen Teppichboden ausstatte). Eine berühmte grüne Firmenfarbe ist die des Edelkaufhauses Harrod's in London (ein dunkles Grün) oder die des österreichischen Wäscheerzeugers Palmers. Hier wird ein eher ins Gelbe tendierendes Grün mit Gold kombiniert.

- ❑ **Orange**: berstend vor Aktivität. Es leuchtet wie Gelb und springt ins Auge wie Rot. Weitere Assoziationen: herzhaft, reif, satt, lebendig, prall, warm.

  **Praxisanwendung**: Orange, die Farbe der 60er- und 70er-Jahre, kommt langsam wieder in Mode. Vorsicht bei Einrichtungsgegenständen – sie können leicht „kitschig“ wirken. Toll für Aktionsangebote, da die Farbe billig wirkt. Gegenbeispiel dieser Billigwirkung sind die Einkaufstüten eines Wiener Nobelfeinkosthauses. Meinl am Graben hat nach der Umgestaltung seines Kaufhauses die bisherigen grünen Papiertüten gegen orangefarbene ersetzt (auch als Zeichen der Erneuerung). Toller Werbeeffekt – allerorten sind die neuen auffälligen Tüten zu sehen.
- ❑ **Schwarz**: Schwarz war immer schon die Farbe der Opposition, des Geheimnisvollen. Spione, Zorro, der Richter oder der Priester – alle sind sie feierlich, geheimnisvoll und faszinierend. **Praxisanwendung**: Schwarz lässt bunte Farben neben sich leuchten. Im Verpackungsdesign wird Schwarz bei eleganten, teuren Verpackungen in Verbindung mit Gold, Rot und Gelb verwendet. Tests haben gezeigt, dass gleich große Schachteln subjektiv schwerer empfunden wurden, je dunkler ihre Farbe war. Ein Produkt in einer dunklen Verpackung wirkt also nicht nur eleganter, sondern auch massiver, schwerer, wertvoller.

- **Weiß**: weiß wie die Unschuld, rein, ohne Makel, steril. Diese Wirkung wird durch ein helles, klares Blau noch verstärkt.
  **Praxisanwendung**: Verpackungen wirken durch weißen Hintergrund luftig und leicht, aber auch weniger kompakt. Weiß ist die klassische Farbe aller Ärzte und der Medizin. Weiße Schrift auf dunklem Grund ist schwerer lesbar als umgekehrt. Viel weißer Raum in Anzeigen lässt das Produkt teurer und eleganter wirken.
- **Braun**: Diese „Erdfarbe“ signalisiert Sicherheit. Weitere Assoziationen: anständig, hausbacken, mütterlich, Arbeit, Nahrung, Braten, gutbürgerliche Küche, deftig, trocken, solide Herkunft. Braun ist der sinnliche Genuss des einfachen Lebens.
  **Praxisanwendung**: Tischler, Handwerker und rustikale Gasthöfe verwenden gern Braun als Logofarbe. Alleine wirkt die Farbe allerdings recht bieder. Aufgepeppt und interessant wirkt sie in Verbindung mit Gelb, Grün oder Blau. Herrendüfte kommen oft in brauner Verpackung daher. Die Männlichkeit der Farbe wird noch durch Schwarz oder Grün verstärkt.
- **Rosa**: süßlich, anregend, verspielt, schüchtern, Mädchenfarbe, Babyfarbe, duftend, Unterwäsche, Ballett, Kosmetik, Homosexualität, Pflegeprodukte (allerdings nur für Frauen).
  **Praxisanwendung**: Sanfte Pflege- und Waschmittel, milde Medikamente, Kosmetikgeschäfte, aber auch Boutiquen für Damenunterwäsche oder Babyartikel dürften mit dieser Farbe bestens bedient sein. Ein Billigkaufhaus in Paris („Tati“) ist voll auf diese Farbe eingestiegen.

**Tipp**

Noch vier Tipps zur Auswahl Ihrer Firmenfarbe:

17. Vermeiden Sie, die gleichen Farben wie Ihre Mitbewerber zu verwenden – Sie wollen schließlich anders als die anderen und unverwechselbar sein.

18. Sie müssen mit Ihrer Farbe lange Zeit zufrieden sein. Die Entscheidung für eine „hippe“ Modefarbe sollte also genau überlegt werden. Eine Farbe kann im nächsten Jahr schon wieder völlig veraltet wirken.
19. Testen Sie die Farben, die in die engere Wahl kommen, einige Zeit. Sammeln und vergleichen Sie anhand von bestehenden Beispielen. Testen Sie die Farbe auf Papier, Stoff oder anderen Materialien – wenn möglich auch auf größeren Flächen. So machen Sie sich das beste Bild über die Einsetzbarkeit Ihrer zukünftigen Farbe.
20. Vermeiden Sie die Verwendung einer ganz bestimmten, von einem Drucker speziell für Sie „gemixten“ Farbe. Solch eine Farbe ist zwar sehr exklusiv, es wird Sie aber enormes Geld kosten, diese Farbe in jeder Zeitung und bei jedem Flugblatt- oder Prospektdruck auch genauso gedruckt zu bekommen. Der Werbewert entspricht in keiner Weise den dabei entstehenden Kosten. Überlassen Sie diese „Feinheiten“ den großen Industriebetrieben, die haben das nötige Kleingeld dafür übrig.

# 4 Das Logo – das Firmenzeichen

Sie haben bereits ein Logo?
Ausgezeichnet! Denken Sie immer daran – Kontinuität geht vor Kreativität! Also nicht immer alles ändern. Der Kunde ist sonst verwirrt.
Sollten Sie mit Ihrem derzeitigen Logo nicht zufrieden sein (weil es zu wenig auffällt oder einfach nicht mehr zeitgemäß ist), dann gebe ich Ihnen einen guten Rat:
Lassen Sie sich Ihr Logo von einem professionellen Werbefachmann oder Grafiker anfertigen. Umgerechnet auf die vielen Jahre, die Sie es verwenden, ist es eine der günstigsten Werbeinvestitionen, die Sie jemals tätigen werden.
Eines sollten Sie Ihrem Grafiker mit auf den Weg geben: möglichst keine einfachen und trockenen Schriftlösungen. Je ungewöhnlicher Ihr Logo, desto schneller erkennen es Ihre Kunden wieder und nehmen es an. Umso schneller werden Sie auch bekannt. Und gerade bei Kleinbetrieben kann ein einprägsames Logo sehr viel Werbebudget sparen, indem es z.B. in Ihren Anzeigengestaltungen das zentrale Element bildet und sofort von Ihrer Zielgruppe wiedererkannt wird – eben weil es auffällig ist.

> **!** Bedenken Sie immer: Werbung = Wiedererkennung

Ein gutes Logo ist so auffällig, dass es im Idealfall bereits nach der ersten Betrachtung im Gedächtnis haften bleibt. Ähnlich einer gespeicherten Computerdatei, die bei nächster Gelegenheit automatisch wieder aktiviert wird und Ihrer Zielgruppe das Gefühl der Vertrautheit mit Ihrem Unternehmen oder Ihrer Dienstleistung vermittelt: „Das kenn ich doch, das habe ich doch schon einmal gesehen.“ Ein auffälliges Logo wird von Kunden und Interessenten bereits nach

kurzer Zeit „bemerkt“ und „gelernt“. Damit sind Sie schon einen enormen Schritt weiter als die Masse der für Ihre Zielgruppe gänzlich unbekannten Konkurrenten. Wie bei normalen zwischenmenschlichen Beziehungen auch kommt vor dem näheren Kennenlernen das Vorstellen. Durch Ihr Logo, das bereits „bemerkt“ wurde, haben Sie sich schon vorgestellt, Sie sind inzwischen bekannt.
Ein entscheidender Wettbewerbsvorteil.

**!** Ich selbst habe ein sehr ungewöhnliches und auch sehr detailverliebtes Logo für meine Werbeagentur gewählt. Viele Kunden sprechen mich immer wieder auf das Logo an und es passiert des Öfteren, dass ich zu einem „Noch-nicht-Kunden“ komme, der beim Blick auf meine Visitenkarte ganz nachdenklich wird und mir dann freudenstrahlend zu verstehen gibt, dass er das Logo schon vor ein paar Jahren gesehen hat (weil ich dem Kunden vor Jahren einen Werbebrief gesandt habe) und es ihm bis heute präsent geblieben ist. Ein gutes Logo ist so auffällig, dass es idealerweise bereits nach der ersten Betrachtung im „Hinterkopf“ gespeichert bleibt.

In den letzten beiden Jahren arbeite ich verstärkt als Coach und bin auch eingetragener Task-Manager. Ich komme also, wie die Feuerwehr, in Werbenotfällen stunden- oder tageweise direkt in die Betriebe und berate hinsichtlich Fehlern in der Werbelinie. Gemeinsam mit dem gesamten Team veranstalte ich Brainstormingseminare, um auf neue Werbe, Produkt-, Service- und sogar Geschäftsideen zu kommen, die im Unternehmen gewinnbringend umgesetzt und vermarktet werden könnten. Und dieser Service ist eigentlich nicht die klassische Arbeit einer Werbeagentur, denn die Agentur ist ausschließlich daran interessiert, Werbeideen umzusetzen. Daraus entstand die Idee des „Werbetherapeuten". Ich nutze hier meine langjährige Erfahrung, um bestehende Werbemittel mit möglichst geringem Aufwand zu verbessern. Die Umsetzung kann dann der Kunde selbst oder gemeinsam mit seinem Grafiker oder seiner Hausagentur vornehmen. Es wird übrigens auch bald ein Buch zum Thema „Werbetherapie" geben, in dem ich die Denkfehler in der heutigen Werbung aufarbeite. Wie auch immer, dieser Service kommt so gut an, dass ich dafür ein eigenes Logo kreiert habe. Ebenfalls eine sehr impactstarke Grafik – die man nicht so leicht verwechseln kann und die man sich leicht merkt.

Übrigens – das Logo für den Werbetherapeuten habe ich auch in einer zweiten Variante konzipiert. Mein Hausgrafiker hat eine Version auf mein bildhübsches Gesicht abgestimmt, weil ich bei einem Treffen mit einem Kunden, der sich für eine Beratung durch den Werbetherapeuten interessierte, von ihm nicht erkannt wurde, und weil er so fixiert auf das Gesicht der ersten Logoversion war und glaubte, das Logo stimmt mit dem realen Bild des Werbetherapeuten überein. Sie sehen, der Auswahl eines geeigneten und „stimmigen" Logos kommt also große Bedeutung zu. Wobei ich mich trotz kurzfristger Zweifel langfristig für die erste Version (ohne reale Verbindungen zu meiner Person) entschieden habe.

**!** Verwenden Sie daher Ihr auffälliges Logo so oft und so groß es geht.

# Die wichtigsten Punkte für die Low-Budget-Logogestaltung

## Kombinieren Sie Schrift mit Bild(ern)

Eine reine Schriftlösung ist zu wenig auffällig, weil meist zu gewöhnlich; sie weckt kaum Assoziationen und vermittelt auch kaum Näheres über die speziellen Produkte und Dienstleistungen, die Sie anzubieten haben.
Auch sollten Sie anders als die anderen agieren – und die meisten anderen (egal, welcher Branche) haben eben nur einfache Schriftlösungen ohne großen Wiedererkennungswert zu bieten und keine echten Logos. Wenn dem so ist, dann nutzen Sie diese große Chance!

## Wenn Sie einen einprägsamen Namen haben, dann nutzen Sie ihn!

Heißen Sie z.B. Vogel, Gänser, Maurer, Wolf oder haben Sie einen anderen assoziationsreichen Namen? Versuchen Sie, eine Zeichnung zu finden, die Ihren Namen verdeutlicht (bei Wolf etwa die Zeichnung eines heulenden Wolfes). Sie werden sehen, wie schnell man sich ihren Firmennamen merken wird, wenn das Logo eine Verbindung zum Namen hat.

## Finden Sie Bilder, die zum Unternehmen oder zu Ihrer Tätigkeit passen

Lassen Sie sich durch andere gute Logos und Markenzeichen inspirieren! Ein gutes Beispiel ist die Weltmarke Nestlé, die mit einem Vogelnest als Logo wirbt. Ein Zeichen, das man nur ein einziges Mal sehen muss, um es sich für immer zu merken. So ungewöhnlich und „logisch" nistet es sich mit Bild und Name in unserem Gehirn ein.

## Setzen Sie Zeichnungen ein!

Gibt es keinen Familien- oder Firmennamen und auch keine direkte Tätigkeit, zu der eine konkrete Zeichnung passt, dann suchen Sie sich dennoch eine Grafik, die symbolisch das Unternehmen repräsentiert. Wie gesagt: Besser Schrift und Bild als nur Schrift allein.

## Farbe ist teuer!

Verwenden Sie möglichst nur ein bis zwei Farben im Logo. Das Logo muss auch in Schwarz-Weiß „funktionieren" und darf dabei nichts von seiner Aussage bzw. Auffälligkeit verlieren. Denken Sie an das Kopieren von Schriftstücken oder auch das Faxen von Unterlagen mit Logoaufdruck. Oft sind schöne Farblogos kaum noch erkennbar.

## Verwenden Sie nur leicht lesbare Schriften und Farben!

Auch wenn es auf Kosten der Schönheit geht! Der Kunde muss sofort erkennen können, um welches Unternehmen/wessen Angebot es sich handelt! Extreme Schnörkelschriften sind daher tabu.

## Das Logo muss auch noch bei starken Verkleinerungen „erkannt" werden!

Auch hier dürfen Sie sich nicht vom ersten großen Computerausdruck blenden lassen. Ihr neues Logo muss schließlich auch in Ihrer nächsten Kleinanzeige leicht zu erkennen und werbewirksam sein.

## Sie müssen mit Ihrem Logo zufrieden sein!

Also besser kein neues Markenzeichen, wenn Sie es ohnehin nicht verwenden, weil Sie sich mit ihm unwohl fühlen (aus welchem Grund auch immer).

## Das Logo muss in allen Werbemitteln wirken

Wichtig ist die Verwendung im Fax und in der Kopie (Lesbarkeit). Ist das Logo auch als Firmenschild oder als Wagenaufkleber geeignet?

## Das Logo muss zeitlos sein!

Bauen Sie also möglichst keine Elemente ein, die in zwei Jahren eventuell unmodern und veraltet sind.

## Hohe Eigenständigkeit des Logos

Versuchen Sie nicht, Logos Ihrer direkten Berufskollegen zu kopieren. Sie wollen schließlich „unverwechselbar" werden. Scheuen Sie sich aber auch nicht, sich durch branchenfremde Logos inspirieren zu lassen. Das machen schließlich auch die Profis in der Werbung. Achten Sie dabei aber immer auf die eventuelle Verletzung des Copyright (also übernehmen Sie nicht die Gestaltungen von bekannten Logos, ohne sie zu verändern). Das könnte Sie sonst eine Menge Geld kosten.

# Die Schrift im Logo

Auch der Schrift kommt in einem Logo sehr große Bedeutung zu. Heute bietet jeder PC eine große Auswahl an Schriften – modern, klassisch, altmodisch, dynamisch, schlicht. Und sogar zu verschiedenen Kunststilen, Modestilen oder Berufen gibt es passende Schriften. Hier den Überblick zu behalten ist mittlerweile sehr schwierig geworden. Dennoch ist gerade die Schrift wichtig, denn sie ist es, welche die Identifikation (das Lesen und Erkennen des Firmennamens) Ihres Unternehmens erst möglich macht. Nehmen Sie sich Zeit und wählen Sie die zu Ihrem Tätigkeitsbereich passende Schrift mit Bedacht aus. An den folgenden Beispielen erkennen Sie, wie sehr Schrift auf die Aussage eines einfachen Wortes wie „Möbelhaus" Einfluss nimmt. Dasselbe passiert mit Ihrem Namen.

MÖBELHAUS MÖBELHAUS

**Möbelhaus** Möbelhaus

Möbelhaus

MOEBELHAUS MÖBELHAUS

Obwohl wir sieben Mal das gleiche Wort vor uns haben, bekommen wir durch die verschiedenen Schriften einen vollkommen anderen Eindruck vermittelt. Das Spektrum reicht vom Computermöbelhaus über das Möbelhaus mit altdeutschen Stilmöbeln bis hin zum orientalisch inspirierten Einrichter.

Low Budget

Wenn Sie sich selbst ein Logo am Computer „basteln" wollen, dann gehen Sie wie folgt vor:

1. Schreiben Sie Ihren Firmennamen mehrmals auf den Computerarbeitsplatz Ihres Zeichenprogramms.
2. Nun suchen Sie die Schriften aus, die zu diesem Namen (und Ihrem angepeilten Werbestil) am besten passen und legen Sie sie am Rand des Bildschirms ab.

3. Als Nächstes brauchen Sie eine Grafik. Jedes bessere Computerzeichenprogramm liefert heute eine Unzahl von mehr oder weniger professionellen „Cliparts" mit. Aus diesen zahlreichen Bildern suchen sie sich fünf bis zehn Grafiken, die zu Ihrem Unternehmen oder Ihrer Tätigkeit passen. Verändern Sie die Grafiken (wenn gewünscht), indem Sie beides in Einzelteile zerlegen und z.B. aus einem Gesicht nur die Augen verwenden.
4. Stellen Sie Schrift und Bildelemente zueinander und verschieben und verändern Sie sie so lange, bis ein für Sie befriedigendes und „stimmiges" Ergebnis entstanden ist.
5. Nachdem Sie nun mehrere Logoentwürfe auf Ihrem Bildschirm haben, können Sie versuchen, diese Grafiken in Ihren Firmenfarben herzustellen. Denken Sie aber daran: Nicht derjenige, der die meisten Farben hat, gewinnt. Für ein Firmenlogo reichen eine bis drei Farben vollkommen aus.
6. Für den ersten Probeausdruck platzieren Sie nun das farbige Logo an oberster Stelle Ihres Papiers, darunter eine Schwarz-Weiß-Variante und wieder darunter beide Gestaltungen (Farbe und Schwarz-Weiß), allerdings stark verkleinert. So stellen Sie nach dem Ausdruck sofort Schwachstellen (schwer lesbar, nur in Farbe wirkungsvoll etc.) fest, die Sie am Computer beheben können. Ein Ausdruck ist so wichtig, weil grafische Gestaltungen auf dem Bildschirm meist anders wirken als auf einem Blatt Papier.
7. Wenn Sie nun „Ihr" Logo gefunden haben, dann kommt der letzte Schritt: das Hinzufügung der wichtigen Firmenbezeichnungen (GmbH, KG, OHG etc.) und der Adresse.
8. Wählen Sie für die Zusätze und die Adresse entweder die gleiche Schrift wie im Logo oder, falls die Logoschrift schwer lesbar bzw. nur eine Blockbuchstabenschrift ist, eine möglichst einfache und leicht lesbare Schrift, die zum Gesamtbild passt.

9. Machen Sie wieder einen Testausdruck in Farbe und in Schwarz-Weiß. Bevor Sie das Logo übernehmen und für Werbung verwenden, testen Sie noch die Kopier- und Faxfähigkeit.
10. Warten Sie ein paar Tage, ohne das Logo jeden Tag zu betrachten. Nach einigen Tagen holen Sie es wieder hervor. Gefällt es Ihnen auch dann noch (Seien Sie bitte ehrlich!), dann darf man gratulieren: Ihr neues Markenzeichen ist fertig!

Einige gute und auffällige Logos und Markenzeichen:

Cooky's

W
WEILINGER WIRTSCHAFTSPARK

EINKAUFSWELT DONAUFELD

EINKAUFEN
RUND UM DEN SPITZ
IN FLORIDSDORF

GABI'S HUNDESALON

CAFÉ
Sie essen auch hier?
Täglich!
WIEN

AUGEN OPTIK
WOLFGANG THEUER
Uhren & Schmuck GmbH
Grein, Stadtpl. 1, 07268/7770

# 5 Brief- und Geschäftspapiere

Ihr Logo ist nun fertig. Jetzt kommt die erste Bewährungsprobe für die Gestaltung: Wie wirkt es auf einem Briefpapier, wie auf einem Kuvert? An welcher Stelle des Briefpapiers soll es überhaupt stehen? Auch bei der Gestaltung des Briefpapiers gibt es einige wichtige Regeln zu beachten, will man mit möglichst wenig Aufwand (**Low Budget**) viel erreichen. Denn auch mit einem einfachen Briefpapier können Sie bereits für sich und Ihre Produkte um Kunden werben. Darüber hinaus sind Brief- und Geschäftspapiere wichtige Imagefaktoren – gerade bei reinen Bürobetrieben, die kein Geschäft oder kein Lokal als Aushängeschild präsentieren können. Hier kommt dem Briefpapier diese Funktion zu. Schließlich sind es meist gedruckte Werbemittel, mit denen Ihre Kunden zuerst in Kontakt kommen. Sie sind daher sehr wichtige Vermittler Ihrer Corporate Identity.
Zu den Geschäftspapieren zählen: Briefpapier, Kuvert, Rechnung, Angebotsformular, Kurzbrief, Faxbrief, Konzeptpapier, Visitenkarte etc. Möglichkeit der Gestaltung bieten darüber hinaus: Aktenmappen, Präsentationsmappen, Schnellhefter, Ordner, Memoblätter, Terminplaner, Notizpapier, Kalender.

## Die wichtigsten Punkte der Low-Budget-Briefpapiergestaltung

### Platzieren Sie das Logo möglichst immer auf der rechten Blattseite oder in der Blattmitte!

Denken Sie daran, dass Rechnungen, Angebote und Briefe auch in Ordner eingeheftet werden und daher die linke Seite durch das Lochen beschädigt oder zumindest beim Blättern leicht übersehen wird. Normalerweise befindet sich auch die Anschrift des Empfängers auf der linken Seite.

## Verwenden Sie für Ihr Briefpapier kein „problematisches" Papier!

Damit meine ich Papier, das beim Fotokopieren bzw. Faxen Probleme bereiten könnte, also Hochglanzpapier, zu dunkles Papier, zu steifes Papier.
Dieser Hinweis sollte Sie aber nicht davon abhalten, mit verschiedenen Papierqualitäten zu experimentieren. Lassen Sie sich von Ihrem Drucker oder Grafiker beraten, welches Papier für die Wiedergabe Ihres Logos geeignet ist und am besten zu Ihrer Firma passt. (Es wäre kaum angemessen, würde z.B. ein Schnellrestaurant seine Geschäftsbriefe auf handgeschöpftem Büttenpapier schreiben. Für ein privates Bankhaus macht das aber wiederum durchaus Sinn.)

## Drucken Sie Logo und Adresse in kräftigen Farben!

Denken Sie daran, dass helle Farben beim Kopieren oder Faxen schwerer zu lesen und zu erkennen sind. Das ist übrigens besonders in den letzten Jahren ein Fehler, der auch von großen Firmen oft begangen wird.
Eine zu geringe Größe mancher Anschrift auf einem Briefpapier macht bei einem Faxversand diese Adresse nahezu unleserlich.

## Nutzen Sie die gesamte Seite für Ihre Gestaltung!

Lassen Sie Ihrer Kreativität freien Lauf. Sie haben eine ganze Seite zur Verfügung.
Wie wäre es z.B. mit dem Foto Ihrer Fabrikationshalle oder Ihres Geschäfts über die gesamte Briefseite – natürlich nicht im Normaldruck, sondern nur in ganz dezentem Hintergrundgrau und fast unsichtbar – dennoch sehr wirkungsvoll.

Achten Sie in jedem Fall darauf, dass Grafiken und Wasserzeichen, die über die ganze Briefseite gehen, beim Kopieren oder Faxen nicht zu stark hervortreten. Ihr Brief soll schließlich nicht unleserlich werden.

## Briefpapier immer in Normgröße DIN A4!

Hier ist der Merksatz „Anders als die anderen" nicht maßgeblich. Alle Mappen und Ablagesysteme sind in Europa auf die Normgröße DIN A4 abgestimmt.

## Setzen Sie wichtige Teile Ihres Angebots bzw. auch Ihren Slogan aufs Briefpapier!

Wer sagt, dass Ihr Briefpapier nur Logo und Adresse enthalten darf? Man könnte z.B. das Angebot des Monats klein und dezent in einer Ecke abdrucken.
Haben Sie Filialbetriebe? Dann ist auch die Nennung der Standorte dieser Betriebe eine Werbung.
Bei Hotelbetrieben ist die Ausstattung des Hotels ein wichtiger Zusatz. Machen Sie aus der rechten unteren Briefecke einen Rabattkupon. Beispiel: „Mit diesem Abschnitt erhalten Sie beim nächsten Einkauf fünf Prozent Preisnachlass."

## Briefkopf und Farben sollten auf allen Teilen der Geschäftspapiere gleich sein!

Rot ist nicht gleich Rot – verschiedene Papiersorten verfälschen auch Ihre Farben. Achten Sie auf die richtigen Farbnuancen, sonst wirken Brief und Kuvert rasch uneinheitlich.

## Haben Sie bereits Auszeichnungen oder zusätzliche Titel erworben?

Diese Dinge zeugen von Ihrem Know-how und unterscheiden Sie von Ihren Konkurrenten. Also gehören sie ebenfalls auf das Briefpapier und eventuell auch auf das Kuvert.
Sind Sie z.B. Weinbauer und Ihr Rheinriesling wurde kürzlich prämiert, dann ist der Abdruck der Medaille die beste Low-Budget-Werbung, die Sie bekommen können.

## Kooperieren Sie mit in- und ausländischen Partnern oder Berufskollegen?

Ihre Zugehörigkeit zu Kooperationen oder Interessengemeinschaften sollte ebenfalls auf dem Briefpapier Erwähnung finden, falls diese Zugehörigkeit für den Konsumenten von Vorteil ist.
Auch bestimmte Innungs- oder Meisterzeichen sind für viele Kunden ein Garant für Qualität und Sicherheit.

## Übrigens: Ihr Briefpapier hat zwei Seiten – nutzen Sie sie doch aus!

Machen Sie aus Ihrem Briefpapier gleich ein Flugblatt. Die Rückseite steht zur freien Verfügung. Achten Sie aber darauf, dass die Rückseite die Vorderseite nicht übertrumpft. Empfehlenswert ist daher ein dezenter Rasterdruck.

# Die wichtigsten Punkte der Low-Budget-Visitenkartengestaltung

Machen Sie mehr aus Ihrer Visitenkarte! **Low-Budget-Werber** machen daraus ein eigenes und effektives Werbemittel!

Überlegen Sie: Bei jedem Meeting, bei jedem Besuch, bei jedem neuen Kontakt wird die Visitenkarte als Erstes überreicht. Sie ist eines der billigsten und dennoch langlebigsten Werbemittel, die es gibt. Die durchschnittliche Lebensdauer dieser kleinen Kartonkarte (Wert: 5 bis 25 Cent) liegt bei zwei bis drei Jahren! Zeigen Sie mir ein Flugblatt, einen Werbebrief oder einen Prospekt, die dieses Alter auch nur annähernd erreichen.
Wie sieht dieses „Superwerbemittel" dennoch meist aus?
Einfallslos, bieder, nichtssagend und vor allem zu wenig werbewirksam. Dagegen sollten Sie mit aller Kraft vorgehen. Eine Visitenkarte kann mehr sein als nur ein Stück Karton, auf dem Ihr Name und Ihre Telefonnummer stehen.
**Visitenkartentest:** Drehen Sie Ihre derzeitige Visitenkarte einmal um. Was sehen Sie? Nichts?! Und genau dieses „Nichts" könnte in Zukuft Ihre beste und einträglichste Werbe- und Selbstdarstellungsfläche sein. Eine Fläche, die Monate und Jahre gratis bei Ihrem Kunden für Sie wirbt. Denken Sie darüber nach, was auf Ihrer „Minibroschüre" alles an Information stehen könnte.

## Eine Visitenkarte hat zwei Seiten. Nutzen Sie also beide, so gut es geht!

Wenn Sie Ihre Karte von vornherein als Aufklappkarte konzipieren, haben Sie sogar vier Seiten zur Verfügung. Eine Gratis-Werbefläche, die für lange Zeit bei Ihren Kunden für Sie wirbt.

## Niemand sagt, dass eine Visitenkarten nur Logo und Adresse enthalten darf

Angebote, Vorteile, aber auch Öffnungszeiten, Internet- oder Hotline-Nummern, all das findet Platz auf einer Visitenkarte und macht daraus einen kleinen Prospekt. Aber achten Sie darauf, dass Ihre Visitenkarte nicht überladen wirkt. Hier gilt wie überall: Übertrieben ist ungesund.

## Eine Visitenkarte ist wie eine kleine Anzeige!

Sie muss ins Gesamtbild Ihrer Geschäftspapiere passen. Trotzdem gilt: Hohe Auffälligkeit und hoher **Nutzen** für den Kunden stehen im Vordergrund. Seien Sie kreativ!
Visitenkarten sind vergleichsweise billig – warum also nicht alle paar Monate eine neue Karte mit den neuesten Angeboten drucken lassen?

## Warum immer nur Papiervisitenkarten?

In Zeiten von Kreditkarten können auch Sie mit Plastikkarten oder anderen Materialien arbeiten. Der Kreativität sind dabei keine Grenzen gesetzt. Denken Sie aber immer daran, dass eine ungewönliche Karte auch zu Ihrem Gesamterscheinungsbild passen muss. Hier einige Beispiele:
Durchsichtige Plastikkarte für eine **Glaserei**
Holzkarte für einen **Tischler**
Metallkarte für eine **Spenglerei**

## Eine Visitenkarte kann auch gleichzeitig Kunden- oder Terminkarte sein

Ein Arzt trägt auf der Rückseite den nächsten Kontrolltermin ein; oder die Uhrzeit und die Dosierung der Medikamente.
Ein Friseur vermerkt darauf den nächsten Termin im Salon;
und Sie:

## Visitenkarten sind billig – warum also nicht einen Zusatznutzen integrieren?

Machen Sie aus Ihrer Visitenkarte einen **VIP-Kupon**, der Ihren Kunden eine besondere Vergütung ankündigt. „Mit dieser Karte gibt es den Chef-Rabatt von drei Prozent.“ „Mit dieser Karte **Gratis**-Lieferung“ …

Machen Sie aus Ihrer Visitenkarte einen Gewinnschein. Die Rückseite ist für die Adresse Ihres Kunden reserviert (so erfahren Sie zusätzlich noch die Adresse Ihrer Kunden). Der Preis des Gewinnspiels sollte ebenfalls deutlich erkennbar sein – und vergessen Sie nicht, den letzten Abgabetermin anzuführen.

## Gestalten Sie die Visitenkarte nicht zu groß!

Die Visitenkarte sollte in Brieftaschen bzw. in normierte Visitenkartenmappen passen.

## Seien Sie nicht sparsam beim Verteilen Ihrer Visitenkarten!

Knausern Sie lieber woanders – nicht beim Verteilen der Visitenkarten. Besser einmal zu viel, als einmal zu wenig.

## Wer sind Sie, was tun Sie?

Der gedruckte Name des Visitenkarten-Überreichers sollte nie ohne Angabe der Funktion bzw. Stellung in der Firma sein, denken Sie an die direkte Telefondurchwahl.

## Ihr Foto auf der Visitenkarte macht die Karte noch persönlicher!

Ihr Gesprächspartner hat Sie nicht nur mit Namen und Adresse, sondern auch noch mit Foto „immer dabei".

## In Ihrem Geschäft spricht man mehrere Sprachen?

Allein dieser Hinweis könnte Ihnen neue Kunden bringen.

## Vergessen Sie nicht Ihre E-Mail-Adresse oder den Namen Ihrer Homepage

## Der Kunde will seine Vorteile Schwarz auf Weiß!

Machen Sie aus Ihrer Visitenkarte eine **Kunden-Vorteilskarte**. Welche Vorteile haben Ihre Kunden bei Ihnen zu erwarten? Auch selbstverständliche Serviceleistungen, die Sie wenig Mühe und Zeit kosten, sind oft attraktiv für Ihre Kunden. Wo bekommt man heute schon etwas geschenkt? Außerdem: Was Ihnen völlig klar ist, ist für Ihre Kunden durchaus nicht selbstverständlich. Die Gratislieferung bei Tischlern ist bei den großen Möbelhäusern z.B. kostenpflichtig. Ein klarer Vorteil. Wie heißt der bekannte Public-Relations-Slogan: „Tue Gutes und rede darüber".

! Seien Sie nicht „geizig" beim Verteilen der Karten!

# 6 Anzeigen

Anzeigenraum ist teuer. Ihre Anzeigen müssen daher in erster Linie **klein und auffällig** sein.
Kein Zeitungsredakteur muss befürchten, dass die Aufmerksamkeit seiner Leser von der redaktionellen Berichterstattung weg- und zu den Anzeigen hingelenkt wird. Es ist fast immer umgekehrt. Warum eigentlich? Wo doch in die Gestaltung von Werbung sehr viel mehr Geld, Zeit und Aufwand investiert wird als in die oft recht „schmucklosen" redaktionellen Beiträge. Warum werden dennoch diese Beiträge öfter gelesen als die nebenstehenden Anzeigen? Glauben Sie bitte nicht an das Märchen von der „idealen Anzeigenplatzierung".

> Dieses Märchen ist sehr kurz und geht folgendermaßen: „Es war einmal eine Anzeige, die wurde von jedem Zeitungsleser immer sofort erkannt, weil sie im vorderen Teil der Zeitung auf der rechten Seite im rechten oberen Bereich abgedruckt war."

Das ist Unsinn!
Es gibt zwar Untersuchungen, die diese Theorie erhärten, nur wird dabei die Macht der Gestaltung und die Sucht der Menschen nach Information vergessen. Denn bei diesen Untersuchungen wurden natürlich absolut ausgewogene und gleichwertige Anzeigengestaltungen auf einer Doppelseite verteilt. Daher kann es durchaus sein, dass der Blick beim Umblättern zuerst auf der rechten oberen Seite landet. Die „gleichwertige" Gestaltung aller Anzeigen auf einer Zeitungsseite ist jedoch ein Wunschdenken. Die Illustrierten haben sich übrigens – auf Wunsch ihrer Anzeigenkunden – ganz dieser Maxime gebeugt. Redaktionelle Berichte werden fast immer auf der linken Seite abgedruckt und die Anzeigen auf der „besseren" rechten Seite. Dennoch werden die zeitungseigenen Berichte – obwohl mit sehr viel Text ausgestattet – noch immer gelesen. Achten Sie in der Praxis mehr auf die Gestaltungen Ihrer Konkurrenz; vergessen Sie dabei nicht: **Anders**

**sein als die anderen**. Sollten Sie die rechte Seite bekommen, ist das gut, wenn nicht, auch gut! Der zweite wichtige Tipp:

Tipp

Ihre Anzeige muss den berühmten **Vorteil für den Kunden** enthalten, also Information.

Denn genau durch diese Informationen gewinnen die Redakteure immer wieder gegen die schönen und bunten Anzeigen. Und genau wegen dieser Informationen wird eine Zeitung noch immer gekauft und gelesen.
Ich sammle alte Werbefachbücher und bin immer wieder erstaunt, wie wenig sich die Werbung geändert hat. Die vor vielen Jahren gemachten Aussagen besitzen auch heute noch absolute Gültigkeit. In einem dieser alten Fachbücher (aus dem Jahr 1930) steht als erste Überlegung, die sich der Unternehmer zur Anzeigengestaltung (aber natürlich gilt das auch für Produktwerbung allgemein) machen sollte, Folgendes:

z.B.

Wenn Sie Anzeigen schreiben, ist das erste Gebot, dass Sie wissen müssen, worüber Sie schreiben. Sie müssen Ihre Anzeige auf Kenntnissen und nicht auf Unwissenheit aufbauen. Bloßes Gerede, auch wenn es noch so klug ist, genügt nicht. Sie müssen die Vorteile Ihres Produkts kennen. Wer Werbung für ein Produkt macht, soll sich ein Buch über die einschlägigen Vorteile und Fakten anlegen. Man soll sich lieber nicht auf das Gedächtnis verlassen. Tragen Sie die Namen der zu verkaufenden Artikel in das Buch ein und notieren Sie die Gründe, warum sie gekauft werden oder gekauft werden sollen.
(Herbert N. Casson – „Das Inserat" – 1930)

Der letzte Tipp, bevor wir *in medias res* gehen und damit zur konkreten Gestaltung und Textierung einer Anzeige kommen: Anders als die anderen ist ein Hauptcredo in der Werbung – das wissen Sie. Diese Aussage ist allerdings fehl am Platz, wenn es um die Frage geht, in welchem Medium Sie Ihre Anzeige schalten wollen.

Hier sollten Sie sehr genau beobachten, ob vor Ihnen nicht schon andere in einem bestimmten Medium (Zeitung, Fachzeitung, Magazin etc.) geworben haben. Denn wenn immer wieder Berufskollegen in einer bestimmten Zeitung werben, dann bedeutet das mit großer Wahrscheinlichkeit, dass diese Einschaltungen Erfolg bringen und dass in diesem Medium die Zielgruppe (zumindest die Ihrer Mitbewerber) zu finden ist. Ich selbst habe schon oft leidvoll erfahren, dass eine Anzeigengestaltung in einer Zeitung tolle Erfolge brachte und die absolut identische Anzeige in einer anderen Zeitung zum totalen Flop wurde. Für mich ist diese Erfahrung deshalb leidvoll, weil der Kunde sofort seinem „Werbemann" die Schuld am Flop gibt. Deshalb:

**Tipp** Kontrollieren Sie Ihre Anzeigen immer auf ihren Erfolg!

# Die wichtigsten Punkte der Low-Budget-Anzeigengestaltung (Teil 1)

## Größe und Platzierung

Hier geht es um die verschiedenen Formate und Größen von Anzeigen. Ein ungewöhnliches Anzeigenformat kann bereits zu der gewünschten hohen Auffälligkeit führen und Sie damit **anders als die anderen** machen. Wenn Sie nun dieses ungewöhnliche Format immer beibehalten, kann es mit der Zeit auch enormen Einfluss auf Ihre Werbelinie und Ihre Corporate-Identity-Linie im Allgemeinen ausüben.
Sie sehen also, so einfach kann Auffälligkeit in der Praxis sein.

## Anzeigen nicht nur in Standardgrößen

Überlegen Sie sich ausgefallene Formate für Ihre Anzeigen. Das allein bringt schon ungeheure Aufmerksamkeit. Sehen Sie sich die Formate auf Seite 104 genau an. Vielleicht ist für Ihr Unternehmen ein Idealformat dabei. Denken Sie aber immer daran: Kontinuität geht vor Kreativität. Wählen Sie einmal ein besonderes Anzeigenformat aus und bleiben Sie dabei.

Low Budget

Meiner Meinung nach sind zahlreiche kleine Anzeigen besser als eine große. Denn die Größe von Anzeigen ist nicht immer entscheidend.
Viele Anzeigen sind unzweifelhaft zu groß. Sie sind ganzseitig, wenn sie halbseitig sein könnten, sie sind halbseitig, wenn sie viertelseitig oder sogar noch kleiner sein könnten.

Tipp

Überprüfen Sie daher Ihre Anzeigengrößen!

Wenn Sie meinen Tipp beherzigen, haben sich die Ausgaben für dieses Buch schon bei der nächsten Anzeigenbuchung mehr als rentiert. So einfach lässt sich also die Hälfte des Werbebudgets einsparen. Damit haben Sie übrigens dem Auto-Tycoon Henry Ford etwas voraus, der in den 50er-Jahren folgenden Satz zum Besten gab, als er gefragt wurde, warum er so viel für Werbung ausgibt. Henry Ford sinngemäß: „Ich weiß, dass 50 Prozent meiner Ausgaben für Werbung beim Fenster hinausgeschmissen sind, ich weiß nur nicht, welche 50 Prozent."

## Hohe Auffälligkeit durch ein Anzeigensystem

- Grundsätzlich gilt: Mehrere kleine Anzeigen sind besser als eine große!
- Auch mehrere Anzeigen auf einer Seite erhöhen die Aufmerksamkeit ungemein und können sich damit sogar gegen große Konkurrenzanzeigen behaupten.
- Mehrere Anzeigen auf direkt nachfolgenden Seiten einer Ausgabe einer Zeitung erhöhen die Effizienz. Aber Achtung: Immer die gleiche Platzierung wählen!
- Mehrere Anzeigen in verschiedenen Ausgaben einer Zeitung, aber immer an der gleichen Stelle (z.B. Titelseite rechts unten) sorgen für eine kontinuierliche Anzeigenpräsenz.

Low Budget

Wenn Sie kleinere Anzeigen öfter schalten, erreichen Sie bei gleichem Budget mehr potenzielle Leser.
Das ist eine meiner Erfahrungen aus der Praxis. Bedenken Sie Folgendes: Mit einer halbseitigen Anzeige können Sie in einem Medium z.B. 100.000 Leser erreichen. Teilen Sie diese Anzeige in zwei Viertelseiten (wohlgemerkt, immer gut gemacht und daher auffällig), dann erreichen Sie in zwei Ausgaben derselben Zeitung schon ganze 200.000 Werbekontakte. Und auch vier Achtelseiten sind immer noch groß genug, um gesehen zu werden. Darüber hinaus bieten sie noch den Vorteil, dass Sie in vier Ausgaben der Zeitung 400.000 Werbekontakte erzielen. Oder anders ausgedrückt, mit vier Achtelseiten erreichen Sie Ihre Zielgruppe vier Mal öfter und auch vier Mal länger als mit einer einzigen halbseitigen Anzeige, die (wie bei Wochenzeitungen üblich) bereits nach einer Woche im Papiercontainer landet.

- ❏ Wenn Sie sich eine Anzeigengestaltung überlegen, bedenken Sie auch, dass sich diese möglichst problemlos **verkleinern** und **vergrößern** lassen muss. Trotzdem darf sich das Gesamtbild der Anzeige nicht oder nur kaum verändern. Der Kunde muss die Anzeige und Ihr Unternehmen immer wieder erkennen.
- ❏ Eine Anzeige kann (um optisch größer zu wirken) auch geteilt werden. Das Auge und das Gehirn des Betrachters setzen die beiden Teile wieder zusammen. So können etwa aus zwei Achtelseiten für den Betrachter eine Viertel- oder gar eine halbe Seite Anzeigenraum werden.

## Kontinuität vor Kreativität

Man kann es nicht oft genug erwähnen. Wenn Sie einmal ein Anzeigenformat gefunden haben, das Ihnen zusagt, dann bleiben Sie dabei, auch wenn Anzeigenvertreter versuchen sollten, Ihnen etwas anderes aufzuschwatzen. Meist geschieht dies nur, weil ein bestimmtes Format noch nicht verkauft wurde – oder einfach, weil es mühsamer ist, ein ungewöhnliches Format im Seitenlayout unterzubringen. Kontinuität wird Ihnen viel Werbegeld sparen!

## Layouts für verschiedene Anzeigenformate

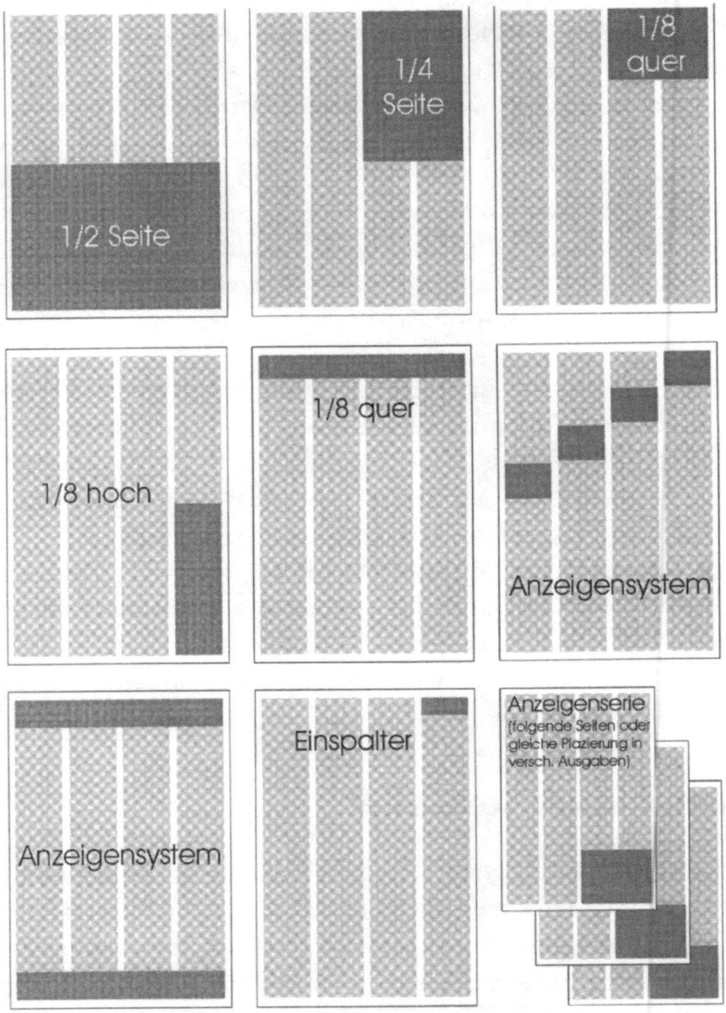

# Die wichtigsten Punkte der Low-Budget-Anzeigengestaltung (Teil 2)

## Die Gestaltung

## Die Elemente einer Anzeige

Eine Anzeige ist wie ein Lego-Baukasten. Es gibt viele unterschiedliche Bausteine. Sie variieren in Aussehen, Funktion und Größe. Genauso gibt es unzählige Elemente in einer Anzeige, die man verändern, auffälliger und unverwechselbarer machen kann. Nehmen Sie einen oder mehrere dieser Bausteine und spielen Sie mit den Möglichkeiten, die Ihnen geboten werden. Machen Sie bestimmte Elemente zu Ihren ganz persönlichen unternehmensspezifischen Elementen. Hier ist eine Auswahl dieser Bausteine:

- ❑ Anzeigengröße und Format
- ❑ Anzeigensystem oder Einzelanzeige
- ❑ Headline oder Überschrift
- ❑ Zweite Überschrift (die so genannte Subline)
- ❑ Slogan
- ❑ Anzeigenrahmen (mit oder ohne Umrandung und vor allem: welche Linie oder Form)
- ❑ Foto oder kein Foto
- ❑ Zeichnung oder keine Zeichnung
- ❑ Vierfarbig oder Schmuckfarbe oder nur schwarz-weiß
- ❑ Positiv (schwarze Schrift auf weißem Grund) – negativ (weiße Schrift auf schwarzem Grund)
- ❑ Viel Text oder wenig Text
- ❑ Blickfang (z.B. ein schönes Logo, ein Foto oder auch die Headline)
- ❑ Hintergrund (weiß, schwarz, ein Foto etc.)
- ❑ Imagewirkung (eleganter und exklusiver Stil)
- ❑ Information und Aufklärung (Was wollen Sie sagen?)

- ❑ Stimmung (Welches Gefühl entsteht beim Betrachter der Anzeige?)
- ❑ Logo-Größe (das Logo kann klein, aber auch beherrschend sein)
- ❑ Ganze Adresse oder nur Telefon- oder Handynummer?
- ❑ Kupon (Sie fordern den Leser zu einer Handlung auf: „Informieren Sie sich!“ Etc.)
- ❑ Die magischen Worte (neu, unverbindlich, gratis)
- ❑ Schriftarten (Schriften vermitteln unterschiedliche Stimmungen)
- ❑ Copytext (langer oder kurzer Fließtext in der Anzeige?)

## Anders sein als die anderen

- ❑ Sie haben bereits ein ideales und auffälliges Anzeigenformat ausgewählt.
- ❑ Sie kennen jetzt auch die wichtigsten Elemente (Bausteine) einer Anzeige.
- ❑ Schauen Sie sich die Zeitungen bzw. Medien an, die Sie buchen wollen. Wie wirbt man dort? Gibt es mehr Textanzeigen, dann sollten Sie eine Bildanzeige vorziehen oder umgekehrt! Wirbt man vielleicht hauptsächlich **positiv** (schwarzer Text auf weißem Grund), dann bringt eine **Negativ**-Anzeige (weiße Schrift auf schwarzem Grund) höhere Aufmerksamkeit. Das ist vor allem wichtig bei Einschaltungen im Branchenbuch der Post!
- ❑ Gute Ideen sind selten – was können Sie also tun?
  Tun Sie etwas, das alle anderen auch machen – kupfern Sie ab. „Stehlen“ Sie gute Ideen. Machen Sie daraus aber etwas Eigenes und damit wieder etwas anderes als die anderen. Sie sind schließlich einzigartig. Schauen Sie sich einfach die Anzeigenlösungen Ihrer Konkurrenten oder anderer Firmen an, die Dienstleistungen anbieten. Was machen sie? Wie machen sie es? Kann man es verbessern? Was fehlt? Was ist zu viel? Gibt es einen **Vorteil** für den Leser? Wenn Sie sich alles angeschaut haben, holen Sie sich die besten Elemente heraus und kombinieren diese zu einem neuen, individuellen Ganzen.
- ❑ Denken Sie aber immer daran: **Werbung ist nicht Kunst** (auch wenn es viele Werbeagenturen gern so sehen möchten). Wir wollen

eine Dienstleistung, eine Firma „verkaufen"! Also muss jede Kreativität zielgerichtet sein. Und unser Ziel heißt: **Interesse wecken**!

## Der Blickfang der Anzeige

Sorgen Sie für einen möglichst auffälligen Anzeigenblickfang. Ob es nun das ungewöhnliche Format, die provokante Headline, die Farbgestaltung, eine Grafik, ein Foto oder Ihr ungewöhnliches Logo ist, das im Mittelpunkt der Aufmerksamkeit steht – glauben Sie mir eines:

! Sie müssen auffallen!

Sie müssen sich heutzutage nicht nur gegen Ihre direkten Konkurrenten mit Ihrer Anzeigengestaltung durchsetzen, sondern auch (und vor allem) gegen die vielen Fremdanzeigen in den Zeitungen. Denn erst wenn Sie auffallen, haben Sie auch die Möglichkeit, Ihrem Leser etwas zu verkaufen. Und genau darum werden Sie in diesem Buch auch weiterhin immer wieder lesen: **Anders als die anderen**.

z.B. Gestalten Sie einen Comicstrip

Comics sind sehr beliebt und die lustigen Zeichnungen fallen in einer Zeitung stark auf. Warum erfinden Sie (oder Ihr Grafiker) nicht eine Comicfigur, die Abenteuer mit und rund um Ihr Produkt erlebt? Eine amerikanische Zigarrenzeitung etablierte vor einigen Jahren für die letzten Seiten ihres Magazins einen skurrilen CIGAR-MAN. Ein Manager, der sich, wenn Not am Mann ist, in eine Superzigarre verwandelt und die Welt vor Bösewichten rettet.

Oder denken Sie an die bekannte Kampagne von RED BULL, die ebenfalls auf lustige Zeichentrickfiguren setzt und sehr erfolgreich ist. Und vor allem: Diese Figur kann auf Werbekappen – Sporttaschen und T-Shirts – gedruckt werden und an die Kunden verschenkt oder (bei guter Machart) sogar verkauft werden. Mit einer Comicfigur sind Sie wirklich anders als die anderen. Wie wäre es also mit:

- ❑ MR PROZESSOR (für eine Computerfirma) oder
- ❑ MRS HONEY (eine Biene für einen Imkerverband)

! Ein Blickfang soll nicht Selbstzweck sein, sondern eine Aussage verstärken.

Klassiker aus der Vergangenheit sind auch die folgenden Comicanzeigen:

Low Budget

Sparen Sie am Geld für ein Fotomodell und werden Sie selbst Ihr bester Werbestar.
Sie sind tagtäglich für Ihre Kunden im Einsatz. Sie sind es, der sich für Ihre Kunden engagiert. Warum sollten Sie also nicht auch in der Werbung auftreten, um klar zu sagen: „Für die Pünktlichkeit meiner Service-Mannschaft garantiere ich mit meiner Unterschrift."?

z.B.

Wenn Sie (oder Ihre Mitarbeiter) sich entschlossen haben, für eine Anzeige zu posieren, dann sorgen Sie für ein „ungewöhnliches" Foto.
Überlegen Sie sich zuerst, ob der Haupteindruck der Anzeige „lustig", „sympathisch", „exklusiv" oder „seriös" sein soll. Denn danach richtet sich die Aufgabenstellung für Ihren Fotografen. Es hätte keinen Sinn, wenn Sie in Ihrer Anzeige die Headline: „Ich stehe zu meinem Wort!" haben und Sie auf dem Foto so ängstlich aussehen, als würde Sie der erste schiefe Blick eines Kunden „aus den Socken hauen". Bei dieser Headline dürfte das Foto durchaus etwas überheblich wirken, um die Aussage zu unterstreichen und zu überhöhen. Aber wie auch immer Sie sich fotografieren lassen, benutzen Sie keine Passfotos, auf denen Sie peinlich lächeln oder verträumt und sinnentleert ins Weite blicken. Ein Passfoto heißt Passfoto, weil damit Ihr Pass ausgestattet wird, niemals aber eine Anzeige.

- ❑ Rücken Sie am besten das Produkt (also Ihre Dienstleistung und Ihr Know-how) ins Zentrum.
- ❑ Jede Anzeige sollte nur ein Zentrum (einen Blickfang) haben.
- ❑ Seien Sie zielgerichtet. Alles muss auf eines hinauslaufen: das Verkaufen.

## Wenn etwas kinderleicht ist – dann sagen und zeigen Sie es auch

Ein Kunde von mir vertreibt ein Spezialmittel zur Mauerentfeuchtung. Wir wollten dem Interessenten klar machen, dass er dieses Mittel auch sehr einfach selbst verarbeiten kann und daher keinen Handwerker extra bezahlen muss. Wir schrieben also als Überschrift unserer Anzeige:

### Kinderleicht – nie wieder feuchte Mauern

Und als Blickfang der Anzeige fotografierten wir den kleinen Sohn meines Kunden beim „kinderleichten" Verarbeiten des Produkts. Ich möchte mich ja nicht selbst loben, aber: Die Anzeige ist ein Riesenerfolg.

Aber warum? Nun, die Erklärung ist relativ einfach.

**!** Wir haben uns nur auf eine einzige Aussage (die auch ein klarer Produktvorteil für den Konsumenten ist) konzentriert und haben dann versucht, diese einfache Aussage optisch wie auch textlich umzusetzen. **Und**: Text und Bild ergänzen einander – und widersprechen sich nicht.
Diese Maxime gilt für jedes Werbemittel. Konzentrieren Sie sich in Ihrer Hauptaussage auf einen Vorteil!

Sagen Sie es klar und deutlich, wenn Sie einen **Vorteil** haben.

*Klarer Aufbau*
*klare Aussage*
*klare Vorteile*
*und ein auffälliges*
*Zentrum der Anzeige.*
*Mehr braucht's eigentlich*
*gar nicht für eine*
*erfolgreiche Anzeige*
*wie diese!*

Wenn möglich, „drängen" Sie auf eine Reaktion – z.B. mit Kupon!

## Kennen Sie die Bilder, auf die der Mensch verstärkt reagiert?

Der Mensch nimmt verschiedene grafische Elemente mit unterschiedlicher Priorität wahr:

1.  *AUGEN*
2.  *KOPF / GESICHT*
3.  *MENSCH / KÖRPER*
4.  *TIER*
5.  *MUSTER*
6. 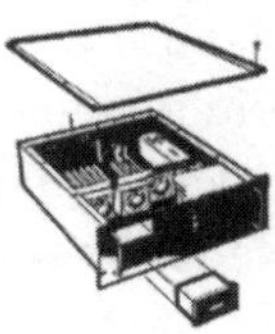 *GERÄTE / MASCHINEN*
7. **TEXT und LINIEN**

## Der klare Aufbau von Text und Bild

- ❑ Ausgewogenheit und Beschränkung sind besser als zu viele Elemente. Weniger ist mehr.
- ❑ Verwenden Sie nicht zu viele verschiedene Schrifttypen.
- ❑ Deutliche Präsenz des Namens. Man möchte es kaum glauben, aber auch dieser Fehler wird sehr oft begangen. Bei Anzeigen mit vielen verschiedenen Schrifttypen oder sehr verwirrendem Layout kommt es nicht selten vor, dass Logo oder Namen für den Außenstehenden auf den ersten Blick kaum mehr erkennbar sind und damit in diesem „Gestaltungsfriedhof" begraben werden.
- ❑ Deutliche Präsenz der Adresse.
- ❑ Eines führt zum anderen! Das bedeutet: Das Bild fungiert als Aufreißer und Stimmungsmacher, ist aber trotzdem immer zielgerichtet. Die Headline unterstützt das Bild und soll zum Weiterlesen anregen (z.B. durch klare Nennung eines Vorteils oder durch die in Aussicht gestellte Lösung eines Problems). Der Copytext wiederum erklärt Ihr Anliegen detaillierter und präsentiert den klaren Vorteil für den Kunden. Alles ist darauf ausgelegt, dass der Interessent die Anzeige überhaupt wahrnimmt, das konkrete Angebot liest und schließlich handelt (etwa einen Kupon absendet oder anruft). Schrecken Sie nicht davor zurück, dem Leser eine Handlung abzuverlangen. Denn genau das wollen Sie schließlich erreichen: eine Reaktion!

## Image oder konkretes Anliegen

- ❑ Soll die Anzeige eine konkrete und aktuelle Information vermitteln (also neue Telefonnummern, neue Bürozeiten, neue Produkte etc.)? Dann verstecken Sie diese Information nicht, sondern setzen Sie diese an die Spitze Ihrer Anzeige (z.B. „**Neue längere Bürozeiten**"; „**Neue Ware eingetroffen**"; „**Ausverkauft**" etc.)!
- ❑ Neuheiten sind das Salz der Werbung.
- ❑ Soll die Anzeige sehr elegant sein und ein Image aufbauen? Ein Image zu schaffen ist langfristig durchaus sinnvoll. Das Erschei-

nungsbild Ihrer Anzeige kann daher auch ruhig subtiler sein (aber deshalb um Gottes willen nicht langweilig).

## Wenn Sie einen Antwortkupon in die Anzeige einbauen, sehen Sie den Erfolg sofort oder spätestens in 14 Tagen!

- Warten Sie nicht auf eventuelle Reaktionen Ihrer Zielgruppe – fordern Sie Reaktionen heraus. Integrieren sie einen Antwortkupon, einen Gutschein oder auch eine Rabattmarke in Ihre Anzeige. Ein klarer Vorteil oder ein tolles Angebot sollte auch den unentschlossensten Käufer hinter dem Ofen hervorlocken.
- Spätestens 14 Tage nach Erscheinen der Zeitung oder Zeitschrift kann die Aktion als beendet angesehen und die eingetroffenen Rückmeldungen sollten analysiert werden. War die Aktion erfolgreich oder muss beim nächsten Mal etwas geändert werden?
- Anzeigenberater hassen Kupons. Kein Wunder, denn wenn keine Reaktionen kommen, glauben natürlich die Anzeigenkunden, die Zeitung sei schuld, und der Anzeigenberater hat Erklärungsbedarf. Lassen Sie sich aber dennoch nicht beirren. Tatsächlich beschäftigen sich die Leser mit Kuponanzeigen deutlich länger als mit „Normalanzeigen". Brechen Sie aber nicht sofort den Stab über Ihre Stammzeitung, nur weil einmal kein Erfolg eingetreten ist. Testen Sie die Kuponanzeige (wenn möglich) in mehreren Zeitungen. Sie werden sehen, welche Zeitung am meisten Feedback bringt.
- Schalten Sie mehrere Kuponanzeigen gleichzeitig. Kennzeichnen Sie zurückgesandte Kupons entweder mit dem Namen der Zeitung oder mit einem anderen Kürzel, damit Sie wissen, von welcher Zeitung und von welcher Ausgabe sie stammen. Das erleichtert die zukünftige Auswahl der „erfolgreichen" Medien.

z.B.

Ist es ihnen schon aufgefallen? Je größer die Anzeigen in den Zeitschriften werden, desto weniger Text enthalten sie. Da werden doppelseitige Anzeigen geschalten mit ungeheuer tollen Fotos, aber das „Verkaufsgespräch" mit dem potenziellen Kunden findet so gut wie nicht statt. Höhepunkt dieser Platzverschwendung war eine doppelseitige Farbanzeige in der deutschen Wochenzeitung DIE ZEIT. Eine Anzeige für ein Auto, bei der sich die Agentur lediglich um das schöne Foto wirklich gekümmert hat. Das Interessante dabei: Um die gesamte Anzeige und damit auch das Foto überblicken zu können, musste man die Zeitung auf den Tisch legen und einen Schritt zurücktreten – die Anzeige war keine Anzeige, sondern von der grafischen Konzeption eigentlich ein Plakat. Es wurde also am Medium und an seinen Nutzern (nämlich den Lesern) vorbeikonzipiert und gestaltet. Und wenn jetzt jemand mit der Größe der Anzeige und der damit verbundenen „höheren Aufmerksamkeit" argumentiert, dann muss ich sagen, dass bei dieser Größe sogar der gegenteilige Effekt eingetroffen ist. Ich habe mir nämlich angewöhnt, DIE ZEIT erst mehrmals durchzublättern, um mich auf die jeweiligen Themen einzustimmen und mir jene auszuwählen, die ich genauer lesen möchte. Auch bei mehrmaligem Durchblättern ist mir die Anzeige nicht aufgefallen. Ganz zu schweigen davon, dass sie mich in irgendeiner Weise interessiert hätte. Erst als ich die Seiten der Zeitung durchblätterte, um Anschauungsmaterial für eines meiner Seminare zu finden, stieß ich auf diese unglaubliche Geldverschwendung (eine Doppelseite in dieser Zeitung kostet laut Tarif: 92.167,68 Euro! Ja, Sie haben richtig gelesen – fast 100.000 Euro für eine einzige Anzeige. Und ohne auch nur ein Minimum an Recall-Elementen für die Leser (oder in diesem Fall besser „Schauer") einzubauen. Wie schnell man so eine Anzeige in eine effektive Anzeige umgestalten könnte, ohne die Gestaltung selbst zu zerstören, möchte ich Ihnen am folgenden Beispiel beweisen. Durch Einfügen von Kupons, Antwortkarten, Text!

**Vorschlag des "Werbetherapeuten":**
**Lieber 8 x je eine 1/4 Seite schalten und in jeder Anzeige auf einen Vorteil eingehen. Die 8 Einzelanzeigen könnten in einer einzigen Ausgabe der Zeitung oder aber auch in mehreren Ausgaben geschalten werden. Der Werbeeffekt wäre immer höher, als bei dieser einmaligen Plakatvariante. Und "Kupons" nicht vergessen!**

# Die wichtigsten Punkte der Low-Budget-Anzeigengestaltung (Teil 3)

## Das Texten von Anzeigen

## Immer das Werbeziel im Auge behalten

Eine Anzeige muss eines bewirken – **Reaktionen**! Normalerweise müsste hier stehen: Eine Anzeige muss **verkaufen**! Aber bei Ihren speziellen Branchenanforderungen könnte dieses Statement vielleicht falsch aufgefasst werden. Obwohl es im Grunde genommen richtig ist. Denn Werbung wird nicht um ihrer selbst willen betrieben, sondern um etwas zu bewirken. Genau das sollten Sie bedenken, bevor Sie eine Anzeige schalten. Die Frage sollte also lauten:

Welche Reaktion will ich bei meiner Zielgruppe hervorrufen?

Nicht immer ist Verkaufen das primäre Ziel! Oft will man nur die eigene Adressenkartei vergrößern, die Bekanntheit steigern, das Image verbessern oder den Kunden Prospekte zusenden.

Low Budget

Werden Sie sich also darüber klar, ob wirklich „sofortiger Verkauf" das oberste Werbeziel Ihrer Anzeige ist. Jemanden in einer kurzen Anzeige sofort zu einem Kauf zu bewegen ist ein großes Kunststück, das selten gelingt. Einfacher ist es da schon, in einem ersten Schritt nur das Interesse oder auch den Wunsch nach dem Besitz zu wecken. Das Nahziel besteht darin, den Interessenten unverbindlich ins Geschäft zu bitten, um die Waren anzusehen, oder ihn nur dazu zu bringen, einen Kupon zurückzusenden, mit dem er gratis und unverbindlich weiteres Infomaterial anfordern kann.
Alles zu wollen bringt meist gar nichts. Machen Sie sich das Leben nicht schwerer, als es ohnehin ist. Fürs „Verkaufen" haben Sie im Geschäft ohnehin noch genügend Zeit.

Welche Anzeigenziele sind für Sie wichtig?

1. ..............................................

2. ..............................................

3. ..............................................

4. ..............................................

- ❑ Infoanzeige oder Imageanzeige? (Idealerweise bringt Ihnen eine gut gestaltete Infoanzeige auch gleich das gewünschte Image.)
- ❑ Welche Sprache spricht Ihre Zielgruppe?

## Sprechen Sie die Sprache Ihrer Zielgruppe

Normalerweise sollte der Anzeigentext immer um eine Stufe einfacher formuliert werden, als es der Bildungsstand der angesprochenen Zielgruppe zulässt.
Die einfache Formel lautet:

- ❑ Einen Akademiker sprechen Sie in der Sprache eines Abiturienten an.
- ❑ Einen Abiturienten/Maturanten sprechen Sie auf dem Bildungsniveau eines Gymnasiasten an.
- ❑ Und für Landwirte, Arbeiter oder einfache Angestellte ist der Sprachschatz eines einfachen Schülers ausreichend.

Wohlgemerkt, ich behaupte hier nicht, dass eine Zielgruppe „dümmer“ ist als die andere. Denken Sie an den Begriff „Bauernschläue“, der viel Wahres in sich birgt. Es geht ausschließlich um eine bestimmte Ausdrucksweise oder spezielles Wissen, das nicht vorausgesetzt werden sollte. Ich persönlich kenne einige einfache Arbeiter, die einen größeren Wortschatz und eine höhere Allgemeinbildung haben als manche meiner akademisch gebildeten Bekannten (von mir liebevoll Fachidioten genannt).
Was Sie beim Anzeigentexten aber unbedingt vermeiden sollten, ist, dass sich der Kunde durch eine zu gespreizte Sprache oder durch Wissen, das einfach vorausgesetzt wird, „unterlegen“ fühlt und daher aus dem Text aussteigt. Apropos: Wenn Sie Computerhändler oder Verkäufer einer Softwareschmiede sind, dann sollten Sie diesen Tipp besonders beherzigen. Denn gerade in dieser Branche glauben die Verkäufer, besonders „cool“ zu sein, wenn sie dem kaufwilligen Laien mit arroganter Lässigkeit eine Menge Fachausdrücke „um die Ohren hauen“.

## Immer die Hauptaussage im Auge behalten

Welche Hauptaussage soll Ihre Werbung vermitteln? Sind Sie der Moderne, der Freundliche oder der Erfahrene, der mit den neuesten Methoden Vertraute …?

## Die Anzeige muss immer einen Vorteil für den Leser enthalten!

- ❏ Ihr Unternehmen bietet Problemlösungen für den Kunden, also sagen Sie dem Kunden auch, auf welche Probleme Sie spezialisiert sind. Die Informationen über Problemlösungen werden vom Leser als Vorteile erkannt.
- ❏ I.I.A.-Methode = interessieren – informieren – aktivieren.

## Die Hauptaussage der Anzeige wird in der Headline (HL) kurz und griffig formuliert

Einige Beispiele für kurze, effektvolle Headlines, die auch einen Vorteil für den Konsumenten enthalten, finden Sie nach diesem Absatz. Überprüfen Sie die folgenden Aussagen mit Ihren eigenen Produktvorteilen, und wenn sie zutreffen, verwenden Sie sie. Es genügt dann eigentlich, wenn Sie ein eigenes Produktfoto unter der Headline positionieren und kurz die Vorteile Ihres Produkts aufzählen, den Preis nennen oder einen Kupon anfügen und gratis und unverbindlich weitere Infos oder eine Kostprobe in Ihrem Geschäft anbieten. Oder nutzen Sie die folgenden Vorschläge einfach als Ideenbringer für eigene „Kreationen“. Kurz gesagt: Wenn Ihnen eine der folgenden Headlines gefällt: Stehlen Sie sie von mir!

- ❏ SELBSTGEMACHT – KINDERLEICHT!
- ❏ EINFACHE BEDIENUNG!
- ❏ WIR VERKAUFEN SCHATTEN!
- ❏ EINFACHER ZUSAMMENBAU!

- BIO? LOGISCH!
- GRATIS KOSTPROBEN!
- GRATIS TESTVORFÜHRUNG!
- UNSER GRÖSSTER ERFOLG: UNSER KLEINER PREIS
- SOFORTIGE LIEFERUNG? – KEIN PROBLEM!
- GRATIS BIER – GIBTS AB VIER
- AUS ALT MACH NEU!
- ALLES FRISCH – UND SO VIEL SIE WOLLEN!
- ESSEN – SO VIEL SIE WOLLEN!
- BIS ZUR ERSTEN PAUSE – LIEFERN WIR DIE JAUSE!
- PERFEKT NACH MASS – OHNE ZUSCHLAG!
- HAUSBESUCHE GRATIS UND UNVERBINDLICH!
- EILIG IST UNS HEILIG!
- VOLLER VOR-ORT-SERVICE!
- FIXE ANFAHRTPAUSCHALE!
- NICHT WEGWERFEN – REPARIEREN!
- GRATIS COMPUTERPLANUNG!
- DIE DRITTE PERSON ISST AUF UNSERE KOSTEN!
- JEDES VIERTE STÜCK GEHT AUF UNSERE KOSTEN!
- KLASSE STATT KASSE!
- BESSER NACH MASS ALS MASSE!
- BILLIG IST GUT – GRATIS IST BESSER!
- WIR GARANTIEREN VERBINDLICH: JEDER HAUSBESUCH IST UNVERBINDLICH!
- REINE NATUR!
- HANDARBEIT!
- HAUSZUSTELLUNG!
- EINZELSTÜCKE!
- DESIGNERSTÜCKE!
- INDIVIDUELLE FERTIGUNG!
- SIE SIND UNSER CHEF-DESIGNER!
- SIE BESTIMMEN FORM UND PREIS!
- GEÖFFNET RUND UM DIE UHR!
- SONNTAG KEIN RUHETAG!
- WIR SCHLAGEN UNS FÜR SIE DIE NACHT UM DIE OHREN!

## Die einfache Produktbezeichnung als Headline ist oft am besten!

Bevor Sie viel Zeit mit der „Erfindung“ einer kreativen Headline vertun, sollten Sie sich einfach überlegen, welches Produkt Sie anbieten, und genau diese Produktbezeichnung oder die Bezeichnung der Produktgruppe als Headline verwenden. Der Grund dafür ist, dass der Mensch immer auf der Suche nach einer Problemlösung für seine ureigensten und persönlichsten Probleme ist. Deshalb sucht er natürlich auch nach den Themengebieten, die ihm gerade „unter den Nägeln brennen“. Ein kaputtes Auto muss repariert oder durch ein neues ersetzt werden. Der Kunde ist auf Problemlösung eingestellt – seine Sensoren sind empfindlich und auf „Empfang“ geschaltet. Jede Headline – jedes Wort, das „Auto“, „Reparatur“, „Auto-Leasing“ etc. enthält, wird registriert. Nutzen Sie also dieses Wissen, indem Sie einfach nur „Ihr Wort“ als Headline verwenden.
Also nicht unbedingt: „Ihre neue Dauerwelle – schnell und dauerhaft“, sondern einfach „**Dauerwelle**“ (vergessen Sie aber dennoch nicht, auf einen klaren Vorteil für die angepeilte Zielgruppe hinzuweisen. Daher als Zusatz: „Donnerstag = Seniorentag: halber Preis“). Fertig ist Ihre Anzeige!
Einige Vorschläge:

ZIERFISCHE
WILDPASTETEN
GEBRAUCHTWAGEN
MITTAGSBUFFET
STEAKWOCHEN
JALOUSIEN
EINBRUCHSCHUTZ
BIO-BROT

Aber auch in Verbindung mit einem Markennamen, z.B.:

SAAB-WERKSTÄTTE
IBM-VERTRAGSHÄNDLER
ACER-KUNDENDIENST

## Das wichtige Wort „neu“

- Wenn Sie etwas **neu** im Programm haben – sagen Sie es auch!
- Sagen Sie lange genug, dass Sie **neu** sind.
- Begehen Sie nicht den kostspieligen Fehler, Ihre Neuigkeit zu kurz anzupreisen. Sie können bei einer Geschäftsneueröffnung durchaus ein halbes Jahr damit werben.
- Auch wenn sich Kleinigkeiten ändern, sagen Sie den Kunden diese **Neuheit**! Was Waschmittelfirmen seit Jahren mit großem Erfolg praktizieren, sollten Sie auch tun!
- Es ist nachgewiesen: Das Wort „**neu**“ erhöht die Aufmerksamkeit Ihrer Werbung um ein Vielfaches.
- Denken Sie daran: **Werbung = Neuheit**.

## Das wichtige Wort „gratis“

Nachgewiesen: Das Wort „gratis“ erhöht die Aufmerksamkeit. Nutzen Sie dieses Faktum! Wenn Sie genau überlegen, dann hat jedes Unternehmen etwas „gratis“ anzubieten.

- Denken Sie nur an einen kleinen Tischler, der schon immer seine Möbel gratis geliefert hat.
- Oder an den Installateur, der die Bäder seiner Kunden gratis plant.
- Oder an den Wirt, der in der Happy Hour jedes dritte Getränk gratis anbietet.
- Oder an den Lebensmittelhändler, der ab einer bestimmten Menge gratis bis in die Küche liefert.
- Oder an den Computerhändler, der für seine Hard- und Software Gratis-Einschulungen bietet.

- ❏ Oder an den Maßschuster, welcher der Schwellenangst seiner Kunden durch Gratis-Leistenanfertigung oder Gratis-Maßnehmen begegnet.

Ich bin mir sicher, auch bei Ihnen gibt es vieles gratis, das bisher einfach als selbstverständlicher Service gesehen wurde.

- ❏ Verschenken Sie etwas – gratis können auch Erstberatung, Prospekte, Hauszeitungen etc. sein.
- ❏ Nehmen Sie dem Interressenten die Scheu vor einer Reaktion! Das Wort „unverbindlich“ baut Hemmungen ab! („Informieren Sie sich **gratis und unverbindlich**!“)

## Bedenken Sie: Anzeigen sind an mündige Leser gerichtet

- ❏ Selbst auf dem entlegensten Bauernhof ist man heute über alle Geschehnisse der Welt auf dem Laufenden.
- ❏ Der Kunde ist nicht dumm.
- ❏ Wenn der Kunde zu viele „Tricks“ und „Fallen“ entdeckt, ist er für lange Zeit verloren!
- ❏ Der Kunde interessiert sich nicht für „Werbe-Blabla“. Er will Information!

## Meiden Sie Superlative! (Es glaubt Ihnen ja doch keiner!)

## Einfachheit und Klarheit in den Copytexten

- ❏ Nichts darf dem Interessenten das Lesen eines Copytextes (= Fließtext oder längere Textpassage) erschweren. Also, möglichst keine Fachwörter, kein Fachchinesisch, kurze Sätze, logischer Aufbau – und immer an das Werbeziel denken: Was wollen Sie vom Leser? Wenn der Leser den Copytext liest, will er Information. Also geben Sie ihm diese Information!

- Folgerichtigkeit im Text.
- Kürze und Prägnanz.
- Scheuen Sie keine langen Texte, wenn Sie etwas zu sagen haben. Der Leser wird Ihnen diese Information mit Interesse und schließlich seiner Reaktion danken.
- Stimulieren Sie längere Texte!
- Permanentes „Beleben" von längeren Texten hält die Leser bei Laune. Das bedeutet aber nicht Klamauk, sondern Spannung durch das Erzählen einer Geschichte („Letzte Woche in meiner Apotheke" ...). Auch praktische Beispiele sind von Vorteil, um das Interesse wach zu halten.

z.B.

Zwei Beispiele sollen Ihnen zeigen, wie wichtig konkrete Produktinformationen heute sind und wie wichtig es ist, den Konsumenten über die Vorteile des Produkts nicht im Unklaren zu lassen. Denn nur dann kann der Konsument seine Kaufentscheidung treffen. Dafür ist Imagewerbung einfach zu wenig aussagekräftig. Ich lebe in Österreich und in Österreich wird (anders als in Deutschland oder der Schweiz) oft und gerne mit Paprika gekocht. Daher ist eines der meistverkauften Gewürze in Österreich auch der Paprika – ganz konkret: Paprika von der Firma Kotanyi. Bei uns liegen die silbernen Paprikapackungen ohne viele Erklärungen in den Warenschütten der Supermärkte zum Verkauf bereit. Eines Tages entdeckte ich in dem von mir sehr geschätzten Warenkatalog der deutschen Firma MANUFAKTUM (www.manufaktum.de) ebenfalls Kontanyi Paprika. Die unglaublich lange, interessante und detailreiche Darstellung unseres „Massenprodukts" war so werbewirksam geschrieben, dass ich mir allen Ernstes die Frage gestellt habe, ob denn der in diesem Katalog beschriebene Paprika auch der gleiche wäre, den wir bei uns im Supermarkt erwerben können. Ich war wirklich knapp davor, den Paprika von Manufaktum aus Deutschland zu bestellen, nur um einen Vergleichstest mit unserem Supermarktpaprika anzustellen.

Ein großes Kompliment an den Werbetexterkollegen von Manufaktum, der dieses einfache Produkt so „unbeschreiblich“ beschreiben konnte. Toll! Im Gegensatz dazu eine ganzseitige (!) Anzeige von Kotanyi selbst, die in einer österreichischen Illustrierten erschienen ist. Nichtssagend – raumverschwendend – ohne Aussage und ohne großen Vorteil für den Leser. Schade um das viele verschwendete Geld.

## Die Unterschiede zwischen IMAGE-WERBUNG und LOW-BUDGET WERBUNG

Deutlicher kann man den Unterschied zwischen der derzeit üblichen grafikverliebten Werbung und der Low-Budget-Werbung nicht zeigen.

Auf der einen Seite eine ganzseitige Anzeige - absolut ohne Aussage. Der einzige Grund für diese Anzeige war die neue Verpackung. Aber auch hier hätte man (mit etwas Gehirnschmalz) mehr herausarbeiten können. Man hätte zumindest einen Gutschein als Kaufanreiz einfügen müssen (z.B.: zwei Gläser zum Preis von einem Glas). Wie groß dagegen der Unterschied zur Präsentation auf der rechten Seite. Das Beispiel stammt zwar aus einem Katalog, jedoch würde ich eine Anzeige für diesen "Edelpaprika" genauso konzipieren. Denn auch heute ist der Konsument noch bereit - zu lesen. Wenn das, was er zu lesen bekommt, auch wirklich lesenswert ist. Was hier absolut der Fall ist. Gratulation den Textern bei MANUFAKTUM!

**Echt ungarisches Paprika.**
**Aus Szegedin. Von Kotányi**
Kein anderes Land hat sich so auf den
Anbau und die Veredelung von Paprika
spezialisiert wie Ungarn. Im sonnigen
Süden des Landes, im kräftigen, frucht-
baren Boden der ungarischen Tiefebene
zwischen Donau und Theiß, fand die
südamerikanische Gewürzpflanze offen-
bar besonders günstige Entwicklungsbe-
dingungen, jedenfalls wurde ihre Kultur
dort zu höchster Blüte gebracht. Der
Paprika aus der Gegend um Debreczin
und Szegedin ist denn ja auch geradezu
Sprichwörtlich, vielbesungen und jeden-
Falls von einer Qualität, wie sie in ande-
Ren Anbaugebieten kaum erreicht wird.
Unser Kotanyi-Paprika kommt aus einem
Der alten Szegediner Betriebe.
Die Paprikaernte beginnt dort im August
Und wird von Hand durchgeführt. Drei-
bis fünfmal gehen die Bauern durch die
Felder und pflücken ausschließlich voll
Tiefrote Schoten. Vor dem Mahlgang in
Steinmühlen wird den Schoten eine be-
Stimmte Menge des fetthaltigen Paprika-
Samens beigegeben. Die Steinmühlen
Garantieren die für die ausgezeichnete
Qualität des Paprikapulvers notwendigen
Niedrigen Mahltemperaturen. KOTÁNYI
Paprika wird erst kurz vor der Lieferung
Vermahlen - damit die größtmögliche
Frische gewährleistet ist. Als zusätzlicher
Schutz dienst die aromasichere
Verpackung.
Neben Vitamin C enthält ungarischer
Gewürzpaprika auch die Provitamine Ka-
Rotin und Kryptoxanthin, die im Körper zu
Vitamin A umgewandelt werden, darü-
Berhinaus die Vitamine B1, B2 und das
für die Gefäßdruchblutung wichtige Vita-
Min P. Paprika ist damit eine der vitamin-
Reichsten Pflanzen und enthält z.B. Weit
Mehr Vitamin C als die Zitrone. Also:
Reichlich einsetzen, zumal sie den ge-
Sundheitlichen Nutzen bei diesem Edel-
Paprika ohne jeden geschmacklichen
Schaden erlangen.
**KOTÁNYI UNGARISCHER PAPRIKA EDELSÜSS**
Aromabeutel, 3 Stück á 100g
Bestell-Nr. 13800

Na, wie finden Sie den Unterschied der beiden „Werbungen“ für ein und dasselbe Produkt? Und da ich diese beiden Beispiele in jedem meiner vielen Seminare präsentiere, kenne ich auch sofort einen Einwand, der kommen wird. „Ja, aber liest denn heute noch irgendwer so viel Text?“ Bei einem Seminar für die Junge Wirtschaft Oberösterreich waren bei einem meiner Vorträge unter den vielen Zuhörern anscheinend auch einige örtliche „Werbefachleute“, die mich massiv für mein Eintreten für den langen Text kritisierten. Statement: *„Herr Gmeiner – kein Mensch liest heute noch so viel Text. Es gibt doch Untersuchungen, die das belegen. Bilder sind wichtiger!“* Mein Kontra: *„Zeigen Sie mir diese Studien – es gibt keine Studien, die belegen, dass keine Texte mehr gelesen werden, es gibt nur Studien, die belegen, dass Anzeigentexte immer kürzer werden, das ist ein großer Unterschied.“* Denn nichtssagende Werbetexte erkennt ein moderner Konsument nach wenigen Worten und handelt sofort und brutal mit – Lesestopp! Und noch ein Punkt, über den Sie, meine lieben Leser, nachdenken sollten. Warum kaufen Sie eine Zeitung – ein Buch? Wegen der Bilder oder wegen des geschriebenen Wortes? Wegen der Informationen – na bitte! Gute Texte wurden schon immer gelesen und werden auch bis in alle Ewigkeiten immer gelesen werden. Es ist halt harte Arbeit, einen tollen Texte mit vielen interessanten Informationen zu schreiben. Und genau diese Arbeit versucht man in Agenturen zu vermeiden – das gibt zu viele Diskussionen mit dem Auftraggeber. Da wird man angreifbar und muss wegen jedem falschen Wort diskutieren. Lieber mache ich ein hübsches Bild – mit einer einzeiligen, möglichst coolen und kreativen Überschrift – fertig!

**!** Hüten Sie sich davor, zu wenig Text und damit zu wenige Vorteile preiszugeben!

## Auch Personalanzeigen können für Sie werben

Sehen Sie Personalanzeigen nicht einfach nur als Möglichkeit, an neue Mitarbeiter zu kommen, sondern sehen Sie sie als Chance zur massiven Öffentlichkeitsarbeit. (Natürlich auch hier im Einklang mit Ihren

Kammerrichtlinien.) Eine gut gestaltete Anzeige wirbt nicht nur Mitarbeiter, sondern auch für Ihr Unternehmen. Image hat noch nie geschadet!

## Die richtige Auswahl der Schriften

- ❑ Wie Sie bereits gelesen haben, können Schriften eine Aussage unterstützen. Wenn Sie also als Übersetzer die chinesische Sprache beherrschen, würde die einfache Überschrift

  **CHINESISCH IN WORT UND SCHRIFT**

  mit einer chinesisch inspirierten Schrift gleich drei Vorteile aufweisen:

  1. Die ungewöhnliche Schrift wäre damit bereits ein toller Blickfang für die Anzeige.
  2. Die Schrift verdeutlicht gleichzeitig auch das Angebot.
  3. Sie heben damit einen Vorteil (die chinesische Sprache) hervor, den sicher nicht jedes Übersetzungsbüro anbietet.
- ❑ Achten Sie auf einheitliche Schriftarten in allen Anzeigen.
- ❑ Verwenden Sie nicht zu viele verschiedene Schrifttypen. Zwei Schriftarten müssten ausreichen (z.B.: für Headline und Fließtext). Mehr Schriften machen die Gestaltung unübersichtlich und schwerer lesbar.
- ❑ Wählen Sie eine leicht lesbare Schrift. Versuchen Sie es selbst einmal: Lange Texte in Schreibschrift oder in Fantasieschrift mit vielen Schnörkeln sind bedeutend schwerer zu lesen und machen nur in einer kurzen Headline Sinn, niemals aber im Copytext.
- ❑ Keine langen Passagen in Großbuchstaben (schwer lesbar)!
- ❑ Wählen Sie keinen zu engen Zeilenabstand (schwer lesbar)!
- ❑ Verwenden Sie Blocksatz oder, wie im normalen Brief, linksbündig, aber nie rechtsbündig!
- ❑ Wenn Sie ein Foto verwenden, dann mit Bildunterschrift. Sie wird meist als Erstes gelesen.

- ❑ Möglichst keine langen Textpassagen in Negativ (weiße Schrift auf schwarzem Grund). Können Sie sich aber durch eine Negativ-Anzeige deutlich von den anderen Anzeigen absetzen, ist dieses Manko zu riskieren.
- ❑ Die Schrift sollte natürlich zur Dienstleistung oder Aussage passen: Schon durch die richtige Auswahl einer Schrift für die Headline können Sie den Leser auf ein bestimmtes Thema einstimmen. Gerade bei kleinen Anzeigen können Sie oft keine Fotos verwenden. Trotzdem soll z.B. eine bestimmte Atmosphäre oder Assoziation aufgebaut werden – mit den richtigen Schrifttypen ist dies kein Problem.

## Der Slogan

- ❑ Ein Slogan ist nicht Bedingung für gute Werbung und schon gar nicht für eine gute Anzeige. Ohne viel Platz zu verschwenden (mehr Raum ist in der Werbung immer gleichbedeutend mit „mehr Geld"), sollten Sie in einem einzigen kurzen Satz den Hauptvorteil, die Hauptaussage formulieren.
- ❑ Der Name einer Firma oder eines Produkts ist nichts als ein Kürzel, bei vielen Kleinbetrieben ist der Firmenname meist überhaupt nur der eigene Familienname. Ein Slogan definiert darüber hinaus das Angebot, die Dienstleistung und, wenn möglich, auch den Hauptvorteil, der den Kunden erwartet.

  Einige fiktive Beispiele:

  **Copyshop**:
  - „Jeden Mo – So Tag der offenen Tür"
  - „Anruf genügt – wir liefern sofort"

  **Feinkost**:
  - „Sie wünschen – wir liefern"
  - „Ihr Buffet ist unser Fall"
  - „Gestern in Frankreich – heute bei Ihnen"

  **Friseur**:
  - „Ob blond ob braun – wir frisieren Männer und Frau'n"
  - „Der Familienfriseur"

- „Fix der Preis – fix der Schnitt"

**Metzger**:
- „Die Biobauernfleischerei"
- „Kaum teurer – aber viiiel besser"

**Boutique**:
- „Ihr Kinderlein kommet"
- „Große Größen – kleiner Preis"
- „Mollig ist schön"
- „Brave Mädchen kommen in den Himmel – große Mädchen kommen zu uns"

**Handwerker**:
- „Service rund um die Uhr"
- „Der Fixpreis-Installateur"
- „100% Handarbeit – Ehrenwort!"

❑ Einfachheit und Klarheit heißt die Devise beim Texten eines Slogans. Versuchen Sie eine griffige Formulierung des von Ihnen ausgewählten Hauptvorteils. Ein Slogan sollte kurz sein. Andererseits gibt es ein klassisches österreichisches Beispiel für einen alles andere als kurzen Slogan, der aber bereits Einzug in die Umgangssprache gefunden hat. Eine Bausparkasse wirbt:

„Geld macht glücklich, wenn man rechtzeitig drauf schaut,
dass mans hat, wenn mans braucht!"

Auffälligkeit durch einen Blickfang in der Anzeige:

*1/3 Raum für den Eyecatcher und 2/3 Raum für die Information und den Vorteil für den Kunden!*

*Diese Anzeige war Teil einer sehr „günstigen" und dennoch sehr erfolgreichen Aktion. Kein Wunder, ist doch alles vorhanden, was aus einer kleinen Anzeige wie dieser eine Erfolgsanzeige macht!*

Cliparts gibt es Gratis – verwenden Sie sie zielführend:

Die oben abgedruckte Anzeige verschaffte einer Geschäftsfrau einen um einen Monat schnelleren Gang in die wohlverdiente Pension. Augenscheinlich funktionierte diese sehr „aggressive" Anzeige. Image war nicht mehr notwendig!

Detailaufnahmen und ungewöhnliche Optik:

# 7 Telefonbuchanzeigen

Anzeige ist nicht gleich Anzeige. Egal, in welchem Medium und für welche Zielgruppe Ihre Anzeige konzipiert wird, sie muss auf das jeweilige Medium und auf die jeweilige Zielgruppe adaptiert und angepasst werden. Und für kein Medium gilt diese Notwendigkeit der Anpassung mehr als für die Gelben Seiten – das Branchentelefonbuch. Haben Sie schon einmal bewusst darüber nachgedacht?

Das Branchentelefonbuch ist das einzige Medium, das aus nichts anderem als aus Anzeigen besteht (und das dennoch mit Interesse gelesen wird). Kein anderes Printmedium könnte sich erlauben, ausschließlich Werbung abzudrucken. In Anzeigenblättern sind immer kurze Artikel – PR-Texte oder Serviceseiten für den Leser – integriert. Nicht so bei den Gelben Seiten. Sie werden ausschließlich wegen der Werbung gelesen und oftmals akribisch durchforstet. Und genau diese spezifische Verwendung der Gelben Seiten muss auch der Anzeigengestalter und -texter beachten, will er eine erfolgreiche Telefonbuchanzeige kreieren.

Mehr als in jedem anderen Medium gilt im Branchenfernsprechbuch der **Information** unser oberstes Augenmerk. Der Leser, der eine Telefonbuchanzeige nutzt, will Information und nichts als Information.

z.B.

Der Grund, warum ich mein erstes Buch überhaupt geschrieben habe, war eine Lungenärztin, die ich im Zuge eines winterlichen Hustens konsultieren musste. Ich blätterte die „Gelben Seiten" durch und stieß auf ihre Anzeige. Warum ich für ihre Praxis entschieden habe? Nun, in der Anzeige waren nicht nur die üblichen Infos, die auch die anderen Lungenärzte von sich preisgaben (Öffnungszeiten, Kassen), sondern auch eine detaillierte Auflistung der Anwendungen und sogar der Praxisausstattung. Warum das für mich wichtig war? Weil ich beim Schlagwort „Lungenröntgen" sofort an den möglichen zusätzlichen Weg beim Besuch eines Arztes dachte, der kein Lungenröntgen in seiner Praxis anbietet. Es war also reine Zeitersparnis, die mich zum Besuch dieser Praxis veranlasste. Noch dazu, wo die Praxis nicht einmal in meinem Bezirk ist. In meinem Bezirk und in meiner Nähe alleine gibt es drei Lungenärzte, die ich nicht in Anspruch genommen habe. Sie sehen, wie „Kunden" auf bestimmte Reizworte reagieren und aus welchen spezifischen Gründen man zum Patienten eines Arztes – oder natürlich jedes anderen Freiberuflers – werden kann. Handeln Sie danach bei der Konzeption Ihrer Anzeigen.

!

Bitte geben Sie dem Leser so viel Information wie irgend möglich.

# Die wichtigsten Punkte bei der Werbung in den Gelben Seiten

## Werben Sie nur in den wichtigen Branchen- oder Telefonbüchern

❑ Ich spreche hier nicht von den klassischen „Gelben Seiten“, die in jedem Haushalt aufliegen, sondern von den vielen, meist unbedeutenden Nachahmern dieser Idee. Diese Telefonbücher sind meist sehr dünn und werden nur in relativ kleinen Stückzahlen aufgelegt (z.B. nur in einem bestimmten Stadtbezirk). Sie wandern meist nach kurzer Zeit in den Papierkorb. Lassen Sie Ihre Hände davon – sie sind ihr Geld nicht wert.

❑ Beobachten Sie in diesem Falle sehr genau das Leseverhalten von sich selbst und Ihren Bekannten und Verwandten. Welche Branchentelefonbücher werden wirklich genutzt? Sparen Sie sich das Geld für die kleineren Telefonbücher und stecken Sie das so frei gewordene Budget besser in größere Anzeigen in den echten „Gelben Seiten“ Ihrer Region – es zahlt sich aus.

## Achten Sie auf die Rubriken, in denen Sie auf alle Fälle vertreten sein sollten

Ein Tischler könnte auch unter Möbeltischer, Kunsttischler oder unter Holzverarbeitung zu finden sein. Einer meiner Kunden hatte ein Fenster- und Türenstudio. Seine Rubriken: Fenster/Türen/Sicherheitstüren/Aufsperrdienst/Jalousien/Rolladen/Markisen/Einbruchschutz/Sicherheitstechnik.
Er war überall mit einer kleinen Anzeige vertreten – der Erfolg hat den Aufwand mehr als gerechtfertigt.
Befragen Sie einige Kunden nach den Rubrik-Stichworten, unter denen sie Ihren Betrieb in den Gelben Seiten suchen würden. Nicht immer deckt sich dieses Stichwort mit den eigenen Vorstellungen. Ein

Kunde, der nach einem Einbruchschutz für sein Haus fahndet, sucht nicht automatisch unter „Fenster-Rolladen“ (die jedoch ebenfalls den gewünschten Einbruchschutz gewährleisten würden).
Eine „Siebdruckerei“ hätte demnach auch mehr Erfolg, wenn eine zusätzliche Eintragung unter den Stichwörtern: T-Shirt-Druck/Etikettendruck/Aufkleber/ Folien erfolgen würde.

! Die Rubrik, in der die meisten Ihrer Konkurrenten werben, ist auch für Sie die richtige, denn es ist meist die logischste und naheliegendste. Dies ist eine der wenigen Ausnahmen von der „Anders-als-die-anderen-Regel“.

## Schauen Sie sich die Konkurrenzanzeigen genau an und machen Sie es anders

- Im Telefonbuch sieht man es so deutlich wie nirgends. Die meisten Anzeigen auf einer Seite gleichen einander dramatisch. Keine sticht aus der Masse hervor. Gerade aber im Telefonbuch sind zwei Dinge **überlebenswichtig**: Auffälligkeit und Information.
- Wenn alle klein und bescheiden werben, schalten Sie die größte Anzeige. Sofort hält Sie der Leser für ein großes Unternehmen und Sie erscheinen damit vertrauenswürdiger (wirken dadurch aber auch exklusiver und „teurer“) als Ihre Konkurrenten.
- Speziell im Telefonbuch ist Information das Nonplusultra. Hier sucht der Leser nach seiner ganz konkreten Problemlösung. Wenn er diese Problemlösung in Ihrer Anzeige findet, haben Sie gewonnen.
- Nicht in Schönheit sterben: Viel leerer Raum und nur das Logo und die Adresse in einer Anzeige – das bringt selten Erfolg. Im Telefonbuch ist dies der absolut falsche Weg. Interessanterweise machen auch Werbeagenturen diesen gravierenden Fehler. Betrachten Sie einmal deren Anzeigen in den „Gelben Seiten“. Fast alle bestehen aus reinen Schriftlösungen, keine unterscheidet sich in ihrem Aufbau von der Nachbaranzeige. Sehr oft wird mit großen Leerflächen

gearbeitet und damit wertvoller Werberaum verschwendet. Und noch weniger Agenturen versuchen den Leser zu informieren. Man erfährt so gut wie nichts über die Spezialgebiete, über konkrete Angebote, über deren Methodik etc. Man kann nur hoffen, dass diese Agenturen mit dem Geld ihrer Kunden sorgsamer und effizienter umgehen als mit dem eigenen.

Low Budget

Bei Anzeigen in den „Gelben Seiten" zählt nur eines:
Fakten – Fakten – Fakten.
Mehr als anderswo sucht der Konsument in den Gelben Seiten nach Informationen. Beobachten Sie sich selbst das nächste Mal, wenn Sie die Gelben Seiten zur Hand nehmen. Meist haben Sie dann ein konkretes Problem und sind auf der Suche nach einer raschen Lösung dieses Problems. Daher gewinnen im Telefonbuch immer noch viele Mini-Anzeigen gegen die großen. Und zwar oft nur, weil in der Anzeige steht: „Sofortige Terminvereinbarung" „rasche Reparatur", „Gratis Hauszustellung".

z.B.

Mich persönlich hat einmal eine kleine Anzeige einer Druckerei zum ersten Kontaktanruf animiert, weil in der Anzeige stand: „Kleinauflagen innerhalb von 48 Stunden!" Die Druckerei hat den kleinen Auftrag bekommen und sie hat für mich auch schon einige Großaufträge durchgeführt. Und all das nur auf Grund einer kleinen Zeile in einer kleinen Anzeige in den Gelben Seiten. Tja, es kommt eben auf das „Gewusst wie" an!

- ❑ Wenn andere nur mit Text werben – schalten Sie ein Bild mit Ihrem Foto unter dem Motto: „Mein Team ist für Sie da." Dass Ihre Anzeige zuerst gelesen wird, ist damit fast garantiert.
- ❑ Wenn andere mit Bildern werben, dann halten Sie alle für den Kunden wichtigen Informationen in der Anzeige schriftlich fest.
- ❑ Wenn andere in **positiver** Schrift werben, werben Sie in **negativer** (mit weißer Schrift auf schwarzem Grund). Obwohl schwerer

lesbar, ist in diesem Fall die Auffälligkeit wichtiger. Denn wenn Sie nicht bemerkt werden, werden Sie auch nicht gelesen.

## Geben Sie dem Kunden alle Informationen, die er brauchen könnte – und einige zusätzlich

- ❑ Nicht „Weniger ist mehr" sollte hier als Leitsatz gelten, sondern im Gegenteil: Je mehr, desto besser.
- ❑ Gehen Sie nicht davon aus, dass der Kunde über alle Produkte in Ihrem Geschäft oder in Ihrer Branche Bescheid weiß oder dass er alle Tätigkeitsbereiche und Fertigkeiten Ihres Handwerks kennt.
- ❑ Informieren Sie daher den Kunden über alle Spezialitäten und Dienstleistungen, die Sie anbieten.
- ❑ Geben Sie auch Ihre Büro- oder Geschäftszeiten an. Nichts verstimmt einen Kunden so sehr wie verschlossene Türen.
- ❑ Auf bestimmte Anzeigen von Druckern habe ich selbst nur reagiert, weil in der Anzeige etwa zu lesen war: „Auch kleine Auflagen und Sonderwünsche!"
- ❑ Verwenden Sie auch in der Telefonbuchanzeige die magischen Worte: „Informieren Sie sich gratis und unverbindlich! Wir senden Ihnen gern unsere Unterlagen zu!"
- ❑ Vergessen Sie den Namen Ihrer Homepage und Ihre E-Mail-Adresse nicht.
- ❑ Wie kommt der Kunde am einfachsten zu Ihnen? Geben Sie auch einen Lageplan oder die Verkehrsmittelanbindung an, wenn genügend Anzeigenraum vorhanden ist.

## Zur weiteren Gestaltung siehe „Die wichtigsten Punkte der Low-Budget-Anzeigengestaltung (Teile 1 bis 3)

Telefonbuchseite: Optisch aufzufallen ist in den Gelben Seiten überlebenswichtig. Eigentlich können sich auf dieser Seite nur zwei Anzeigen optisch durchsetzen Die schwarze und die mit der Spiralgrafik. Sie sind eben beide anders als die anderen.

Telefonbuchseite: Auf dieser Seite gibt es nur einen echten „Gewinner". Die Anzeige mit dem Männchen. Warum? Sie ist auffällig, klar gegliedert und hat einen tollen Vorteil für den Kunden. Oder sind „keine Wegzeitverrechnung" etwa kein triftiger Grund, bei dieser Firma anzurufen?

1220, Donaustadtstr. 40 Tel. 283 59 05 od. 0 66 3/912 96 98
1210, Brünner Str. 219 Tel. 294 11 31
1190, Barawitzkag. 13 a Tel. 369 73 02

SCHLÜSSELDIENST

**Auferbauer**
– Stephan, Ing, 17, Neuwaldegger Str 38a, Stg A 480 17 89
**Auff** Eduard / Elisabeth, 19, An den langen Lüssen 2 320 59 54
– Eduard Dr, UnivProf / Christine, Dr, 19, An den Langen Lüssen 4 320 12 54
**Auffarth** Eric, 7, Neustiftg 72 526 73 26
**Auffenfeldt** Heinrich, RegR / Elisabeth, 14, Matznerg Nr 21-23 789 67 02
**Auffermann** Johanna, 5, Garteng 6, Stg 2 545 91 51
**Auffinger** Bernhard, Kältetechnik, Perchtoldsdorf, Beatrixg 5 869 49 69
Mobiltelefonnetz D 0663 01 04 34
Perchtoldsdorf, Beatrixg 4a 869 58 04
– Eveline, Perchtoldsdorf, Stuttgarter Str 12-22, Stg 5 865 26 54
**Aufgebauer** Ingrid / Michael, 21, Blechschmidtg 2, Haus 24 270 51 91
**Aufgeweckt** Alfred, Automech, 23, Rudolf Zeller-G 67 887 23 36
**Aufgewekt** Heide, 3, Custozzag 13 713 32 73
– Ingrid, 16, Sandleiteng 17 480 41 59
– Roman, 17, Rötzerg 29
Mobiltelefonnetz max. 0676 309 82 87
**Aufhauser** Brigitta, Perchtoldsdorf, Georg Teibler-G 12 869 38 24
Mobiltelefonnetz A1 0664 374 75 95
– Elisabeth, Mag, 9, Marianneng 17 408 13 34
– Erich, Ing / Gertrude, 19, Radelmayerg 16 368 37 98
19, Weinbergg 100 320 89 91
– Josefa, 16, Thaliastr 157 493 86 48
**Aufhauser Franz Ing KG Stadtsteinmetzmeister,** Bausteinmetz- u Friedhofsarb, 23, Perfektastr 73 865 17 17...-0
Mobiltelefonnetz D 0663 80 57 91
Mobiltelefonnetz D 0663 912 07 82
**Aufina Franchise- u Immobilienberatung GmbH,** 1, Parkring 10 513 75 20...-0
513 69 63, 513 75 21
**Aufinger** Hans-Joachim, Konditor, 2, Vorgartenstr 201 726 54 50
– Marius / Veronika, 21, Ferdinand Pölz-G 8 272 25 44
**Aufischer** Birgitta, 7, Siebensterng 16 524 39 26
– Hans, Dipl-Ing / Ingrid, 14, Rosentalg 12, Stg 5 914 31 48
**AUFLEB Ausbildung v Arbeitslosen aus der Lebensmittelbranche GmbH,** 10, Arthaberpl 18 606 42 71
606 42 93
**Aufleb Wien,** 17, Neuwaldegger Str 35-37 484 20 96
**Aufmesser** Anna, 14, Reinlg 13a 982 75 24
– Erich, 20, Engerthstr 56, Stg 2 350 19 57
– Franz, 2, Engerthstr 213 720 50 34
– Franz, Betriebsltr, 2, Nickelg 1 214 81 62
– Gabriele, 23, Karl Schwed-G 75-81, Stg 13 889 50 83
– Gerhard, 16, Huberg 10 403 12 03
Mobiltelefonnetz D 0663 02 86 68
– Gertrude, 16, Huberg 10
Mobiltelefonnetz A1 0664 400 70 47
– Josef, 20, Treustr 11 350 50 00
– Josefa, 4, Ziegelofeng 6a 581 50 14
– Leopoldine, 5, Krong 5 581 04 36
– Leopoldine, 14, Schuhbrecherg 7 914 83 19
– Thomas, 8, Lercheng 25 409 05 95
Mobiltelefonnetz A1 0664 162 33 55
7, Lindeng 12 526 48 98
– Zana, Mag / Dipl-Ing Wolfgang, DiplDolm f d Serbokroat Sprache, 13, Hermesstr 79 804 37 85
**Aufmuth** Britta, 15, Gablenzg 29 985 82 60

AUFSPERRDIENST
SCHLÜSSELDIENST
TAG u. NACHT
SONN- u. FEIERTAG
LEMA
492 04 44
493 16 73
1160 Wien Thaliastraße 123

AUFSPERRDIENST
892 09 30
TAG & NACHT
KEINE Wegzeitverrechnung im Raum Wien!!
0663/ 068 456
15, Sechshauser Str. 9,
Ahl Cernek
Fenster & Türen & Sonnenschutz & Sicherheit

B I E R H A U S
IHR AUFSPERRDIENST
SEIT ÜBER 70 JAHREN
TAG U. NACHT
SONN- U. FEIERTAG
TEL. 408 28 55
STÄNDIG BEAUFTRAGTER DER POLIZEIDIREKTION WIEN

**Aufsperrdienst Bierhaus Nf Zidle Liselotte,** 16, Neulerchenfelder Str 57 408 28 55, 405 63 48
Mobiltelefonnetz A1 0664 402 33 55

AUFSPERRDIENST
TÜRE ZUGEFALLEN, SCHLÜSSEL INNEN?
Wir kommen sofort
Montag–Sonntag 0–24 Uhr
TEL. 315 64 89
Mobiltel. 0 66 4/180 80 32
Fa. BÜBL, Spittelauer Lände 9

**AUFSPERRDIENST BÜBL,** 9, Spittelauer Lände 9 315 64 89
**Aufsperrdienst Cömlek Osman Bau- u Kon-**

# 8 Direct-Mailing

Wenn Sie dieses Buch gekauft haben, um möglichst rasch neue oder mehr Kunden zu bekommen, dann ist der Werbebrief oder das Direct-Mailing die schnellste, erfolgversprechendste und kostengünstigste Werbemöglichkeit überhaupt. Ich behaupte ohne Übertreibung, dass Sie innerhalb von zwei Wochen die ersten Anfragen oder sogar Aufträge von Kunden erhalten werden, wenn Sie das folgende Kapitel genau durcharbeiten und Ihre Werbebriefe danach gestalten.

**!** Direct-Mailing-Werbung bedeutet direkte Ansprache des Umworbenen mithilfe des Briefes. Wir sprechen hier also nicht von Flugblättern oder Rundschreiben. Diese Werbemittel werden im Gegensatz zum adressierten Werbebrief nur lose ohne Anschrift in den Postkasten geworfen bzw. an der Haustür verteilt. In jedem Fall ist Direct-Mailing die günstigste Art, um Werbung bei einem ausgesuchten Personenkreis zu betreiben, und daher auch die weitaus beste Möglichkeit, die eigene Adresskartei aufzuarbeiten und sie auf den neuesten Stand zu bringen.

Ein oft gehörter Einwand: „Ich glaube nicht, dass Mailings etwas bringen, ich werfe Werbebriefe immer sofort weg."
Dazu ein kurzes Beispiel, das auf jede Werbung ganz generell zutrifft.

**z.B.** Ich bin stolzer Vater einer kleinen Tochter. Die Schwangerschaft meiner Frau war „gelinde gesagt" eine – Überraschung. Meine Frau ist Juristin und plante gerade den Einstieg in die Selbstständigkeit – eine eigene Anwaltskanzlei sollte im Herbst 1999 eröffnet werden. Und dann kam dieses „Ereignis". Wir hatten uns noch nie zuvor mit Schwangerschaft oder Kindern (und deren Bedürfnissen) auseinander gesetzt. Anzeigen für Windeln,

Babynahrung oder Schwangerschaftsbekleidung wurden ohne mit der Wimper zu zucken überblättert, TV-Spots für Babycremes einfach nicht bewusst wahrgenommen (da konnte das Baby noch so hinreißend aus der Glotze lächeln). Und natürlich landeten auch sämtliche Mailings, die sich als Werbung für irgendwelche Babyartikel zu erkennen gaben, spätestens nach dem Lesen der ersten Zeilen im Papierkorb. Wir hatten einfach keinen Bedarf! Und dann, nach der vom Frauenarzt gestellten Diagnose „Gratulation, Sie sind schwanger!" änderte sich die Situation schlagartig. Von einem Tag auf den anderen wurde plötzlich jeder Satz, der das Wort „Schwangerschaft" oder „Baby" enthielt, „verschlungen". Als Erstes wurden Kupons von Anzeigen für Schwangerschaftsbücher und Babybücher ausgeschnitten und abgesandt. Danach Versandhauskataloge für „werdende Eltern" geordert und nach Zusendung und genauem Studium auch „gehortet". In einer eigenen Mappe wurden alle relevanten Prospekte, Preise und Angebote eingeordnet. (Und ich weiß auch von vielen Unternehmern, dass sehr viele ihrer Kunden noch nach Jahren mit einer ausgeschnittenen Anzeige oder einem Werbebrief ins Geschäft kommen und nach dem damals beworbenen Angebot fragen.) Seit das Baby auf der Welt ist, bekommen wir gezielt immer wieder Werbebriefe von den verschiedensten Anbietern für Babyutensilien. Und ich übertreibe nicht, wenn ich sage, dass ich auch jetzt noch jede Woche mindestens zwei bis drei Antwortkarten aus diesen Werbebriefen zur Post bringe, in denen wir „gratis und unverbindlich um die Zusendung weiterer Informationen oder eines Prospektes" bitten. Und natürlich sind wir bei einigen dieser Firmen auch bereits Kunde geworden.

Sie sehen also: Werbung – zur richtigen Zeit am richtigen Ort – funktioniert! Und gerade das Direct-Mailing trifft Ihre Kunden genau zu jener Zeit, in der gerade Ihr Produkt am dringendsten benötigt

wird. Was bedeutet das nun für die Konzeption und die Wirkung Ihres Direct-Mailings?
Man weiß, dass zwar ca. 50 bis 70 Prozent aller Mailings innerhalb von 20 Sekunden in den Papierkorb wandern, es wurde aber nachgewiesen, dass über 90 Prozent aller Werbebriefe geöffnet werden. Das heißt nun wiederum nichts anderes, als dass der Leser auf alle Fälle gern wissen möchte, was man ihm da per Post ins Haus schickt. Wie Sie bereits wissen, ist der Mensch immer auf der Suche nach seinem Vorteil – nach einem Schnäppchen, nach leichter Beute. Und jeder Mensch ist von Natur aus neugierig. Ein geschlossener Brief übt daher einen enormen Reiz auf ihn aus. Unterbewusst hat der potenzielle Leser nämlich panische Angst, etwas zu verpassen. Vielleicht einen Vorteil, der das Leben einfacher, leichter, schöner, behaglicher macht? Wie auch immer. Wenn nun unser Leser beim kurzen Überfliegen des Briefes einen Vorteil für sich, seine Familie oder seine Firma entdeckt, dann wird dieser Brief vor dem Reißwolf oder dem Papierkorb vorerst verschont bleiben. Der Brief wird zur Seite gelegt, um ihn noch einmal einer genaueren Prüfung zu unterziehen. Und wenn auch beim zweiten und dritten Blick ein Vorteil zu erkennen ist, dann wird der Brief genau und eingehend studiert. Stimmen Angebot, Preis und Service, dann könnte der Leser zum Kunden werden und eine Bestell- oder Antwortkarte absenden. Denn Werbung führt nur dann zu einem Kauf oder zu einer Reaktion, wenn ein Bedarf beim Kunden vorhanden ist – oder wenn die Werbung es versteht, einen Bedarf zu wecken. Speziell bei teuren Produkten oder Dienstleistungen wird vonseiten der Interessenten oft sehr lange im Voraus geplant und auch Werbung gesammelt. Denken Sie nur an das Lebenswerk Hausbau. Bereits Jahre vor dem eigentlichen Bau wird über die Finanzierung, Planung und Einrichtung nachgedacht und Informationen werden eingeholt. Also erwarten Sie nicht zu viel von Ihrer Mailing-Aussendung. Die Erfahrung zeigt, dass der Response (also die Reaktion auf Ihre Aussendung) nur bei durchschnittlich 1 bis 10 Prozent liegt. Wenn Sie 1.000 Briefe versenden, bekommen Sie also durchschnittlich nur 10 bis 100 Reaktionen. Eine Kaufentscheidung kann daher eine Zeit auf sich warten lassen. Erwarten Sie keine Wunder – die gibt es nicht. Aber denken Sie

auch nicht, dass, nur weil Sie keine Werbebriefe lesen, es auch kein anderer macht.
Kurz gesagt: Haben Sie keine Scheu vor Werbebriefen. Direct-Mailings sind sehr erfolgreich und werden noch weiter an Bedeutung gewinnen, weil die gewünschte Zielgruppe effizienter erreicht wird als mit jeder anderen Form von Werbung. Das Direct-Mailing kann Ihr bester (und billigster) Verkäufer werden, weil er für Kleinbetriebe eine Low-Budget-Waffe ersten Ranges ist.

Low Budget

Die Bewerbung von bereits bestehenden Kunden ist um ein Vielfaches erfolgreicher als das Anschreiben „unbekannter" Kunden. Der Kunde kennt Sie und Ihre Geschäftspolitik. Er hat keine Schwellenangst – ein neuerlicher Kauf ist daher kein großes Risiko. Ihre erste Aussendung sollte daher an die eigenen Kunden gesandt werden. Aktivieren und motivieren Sie Ihre Kunden. Machen Sie in Ihrem Brief ein attraktives Angebot und die Kunden werden reagieren. Auf der folgenden Seite habe ich einen sehr einfachen Werbebrief eines Optikers abgedruckt. Einer meiner Seminarteilnehmer hat sich gleich am Tag nach dem Seminar an die Arbeit gemacht und einen Werbebrief für eine Kontaktlinsenflüssigkeit zusammengestellt. Der Erfolg dieses Briefes (dem ein kleines Probefläschchen der Flüssigkeit beigelegt war) war beeindruckend: Sensationelle 15 Prozent der Angeschriebenen haben gekauft!

Erfolgreicher „Do-it-yourself-Brief": Manchmal habe ich Musterschüler als Seminarteilnehmer. Bereits zwei Wochen nach dem Seminar konnte dieser Optiker 15 Prozent Rücklauf auf sein Mailing verzeichnen. Toller Erfolg mit einem „einfachen" Brief.

**KONTAKTLINSEN NEWS**

«Vorname» «Nachname»
«Adresse»
«Postleitzahl» «Ort»

APPL
OPTIK
HÖRGERÄTE
KONTAKTLINSEN
APPL.Einfach besser!
Bad Hall, Hauptplatz 20, Tel. 07258/2508-0
Kremsmünster, Marktplatz 29, Tel. 07583/7001

**KEINE ROTEN AUGEN MEHR!**

Zu dieser Jahreszeit –leider- wieder häufiger zu sehen – gerötete Augen bei Kontaktlinsenträgern. Woher kommt das, und was kann man (frau) dagegen unternehmen?

Gerötete Augen sind meist eine Folge von zu wenig Tränenflüssigkeit, wodurch die Kontaktlinse zu kratzen beginnt und die Augen gereizt werden.

Gerötete Augen sind ein Alarmzeichen und dürfen nicht ignoriert werden. Die einfachste und schnellste Hilfe bieten Nachbenetzungs-Tropfen.
Sobald Sie merken, daß Ihre Kontaktlinsen zu kratzen anfangen, sollten Sie diese Tropfen anwenden.

> Hier Ihr Probefläschchen
> **Nachbenetzungs-Tropfen**
> **Anwendung: je 1Tropfen während des Tragens auf die Kontaktlinsen geben.**

**NEU**

Oder Sie verwenden die **NEUE KONTAKTLINSE** aus der Schweiz.

Mit dieser weichen Kontaktlinse erleben Sie ein völlig neues Tragegefühl.
Durch ein neues Kontaktlinsen-Material, welches viel mehr Tränenflüssigkeit bindet, werden „gerötete Augen" zur Seltenheit.
Auch das Sehen wir verbessert, durch das neue asphärische Linsendesign.
Erhältlich ist dieses „Wunder" als herkömmliche Jahres-Kontaktlinse, sowie als **MONATS-Tauschlinse.**
Interessiert? – dann kommen Sie in unser Geschäft und erleben Sie diese neue Kontaktlinse.

Mit freundlichen Grüßen

Appl Hubert
Optikermeister, Konaktlinsenoptiker

PS: Testen Sie die neuen Kontaktlinsen in unserem Geschäft vom 21. Feb. bis 04. März.
Probelinsen liegen für Sie bereit, selbstverständlich **GRATIS** und **UNVERBINDLICH.**

Ich selbst konnte den Response meiner Direct-Mailings von ca. 5 auf bis zu 20 Prozent steigern – nur weil ich die Mailings von Aussendung zu Aussendung immer wieder verbessert habe.
Totalflops, vor allem bei einer geringen Zahl von Aussendungen, dürfen Sie aber nicht abschrecken. Die kommen auch bei mir immer wieder mal vor.
Gerade beim Direct-Mailing gilt es jedoch (mehr als bei allen anderen Werbemitteln), einige grundsätzliche Regeln zu beachten, wenn man unter den erfolgreichen Werbern sein möchte.

# Die wichtigsten Punkte der Low-Budget-Direct-Mailing-Werbung (Teil 1)

## Die Konzeption eines Werbebriefs

Worauf Sie beim Erstellen eines Direct-Mailings achten sollten.

## Die persönliche Ansprache des Empfängers

- ❑ Je persönlicher und genauer Sie Ihren Brief auf die Zielgruppe abstimmen und auf den Punkt kommen, desto besser und erfolgreicher wird Ihre Aktion sein.
- ❑ Sie schreiben an keine Firma, an keine anonyme Adresse, sondern an einen Menschen mit Bedürfnissen. Fragen Sie sich: Was könnte z.B. eine Familie für Probleme haben, die Sie als Tischler oder Schuster zu lösen imstande sind?
- ❑ Die homogene Auswahl der Adressen ist sehr wichtig, z.B. nur Gastwirte, nur Computerfachleute, nur Männer usw. Dadurch können Sie die Bedürfnisse dieser Personengruppe im Brief viel genauer berücksichtigen.
- ❑ Vermeiden Sie allgemeine Floskeln. Werben Sie schon im ersten Brief effizient und berichten Sie über Ihre Angebote – möglichst persönlich und möglichst konkret und möglichst mit einem Vorteil

für den Kunden. Also nicht einfach nur „Ich freue mich, die Eröffnung meines Frisiersalons bekannt geben zu dürfen", sondern bieten Sie Ihren zukünftigen Kunden einen echten Grund an, zu Ihrer Eröffnung zu kommen: Attraktionen/Gewinnspiele/ Eröffnungsangebote.

- Stammkunden (aus Ihrer Kartei) lesen und beantworten Ihren Brief bis zu zehn Mal häufiger als unbekannte Empfänger.

## Die drei Teile, die unbedingt in einer Werbeaussendung enthalten sein müssen

- Als Erstes natürlich – der Brief! Wichtig: Ein Brief muss wie ein Brief aussehen, also keine Experimente mit ungewöhnlichen Schriften etc. Auch kein Blocksatz, Flattersatz oder sonstige „kreativen" Einfälle. Aber durchaus mit Fotos oder Grafiken.
- Eine Antwortkarte. Ein Mailing ohne Antwortkarte ist nur die Hälfte wert. Der Leser muss zu einer Reaktion veranlasst werden. Nicht jeder ruft gleich bei Ihnen an. Die Hemmschwelle, eine Karte abzusenden, ist bedeutend geringer, als ein Telefonat zu führen. Als Alternative zur Antwortkarte bietet sich ein Faxantwortblatt an, allerdings nur in Mailings an Unternehmer, Geschäftsleute oder Personenkreise, bei denen das Fax zur Standardausstattung gehört. Wenn Sie Internet-Anschluss haben, dann ist natürlich auch die Antwort per E-Mail ideal.
- Ein Kuvert mit persönlicher Anschrift: Achten Sie darauf, den Namen richtig zu schreiben!
  - Wenn Sie an Firmen schreiben, geben Sie immer die Abteilung an („z. H. Geschäftsleitung", „z. H. Rechtsabteilung").
  - Wenn Sie Ihren Brief als Massensendung versenden, dann **muss** der Zusatz „Entgelt bezahlt" auf dem Kuvert erscheinen.
  - Eine Massensendung beginnt meist bei einer Stückzahl von ca. 300 Briefen. Genaueres erfahren Sie auf Ihrem Postamt.
  - Bei kleineren Briefstückzahlen macht sich eine Briefmarke anstelle von „Entgelt bezahlt" besser. Die Arbeit des Frankierens zahlt sich fast immer aus, da das Aufkleben einer Briefmarke

untypisch für ein Mailing ist und daher nicht mit einem Werbebrief, sondern mit einem „wichtigen" Brief gleichgesetzt wird. Die Kosten für Porto sind jedoch mindestens doppelt so hoch wie bei einer Massensendung.

Low Budget

Wenn schon Briefmarken, dann besser eine oder auch gleich mehrere schöne, bunte Sonderpostmarken anstatt einer normalen Briefmarke. Die Auffälligkeit steigt noch einmal im Vergleich zu einer herkömmlichen „einfachen" Briefmarke. Die Kosten bleiben aber gleich.
Beginnen Sie bereits auf dem Kuvert mit Ihren Werbeaussagen. Slogan, Logo oder auch Ihre Hauptaussage oder der Hauptvorteil Ihres Schreibens wecken die Aufmerksamkeit.

## Die Teile, die in einer Werbeaussendung enthalten sein können

- Ein Prospekt oder eine zusätzliche Information. Hier gilt es zu überlegen: Der Kunde soll sich bei Ihnen melden und Infos anfordern. Wenn Sie ihm aber den Prospekt gleich schicken – was soll er dann noch bei Ihnen anfordern? Also: Wenn Sie nur einen Prospekt haben, in dem Ihr Unternehmen vorgestellt wird, dann senden Sie ihn nicht gleich mit! Haben Sie mehrere Prospekte, die Ihre Zielgruppe über verschiedene Spezialgebiete informieren, dann kann auch beim ersten Mailing ein Probeprospekt mitgesandt werden. Denn dann ist sichergestellt, dass ein Interessent auch weitere Infos abrufen kann und damit zu einem „nächsten Schritt" animiert wird. Er soll schließlich reagieren!
- Ein 3-D-Eyecatcher! Das Probefläschchen Kontaktlinsenflüssigkeit unseres Optikers ist das beste Beispiel für solch einen Eyecatcher. Das muss nicht, kann aber sein. Eine dem Brief beigelegte und zur Dienstleistung passende Kleinigkeit (**auf keinen Fall** wertvolle Beigaben!) soll Aufmerksamkeit erregen und zum Weiterlesen animieren (z.B. die Beilage eines Teebeutels mit Beruhigungstee,

wenn Ihre Dienstleistung dem Kunden Arbeit und Stress abnimmt). Die Beilage soll nicht Selbstzweck sein, sondern in Bezug zu Ihrem Produkt, Ihrer Dienstleistung oder auch der Jahreszeit stehen. Wie wäre es zur Karnevalszeit mit etwas buntem Konfetti in jedem Brief – damit zaubern Sie ein Lächeln auf das Gesicht Ihrer potenziellen Kunden.

## Ein klarer Vorteil muss auf den ersten Blick ersichtlich sein!

- ❑ Bieten Sie nie mehr als einen Hauptvorteil/ein Produkt/eine Lösung pro Brief an. Der Leser ist sonst überfordert. Stellen Sie aber auf alle Fälle diesen einen Vorteil konsequent und groß heraus.
- ❑ Kein Mensch wartet auf Ihren Werbebrief. Machen Sie sich nichts vor – Werbebriefe sind der unwichtigste Lesestoff für Ihre Zielgruppe. Darum muss alles unternommen werden, um den potenziellen Kunden überhaupt zum Lesen Ihres Briefes zu bewegen und ihn dann möglichst lange bei der Stange zu halten. Das gelingt nur, indem er innerhalb der wenigen Sekunden, in denen er den Brief zum ersten Mal überfliegt, bereits einen – seinen – Vorteil entdeckt.
- ❑ Normalerweise beträgt die Antwortquote bei Mailings ca. 1 bis 3 Prozent. Bei Briefen an bestehende Kunden liegt sie aber um ein Vielfaches höher. Also nutzen Sie Ihre Adresskartei! Sie wissen doch am besten, was Ihre Kunden gern haben und welcher Vorteil am meisten zieht?!

## Keine zu großen Schritte vom Leser erwarten

Peilen Sie nicht sofort einen Kauf oder Vertragsabschluss an. Das funktioniert nur bei günstigen Produkten. Gerade bei Investitionsgütern oder Luxusgütern ist eine Rückantwort mit der Bitte um Zusendung von Prospektmaterial oder Besuch eines Beraters bereits als Erfolg zu werten. Kein Mensch würde z.B. nur auf Grund eines Briefes eine Luxuslimousine kaufen. Lassen Sie dem Leser aber die

Wahlmöglichkeit. Schreiben Sie daher im Werbebrief nicht nur: „Rufen Sie an und vereinbaren Sie ein unverbindliches Beratungsgespräch", sondern schreiben Sie auch: „Senden Sie mir gratis und unverbindlich weiteres Prospektmaterial."
Sagen Sie Ihrem Leser, was Sie als nächsten Schritt von ihm erwarten – **klar und deutlich**!

- ❑ Schicken Sie uns die beiliegende Antwortkarte!
- ❑ Rufen Sie an!
- ❑ Senden Sie uns gleich heute den ausgefüllten Bestellschein und Sie gewinnen …
- ❑ etc.

> Keine falsche Schüchternheit – der Leser muss wissen, was von ihm erwartet wird.

## Ein guter Werbebrief ist wie ein gutes Verkaufsgespräch

- ❑ Beginnen Sie Ihren Brief immer mit dem Wesentlichen. Stellen Sie ein überzeugendes Argument oder eine Problemlösung an den Anfang.
- ❑ Vergeuden Sie keine Zeit – kommen Sie auf den Punkt. Und versuchen Sie nicht, Ihren Werbebrief als Privatbrief zu tarnen. Das wird Ihnen kein Leser durchgehen lassen.
- ❑ Wiederholen Sie Ihre besten Argumente mehrmals und heben Sie die wichtigsten Passagen hervor.
- ❑ Sie wissen, dass Ihr Kunde ein Problem hat – beschreiben Sie es in der Headline und in den ersten Briefzeilen und bieten Sie die Lösung im restlichen Brief an.
  - Z.B.: **Sie haben Übergewicht?** – Mit unserem Diätplan verlieren Sie 10 kg in einer Woche.
  - Z.B.: **Sie haben rote Augen?** – Nie wieder rote Augen mit unserer Kontaktlinsenflüssigkeit!

❑ Innerhalb von 20 Sekunden entscheidet sich, ob ein Brief gelesen wird oder in den Papierkorb wandert. Innerhalb dieser kurzen Zeit muss der Leser einen Vorteil entdecken. Dann erst wird weitergelesen. „Wollen Sie einen Monat **gratis** Zeitung lesen?“ ist so ein klarer Vorteil – „Wollen Sie weniger Steuern zahlen?“ ein anderer.

## Das große JA! auf der Antwortkarte ist das Ziel

❑ Am Ende eines jeden Verkaufsgesprächs soll der Kunde „Ja“ zu Ihnen und Ihrem Produkt sagen: „Ja, Sie haben mich überzeugt – ich kaufe!“ Viele kleine Zustimmungen während des Verkaufsgesprächs ergeben am Ende ein großes „Ja“. Genau das Gleiche passiert bei einem Werbebrief. Alle Argumente, die der Kunde während des Lesens bejaht, führen näher zum Ziel – das große „Ja“ am Ende des Briefes – „Ja, Sie haben mich überzeugt!“. Darum ist es wichtig, schon in der Überschrift Interesse zu wecken bzw. hier schon das erste „Ja“ des Lesers zu holen. Die Summe aller „Jas“ ergibt eine zurückgesandte Antwortkarte, eine **Reaktion**. Kompliziert? Nun gut, nehmen wir das Beispiel eines Softwareherstellers, der eine Software zur Arbeitserleichterung speziell für Rechtsanwälte entwickelt hat. Da er seine Zielgruppe kennt, weiß er, dass sie meist unter enormem Zeitdruck steht. Er könnte also schreiben: „Stress, Herr Rechtsanwalt?“ Da kann der gestresste Anwalt gar nicht anders, als innerlich Ja zu sagen. Und so muss nun der Leser jeden Satz mit „Ja“ beantworten, damit am Ende des Briefes die Reaktion – das große „Ja“ – folgen kann. Und dieses große „Ja“ wäre im Falle des Anwalts die Terminvereinbarung mit dem Softwareentwickler oder zumindest: „Ja, informieren Sie mich gratis und unverbindlich über Ihr Produkt!“

❑ Der Text eines Werbebriefs muss daher alle stummen Fragen des Lesers mit „Ja“ beantworten. (Z.B. „Sie waren schon lange nicht mehr in meinem Frisiersalon“ – „Ja“; „Haben Sie sich schon mit dem Einstieg ins Internet beschäftigt?“ – „Ja“; „Wollen Sie in diesem Jahr noch Steuern sparen?“ – „Ja!“)

- Jedes gefundene „Ja“ wirkt als Verstärker der Reaktionsbereitschaft, jedes gefundene „Nein“ wirkt als Dämpfer. Wenn am Ende eines Briefes die „Jas“ überwiegen, erfolgt die **Reaktion**. Die Antwortkarte wird abgeschickt, der Bestellschein ausgefüllt oder ein Beratungstermin vereinbart.

## Der Werbebrief muss dem angeborenen Blickverlauf folgen

- Zuerst wird der eigene Name auf dem Kuvert oder dem Brief gesucht. (Bin ich mit diesem Brief gemeint?)
- Danach werden Bilder und Zeichnungen betrachtet. Bilder erhöhen die Aufmerksamkeit. Verwenden Sie jedoch nur Bilder, die gleichzeitig einen Vorteil transportieren und auch sofort verstanden werden. Wichtig: Bildunterschriften nicht vergessen!
- Anschließend sucht unser Auge nach bildähnlichen Elementen (Unterschrift, Logo, Headlines etc.).
- Die wichtigsten unterstrichenen Passagen werden zuerst gelesen!
- Unterschreiben Sie Ihren Werbebrief (wenn von der Auflage her möglich) persönlich und mit blauer Tinte oder blauem Kugelschreiber. Wenn die Auflage zu hoch ist, sollte der Eindruck der Unterschrift in Blau erfolgen.
- Der Name unter der Unterschrift sollte auch gleich mit der nötigen Durchwahlnummer versehen sein. Der angegebene Mitarbeiter sollte kompetent sein, Anfragen zu beantworten. Nichts ist frustrierender für einen Interessenten, der auf einen Werbebrief reagiert, als sich durch eine Firma durchfragen zu müssen und von niemandem Auskunft zu bekommen, nur weil niemand über die Mailing-Aktion informiert wurde.

## Immer ein Postskriptum (PS)

In jedem Werbebrief sollte ein PS vorhanden sein. Hier müssen noch einmal die wichtigsten Vorteile, die im Brief genannt wurden, erscheinen. Das PS ist nachweislich eine der ersten Textpassagen, die gelesen wird.

## Die Antwortkarte immer beilegen

- ❑ Der Kunde muss reagieren!
- ❑ Anstelle von Antwortkarte kann auch ein Faxantwortblatt beigelegt werden.
- ❑ Unternehmen Sie alles, um das Antworten so einfach wie möglich zu gestalten. Daher: „Wenn keine Briefmarke zur Hand: Postgebühr zahlt Empfänger."
- ❑ Schreiben Sie auf Ihre Antwortkarte groß und deutlich: **Antwortkarte** oder **Bestellkarte**.
- ❑ Eine Idee: Gestalten Sie Ihren Brief überhaupt als Fragebogen. Was wollen Ihre Gäste/Kunden von Ihnen – was können Sie für Ihre Gäste/Kunden besser machen? Der Rücklauf solcher Fragebögen ist erstaunlich hoch und übertrifft sogar manchen normalen Werbebrief. Der Vorteil liegt auf der Hand: Einerseits betreiben Sie damit Marktforschung in eigener Sache, andererseits zeugen die Antworten von Interesse. Ein Versuch lohnt sich. Vor allem mit Ihrem vorhandenen Adressenmaterial.

## Ihr größtes Kapital – Ihre Adressenkartei

- ❑ Die besten Adressen sind eigene Kundenadressen. Sollten Sie Adressen, etwa von einem Adressenverlag, zukaufen, dann versuchen Sie alles, um aus dieser großen und anonymen Masse die wenigen wirklichen Interessenten bzw. Kunden herauszufiltern. Am besten gelingt dies durch wirklich tolle Angebote oder auch kleine Gewinnspiele. Diese Adressen (auch wenn es noch nicht alles Kunden sind) sind dann Ihr Kapital.
- ❑ Stammkunden und Interessenten rechnen mit Post von Ihnen! Also keine Scheu vor neuen Zusendungen. Ein „Zu oft" gibt es da kaum. Denken Sie nur an die vielen Zusendungen, die Sie von den Versandhäusern erhalten. Versehen Sie die Werbebriefe immer mit aktuellen Angeboten oder Aktionen (und vergessen Sie die Antwortkarte nicht!).

- In Ihrer Kartei sollten möglichst alle potenziellen Kunden enthalten sein. Ein einfaches Beispiel: Sie haben ein Spezialgeschäft für Vegetarier. Dann sollten in Ihrer Adresskartei idealerweise möglichst alle Vegetarier und Veganer Ihrer Umgebung vertreten sein.
- Sie haben kein Geld für einen eigenen Vertreter? Kein Problem: Untersuchungen haben ergeben, dass bereits 10 Mailings einem persönlichen Gespräch mit einem Vertreter gleichzusetzen sind. Der Unterschied? Ein Vertreterbesuch kostet Sie ca. 100 bis 250 Euro – ein Werbebrief aber nur ca. 1 bis 3 Euro.

Der ideale Blickverlauf in Werbebriefen

a) Es muss versucht werden, durch richtige Gestaltung des Briefes den Blickverlauf positiv zu beeinflussen. Der Leser soll den Brief idealerweise mehrmals mit den Augen „überfliegen". Damit wird die Chance größer, dass er einen Vorteil sieht.
b) Unleserliche Unterschrift, das Fehlen von Absätzen, Unterstreichungen und fehlendes PS sowie die Textgestaltung in Blocksatz führen zum Ausstieg aus dem Brief

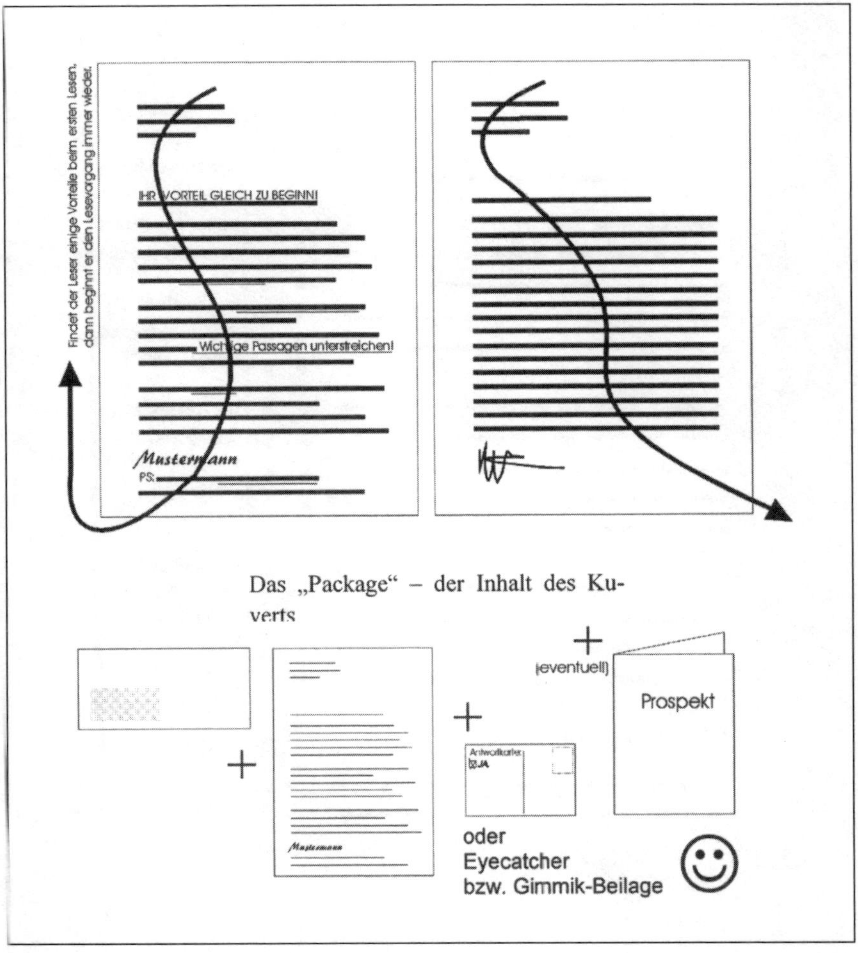

Der Aufbau eines Werbebriefs: Ein Brief muss die folgenden Teile beinhalten (zusätzliche sind möglich). Wird ein Teil weggelassen, ist der Brief möglicherweise weniger effizient.

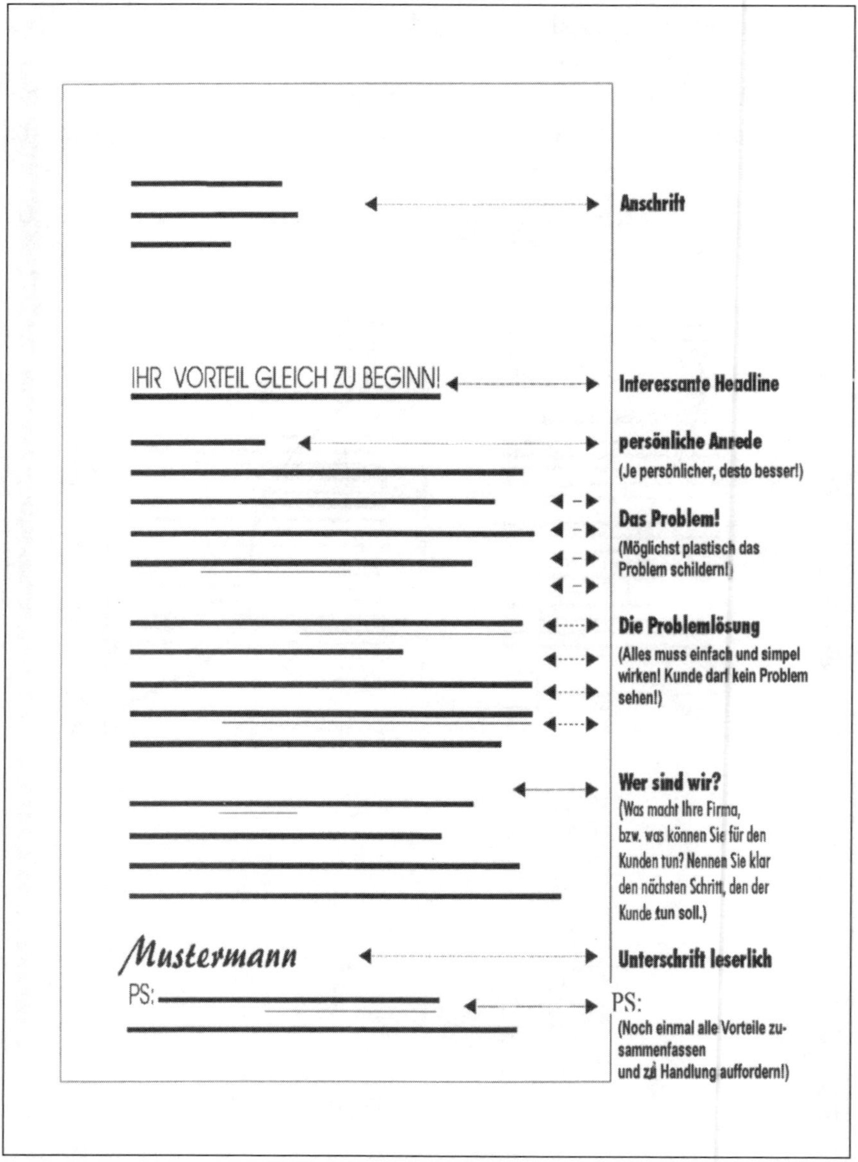

Auch auf dem Kuvert kann schon Interesse geweckt werden: Wenn Sie schon „Entgelt bezahlt“ oder „Postgebühr bar bezahlt“ aufdrucken müssen, warum dann nicht gleich einige zusätzliche Worte, die schon beim geschlossenen Kuvert Interesse erwecken und zum Öffnen animieren?

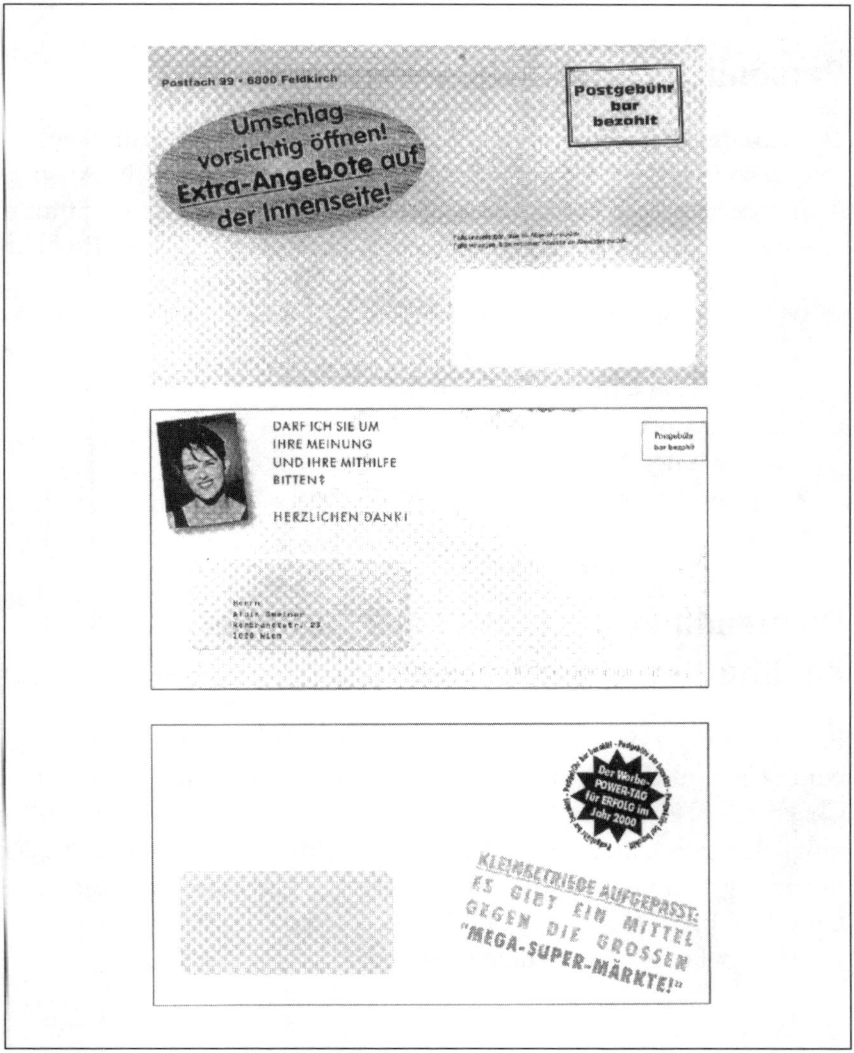

# Die wichtigsten Punkte der Low-Budget-Direct-Mailing-Werbung (Teil 2)

## Das Texten eines Werbebriefs

## Persönliche Ansprache

- „Sehr geehrter Herr Doktor Maier", „Lieber Metzger Brunnberger" – so sollten Ihre Werbebriefe beginnen. Je persönlicher die Ansprache, desto größer der Erfolg. Durch die moderne Textverarbeitungssoftware sind personalisierte Briefe kaum mehr ein großes Problem – speziell bei kleinen Auflagen.
- Wollen Sie aber höhere Auflagen bzw. werden Ihre Briefe gedruckt oder kopiert, dann sollte die Ansprache Ihrer Zielgruppe dennoch möglichst persönlich sein. Zum Beispiel:
  - Sehr geehrter Unternehmer
  - Liebe junge Mutter
  - Lieber in letzter Zeit arg gestresster Tischlermeister
  - etc.

## Die Headline soll bereits das „Ja" oder einen knallharten Vorteil bringen

Formulierungen in Überschriften sollen griffig, eingängig und prägnant sein und dürfen durchaus auch einen Schuss Ironie enthalten. Geben Sie aber in der Headline nicht alles preis – der Leser soll ja möglichst den ganzen Brief lesen und nicht bereits am Beginn aller Spannung beraubt werden. Also besser: „Ich bringe Ihnen Image – Umsatz – bares Geld!" als bereits zu Beginn: „Gratis-Werbekonzept vom Werbefachmann". Einige Beispiele:

- „Wäre ein Urlaub ohne Probleme nicht toll?" (Reisebüro)
- „Abschreiben war nur in der Schule verboten!" (Steuerberater)

- „Keine roten Augen mehr." (Optiker)
- „Das erste Beratungsgespräch ist **gratis**, aber nicht umsonst." (Handwerker, Know-how-Branchen)
- „Wofür anderswo viel bezahlt wird, ist bei uns noch **gratis**!" (Gratis-Anfahrtszeit bei Handwerkern)

## Kurz oder lang?

- Egal, ob Headline oder Brieftext – soll der Text lang oder kurz sein? Die Meinungen gehen hier auseinander. Die Auftraggeber von Werbebriefen wollen immer nur eines: „Auf keinen Fall länger als eine halbe Seite Text – das liest doch sonst kein Mensch." Die Fachleute sagen zu diesem Thema Folgendes: „Egal, ob kurz oder lang – wenn der Brief gut geschrieben ist und alle Vorteile klar erkennbar sind, ist es ein guter Brief." Wenn Sie also etwas Interessantes über Ihre Dienstleistung oder Ihr Produkt zu sagen haben, dann schreiben Sie ruhig drei Seiten. Wollen Sie bestehende Kunden aber nur auf eine Ausverkaufswoche hinweisen, genügen sicherlich wenige Zeilen. Erfolgreiche Beispiele (Briefe von einer bis zu 20 Seiten) gibt es für beide Varianten jeweils zur Genüge.
- Zu kurze Briefe erregen eher den Eindruck einer Stichwortsammlung.
- Zu lange Briefe laufen Gefahr, langatmig und öde zu wirken und darüber hinaus zu viele Themen anzusprechen – die Verwirrung des Lesers ist damit vorprogrammiert.

## Sätze so kurz wie möglich

- Was bei der Länge des Gesamtbriefs meistens noch eine Frage des Geschmacks ist, das ist bei der Länge von einzelnen Sätzen bereits ein unumstößliches Werbegesetz:

> **!** Kurze Sätze – einfacher Satzbau – klare Aussage!

In einem Werbebrief ist kein Platz für philosophische Abhandlungen. Absätze sollten nicht länger als sieben Zeilen sein.

## Die KISS-Methode

- ❏ „Keep it simple and stupid." Schreiben Sie nur nicht zu kompliziert. Sie schreiben schließlich kein medizinisches Fachbuch. Jedes Fremdwort wirkt wie ein Dämpfer und hindert am eigentlich Wichtigen – am Entdecken der Vorteile.
- ❏ Verkaufen Sie aber dennoch Ihre Zielgruppe nicht für dumm. Lassen Sie Ihre Überlegenheit nicht heraushängen. Der Brieftext ist ein Dialog mit einem gleichberechtigten Partner.

## Die I.I.A.-Methode®

Eine Entwicklung des Werbetherapeuten, weil mir die KISS-Methode immer ein wenig suspekt war. Es stimmt schon, dass man einfach schreiben soll – aber wahrscheinlich haben viele Werber das englische Wort „stupid" (= dumm) zu wörtlich genommen, sonst gäbe es ja nicht so viele schlechte und nichtssagende Werbetexte.

**Interessieren =** Durch interessante Headline, provokante Fragestellung zu Beginn des Textes oder auch aussagekräftige ungewöhnliche Fotos, die zum Thema passen (z.B.: Vorher-Nachher-Fotos, etc.)

**Informieren =** Legen Sie Ihre besten Argumente dar und erklären Sie Ihre Vorteile. Oder denken Sie an den Paprikatext und beschreiben Sie die Herstellung Ihres Produkts. Eine ganze Sendereihe auf Pro 7 beschäftigt sich seit einigen Jahren sehr erfolgreich mit der Präsentation von Produktabläufen bei Alltagsgegenständen oder Lebensmitteln. Galileo ist die erfolgreiche tägliche Sendung von Pro 7. Man sieht – die Menschen interessieren sich für die Geheimnisse hinter den Produktionstoren oder Werkstätten. Schauen Sie sich die Sendung an und Sie bekommen ein Gefühl dafür, wie trockene Produktinfos interessant und „gschmackig" aufbereitet werden können.

**Aktivieren =** Wo der Redakteur einer TV-Sendung endet – beginnt die Werbung. Sagen Sie dem Leser (oder Zuschauer), was von ihm erwartet wird. Tun Sie dies in eindeutiger Sprache: „Rufen Sie uns an – jetzt gleich!" oder „Senden Sie uns die beiligende Antwortkarte!" oder „Kommen Sie vom 12. bis 31. Mai in unser Geschäft!".

## Logischer Aufbau des Briefes

- Einleitung – Problembewusstsein wecken. Sie müssen Ihre Leser auf Ihr Thema einstimmen, sie sensibilisieren. Erzählen Sie eine kurze Geschichte aus Ihrem täglichen Geschäftsalltag. „Letzte Woche kam eine Kundin in mein Geschäft. Sie hatte ein großes Problem …" Sofort ist man mitten in der Geschichte, mit Ihrem Produkt als Hauptdarsteller. Oder beginnen Sie mit einer Frage: „Wussten Sie, dass …", „Was wäre, wenn …?", „Würden Sie gerne ...?", „Haben Sie schon einmal …?".
- Nach dem Aufzeigen des Problems die Problemlösung anbieten! Hier bieten Sie sich und Ihre Dienstleistung als ideale Problemlöser an. Vermeiden Sie Superlative, vermeiden Sie Übertreibungen, vermeiden Sie Eigenlob. Das wird nicht goutiert. Im Gegenteil – Sie werden unglaubwürdig!
- Nach der Headline könnte der Brief auch folgendermaßen beginnen: „Es ist doch so …", „Kaum jemand weiß es …", „Das sollten Sie lesen …".
- Lassen Sie bei mehr als einer Seite Brieftext jede Seite mitten im Satz enden. Das erhöht die Wahrscheinlichkeit, dass der Leser auch die zweite Seite zu lesen beginnt. Ein Punkt am Ende einer Seite stoppt den Lesefluss.
- Geben Sie einen deutlicher Hinweis auf die erwartete Reaktion. Der Leser soll reagieren – er muss wissen, was er als nächsten Schritt zu tun hat. Sagen Sie also, was Sie von ihm erwarten, und scheuen Sie

sich nicht vor drastischen Formulierungen: „Rufen Sie an – jetzt!“, „Schicken Sie noch heute die Antwortkarte zurück!“. Zeitbeschränkungen sind oft ein Anreiz für eine sofortige Reaktion. Der Leser hat Angst, etwas zu verpassen: „Nur bis zum 31. 12.“, „Info-Aktion bis 31. 12.“.

## Die Direct-Mailing-Zauberworte

- Die wichtigsten Worte sind „**gratis**“ und „**unverbindlich**“! Jeder Leser hat Angst davor, sofort einen endgültigen Schritt zu tätigen bzw. sofort etwas Verbindliches zu tun. Daher: „Informieren Sie sich **gratis und unverbindlich**!“
- Weitere Zauberworte, die noch nie ihre Wirkung verfehlt haben: NEU – SIE SPAREN – GELD – ENTDECKEN SIE – NEUEINFÜHRUNG – LEICHT – GARANTIERT – VORTEIL – GESUND – RECHT – SICHERHEIT – GEWINN – ZUVERLÄSSIG (Übrigens: Diese Worte funktionieren auch in der klassischen Werbung!)
- Natürlich gibt es auch **Horrorworte** in der Werbung. Vermeiden Sie also: KAUFEN – KOMPLIZIERT – SCHWIERIG – KOSTEN – SCHLECHT – FEHLER – HAFTUNG – NACHZAHLEN – KRANK und ähnliche Ausdrücke, mit denen man Probleme assoziiert.

## Die Antwortkarte

In der Antwortkarte werden die Hauptvorteile noch einmal kurz formuliert.

- „Ja, Ihre praktische Reinigungsidee mit der Zehn-Jahres-Garantie gefällt mir, bitte informieren Sie mich **gratis und unverbindlich**.“
- Vermeiden Sie alles, was dem Leser das Absenden der Antwortkarte erschwert. Also keine versteckten letzten Haken einbauen. Sätze wie „… mit Ihrer Unterschrift verpflichten Sie sich …“ sind Killerphrasen, die einen Interessenten wieder abspringen lassen.

- ❑ Auch missverständliche Formulierungen wirken als dramatischer Dämpfer. Der Leser ist verwirrt und lässt auf Grund der Zweideutigkeiten im Text lieber gleich die Finger davon.
- ❑ Dem Kunden muss gesagt werden, was er als nächsten Schritt zu tun hat. Keine Angst vor drastischen Formulierungen: „Rufen Sie an – gleich jetzt!", „Kommen Sie vorbei – gleich morgen!", „Informieren Sie sich – jetzt ist noch Zeit."
- ❑ Wahlmöglichkeit für verschiedene Reaktionsstufen bieten:
  - Ja, … bitte um Terminvereinbarung.
  - Ja, … senden Sie mir mehr Infomaterial.
  - Nein, … aber melden Sie sich in ... Monaten wieder.

    Kaum zu glauben, aber auch ein Nein wird auf der Antwortkarte angekreuzt und zurückgesandt.
- ❑ Sie sollten die Antwortkarte immer bereits mit dem fixen freien Feld für die Adresse Ihres Kunden, Ihrer eigenen kompletten Adresse und dem vorgegebenen Feld für das Aufkleben der Briefmarke vordrucken.
- ❑ Die Antwortkarte sollte bestimmte von der Post vorgegebene Formate nicht überschreiten, sonst erhöht sich das Porto. Wenn möglich, lassen Sie die Postkarte auf stärkerem Papier oder auf Karton drucken (der Postkartencharakter erhöht sich dadurch).

Briefeinstiege: Der Beginn eines Briefes ist am schwierigsten. Sie muüssen den Leser interessieren, Sie müssen möglichst sofort auf das Thema oder Problem kommen und sich nicht sofort eine Abfuhr einfangen. Hier einige Beispiele:

**WOLLEN SIE IHRE EINKÄUFE WIRKLICH NOCH ALLEINE SCHLEPPEN?!**

Lieber Flaschen-Kisten-Kartoffel-Schlepper!

Die "Samstagvormittageinkäufe" sind ja nun wirklich nicht das Erholsamste was man sich an einem Wochenendbeginn vorstellen kann. Parkplatzsuche, Schlange stehen, Bier- oder Mineralwasserkisten schleppen und und und.....

Und dennoch - Einkauf muß sein.
Stimmt schon, aber es geht auch ohne Streß - ANRUF GENÜGT!

**TANTE EMMA's - BRINGSERVICE**

---

**GRATIS!**

Sie denken doch jetzt sicherlich - GRATIS das gibts doch heute gar nicht mehr!

BEI UNS SCHON!

Denn als Stammkunde unserer Firma gibt's nicht nur ein mal, sonder exakt 5 x etwas GRATIS! Und zwar unsere

***5-PUNKTE JAHRESWAGENÜBERPRÜFUNG***
***(von 09. bis 31. Jänner 2001)***

Wir überprüfen Ihren Wagen 1.) .........
2.) .........

---

**HOLEN SIE SICH IHR GOLD "GRATIS"!**

Sie lesen richtig!

Bei uns gibts GOLD!

Warum?
Ganz einfach. Genau vor einem Jahr, haben Sie bei unseine COMPUTER gekauft. Und da dieser Computer in der nächsten Zeit einmal überprüft werden sollte, damit er auch die nächsten Jahre klaglos funktioniert, senden wir ihnen heute diese kleine Erinnerung.

Und wo bleibt das GOLD???
Das kommt jetzt! Denn als Stammkunde haben Sie Anrecht auf unsere

KUNDENVORTEILSKARTE
in GOLD
mit den vielen Vorteilen!

Werbebrief-Beispiel: Überraschen Sie den Leser mit ungewöhnlichen Neuigkeiten – z.B. dieser Zahl!

An
Franz Unscharf

Brillengasse 6
1010 Wien

**EINE GIGANTISCHE ZAHL:**

# 213.462.549.041.400

Kein Lebewesen ist wie das andere. Kein Mensch gleicht einem zweiten. Nicht einmal ein Ei ist bei genauer Betrachtung auch nur annähernd mit einem zweiten zu verwechseln.

Als Optikermeister frage ich mich nun eines bereits seit längerem:
Warum sollte also ausgerechnet das menschliche Auge in nur wenige Kategorien eingeteilt werden können?? Denn genau das versucht uns doch die Werbung der riiiiiesigen Optik-Supermärkte einzureden. Alle Augen sind gleich. Der einzige Unterschied - WEITSICHTIGKEIT oder KURZSICHTIGKEIT.

**ABER GENAU DAS IST FALSCH!**
Richtig ist vielmehr, daß das menschliche Auge ein hochsensibles und empfindliches Gebilde ist. Und wieviele verschiedene Brillengläser glauben Sie gibt es nun?

*Die Wirklichkeit sieht theoretisch folgendermaßen aus:*
*Es gibt an möglichen Wirkungskombinationen eines Brillenglases (z.B.: Dioptrienstärke, Sphären, Zylinder, Prismen, Additionen etc.) = 29.270.104.960 multipliziert mit den möglichen Ausführungsvarianten (z.B.: Glastypen, Glasmaterialien, Farben, Vergütungen, etc.) = 21.300*

*DAHER: SUMME DER VERSCHIEDENEN BRILLENGLÄSER:* ***213.462.549.041.400***

Eine unglaubliche Zahl - aber sie stimmt. Und jetzt mein Angebot an Sie Hr. Unscharf: kommen Sie mit Ihrer "individuellen" Markenbrille zu mir uns sie erhalten ein
**FIRST CLASS BRILLENSERVICE in meinem Fachgeschäft.**
(selbstverständlich auch für Brillen die nicht bei uns gekauft wurden!!!!) Das **alles GRATIS** (Mit Ausnahme von Ersatzteile, die wir eventuell für Ihre Brille besorgen müßten!).Und als Danke für Ihre Mühe, haben wir für Sie die exclusive NEMETZ-VORTEILS-KARTE reserviert.
Kommen Sie mit Ihrer Brille bei uns vorbei - gleich morgen!

Mit freundlichen Grüßen:

Optikermeister Nemetz

PS.: Wir reparieren, justieren, kontrollieren Ihre Brille (auch wenn sie nicht bei uns gekauft wurde!!) GRATIS u. UNVERBINDLICH! Ebenfalls GRATIS Augensehtest mit modernsten Geräten. Kommen Sie vorbei oder rufen Sie an: Tel.: ssssssss

Werbebrief-Beispiel: Diesen Brief (mit einem beigelegten Paar Socken) wirft niemand in den Papierkorb. Überlegen Sie sich effektvolle Beilagen oder Eyecatcher für Ihren Werbebrief.

An
Max Mustermann
Musterstr. 4
8010 Graz

Zeiringer
HEIZUNG · BAD · SPENGLEREI

**FUNKTIONIERT IHRE HEIZUNG KLAGLOS?**

**Wenn nicht, dann soll Ihnen unser kleines Geschenk gute Dienste im nächsten Winter leisten!**

Wenn alte Heizkessel nicht richtig funktionieren, können Fehlfunktionen auftreten, die in einer kalten Winternacht, Wohnungswärme und damit Ihre Behaglichkeit ganz schnell auf "unter 0" sinken lassen.
Ganz abgesehen von den enormen Heizkosten und der Umweltverschmutzung, die die schlechten Brennwerte Ihnen bescheren können.

Jetzt ist die richtigeZeit für eine Heizkesselüberprüfung!

**Die günstige Lösung:**

Bis 31. März 2000 gibts bei ZEIRINGER eine

**komplette Heizkesselüberprüfung**
**GRATIS u. KOSTENLOS**

Und wenn Sie in der Aktionszeit Ihren alten Kessel gegen einen neuen eintauschen, dann gibt es zusätzlich SUPER-AKTIONS-PREISE für Ihren neuen Kessel.

Rufen Sie an und vereinbaren Sie einen Termin mit einem Techniker.

Mit besonders freundlichen Grüßen:

Heide Zeiringer

PS.: GRATIS HEIZKESSELÜBERPRÜFUNG bis 31. März 2000
+ Super-Aktions-Preise für Ihren neuen Heizkessel.
**Rufen Sie an! Tel.: 03532/2562**

# 9 Plakate

Werbung mit Plakaten hat bereits eine lange Tradition. Noch bevor es Anzeigen gab, wurden Ankündigungen und Neuigkeiten über Plakatanschlag „kundgemacht". Und wie damals funktioniert das Plakat auch heute noch und es wird auch in Zeiten des Internet weiterhin prächtig für alle möglichen Produkte, Dienstleistungen und Anliegen werben. Groß, bunt und effizient.
Wie bei allen Werbemitteln gilt es allerdings auch beim Plakat einige Grundregeln zu beherzigen, so man wirkliche Erfolge aus seinem Plakateinsatz erzielen möchte. Denn das Plakat wirkt nicht wie die Anzeige direkt vor dem Auge des Betrachters, sondern erst, wenn man einige Schritte Abstand von diesem Druckwerk nimmt. Und genau hier beginnt die Überlegung bei der Gestaltung eines wirkungsvollen Werbeplakats.
**Wie viel Information** muss **wie groß** und **wo** am Plakat **platziert** werden, damit sich Erfolg einstellt?
Ganz klar: Durch die Entfernung vom Betrachter müssen die verwendeten Schriften relativ groß sein, sonst besteht die Gefahr, dass man ab einer gewissen Entfernung das Plakat nicht mehr lesen kann. Auch ist das Plakat ein Medium, das „im Vorübergehen" konsumiert wird. Das Gesehene muss schnell rezipiert, also aufgenommen und verarbeitet werden, um schließlich auch „verstanden" zu werden. Dem Passanten stehen dafür nur wenige Sekunden zur Verfügung. Zu viel Text wäre hier kontraproduktiv. Unter diesem Gesichtspunkt sind auch heute noch viele Plakate falsch gestaltet, enthalten entweder zu viele unterschiedliche Informationen oder aber zu kleine Schriften und Abbildungen. Überhaupt muss das Motto beim Plakat lauten: Weniger ist mehr! Ein Plakat wirkt durch seine Bild- oder Grafikidee und sollte daher nicht zu viele Elemente enthalten, damit sich der volle optische Reiz des Plakats entfalten kann. Denn:
Klein- und Mittelbetriebe setzen nur vereinzelt und viel zu selten auf die Durchschlagskraft der Plakatwerbung. Dabei ist das Plakat gerade

> **!** Zu vieles zu klein präsentiert ist der Tod jedes Plakats!

kurz- und mittelfristig ein sehr günstiges Medium. Auch bei diesem Werbemittel sind es wieder die kleineren Städte oder auch Bezirke, die sich ganz besonders für diese Werbeart eignen. Oftmals sind bereits einige Dutzend Plakate völlig ausreichend und enorm werbewirksam, dabei aber weniger teuer als die üblichen Anzeigen in den Stadt- und Bezirksblättern.
Für den Low-Budget-Werber sind natürlich nicht die bekannten Großplakate interessant und erschwinglich, sondern eher die mittel- bis kleinformatigen Plakatflächen. Am meisten haben es mir persönlich Plakate in der Größe der Konzertankündigungen angetan, die in jeder Stadt zu sehen sind. Diese Größe ist völlig ausreichend, wenn man in einem kleineren Gebiet Wirkung erzielen möchte.

# Die wichtigsten Punkte der Low-Budget-Plakatgestaltung

## Seien Sie plakativ

- Dies ist eigentlich der wichtigste Punkt. Denn ein Plakat muss in wenigen Augenblicken „funktionieren". Daher sollte das Plakat nur sehr schnell erfassbare Elemente enthalten. Eine Faustregel: Die Headline sollte aus nicht mehr als sieben Wörtern bestehen und auch die Bildidee sollte leicht und schnell erfassbar sein.
- Es muss einen Blickfang geben. Egal, ob dies ein auffälliges Foto, eine ungewöhnliche Grafik oder ein attraktives Logo ist. Ihr Plakat sollte ein optisches Zentrum bekommen, das jeden sofort zum Hinschauen reizt.

## Je größer das Plakat, desto weniger Text

Großplakate sind für Unmengen Text nicht geeignet. Der Betrachter ist einfach zu weit entfernt, um einen kleinzeiligen Text zu erkennen. Beschränken Sie sich daher auf eine möglichst groß geschriebene Headline. Verwenden Sie keine dünnen, zarten Schriften, sondern bevorzugen Sie wuchtige Lettern für die Headline.

## Je kleiner das Plakat, desto mehr Text

Das gilt ganz generell für alle Werbemittel. Je kleiner das Werbemittel, desto mehr Text wird untergebracht. Die kleinsten Werbemittel sind Wortanzeigen und die enthalten nur Text. Auch bei Ein-Bogen-Plakaten (z.B. Konzertplakate) wird mehr Text verwendet. Trotzdem gilt auch hier: Weniger ist mehr. Die Hauptaussage, der Hauptvorteil, muss deutlich hervortreten. Wenn Sie eine Veranstaltung ankündigen wollen, dann versuchen Sie ein Schlagwort zu finden, das jeder mit dieser Veranstaltung oder diesem Event verbindet. Lange Sätze und Erklärungen bringen auf einem Plakat rein gar nichts. Headlines aus einem Wort sind dagegen ideal:

- ❑ Fingerhakeln
- ❑ Karaoke-Abend
- ❑ Ausverkauft
- ❑ Kirchtag
- ❑ Dichterlesung
- ❑ Pelzrecycling

## Ein Plakat ist keine Anzeige

Es sollte daher auch nicht zu viel Text enthalten. Ein Plakat wirkt durch seine Bild- oder Grafikidee. Weniger ist mehr – setzen Sie wenige und vor allem leicht erkennbare Gestaltungselemente ein (Bild, Grafik, Headline, Logo, Adresse, Text oder bestimmte wichtige Daten). Beschränken Sie sich vor allem auf eine einzige **Hauptaussage**.

## Sie müssen auffallen

Auf dem Plakat muss etwas passieren. Daher: keine Alltagsgesichter, möglichst ungewöhnliche Fotos. Wenn ein bildender Künstler präsentiert wird, bilden Sie sein provokantestes oder interessantestes Kunstwerk ab.
Einige Unternehmer lassen in der Nähe ihrer Geschäfte auf lange Zeit angemietete Großplakate kleben, die quasi als Wegweiser dienen. Hier sollte ein deutliches grafisches Element (Pfeil) den Weg bzw. die Richtung zum Geschäft oder Betrieb anzeigen.

## Denken Sie daran, dass auch wenige Plakate, wenn sie richtig platziert werden, Erfolge bringen

- Auch nur fünf bis zehn Plakate an besonderen, stark befahrenen Straßen, Ortseinfahrten, Plätzen oder Fußgängerzonen bringen den gewünschten Effekt. Sie dienen vor allem als Wegweiser oder als Ankündigung für bestimmte Aktionen oder Veranstaltungen.
- Diese Plakatstellen können Sie bei den Plakatierungsunternehmen buchen, indem Sie einfach die genaue Adresse und Lage Ihres „Wunschplakats" bekannt geben. Mit offenen Augen durch die Stadt zu gehen lohnt sich also. Allerdings sind diese Sonderplätze nur für Großplakate möglich und die besonders ausgewählten Plakatstellen kosten natürlich mehr. Aber gerade bei wenigen Plakaten zahlt sich dieser Mehraufwand sicher aus.

Low Budget

Großplakatstellen befinden sich meist an sehr guten Frequenzstellen. Die Flächen sind aber oft mindestens 8 bis 24 Bogen groß. Mein Tipp: Um nicht wegen drei oder vier Großplakatstellen, die Sie anmieten, auch ein (teures) Großplakat drucken zu müssen, empfiehlt es sich, auf dieser großen Fläche eben mehrere Ihrer Kleinplakate anzubringen. Noch besser: Sie lassen sich diese zwei oder drei Plakatstellen von einem Grafiker „bemalen" bzw. gestalten. Sozusagen als Unikate.

Bitte beachten Sie, dass 16-Bogen-Plakate in Farbe und in einer Auflage von ca. 100 Stück rund 1.500 bis 2.500 Euro kosten. Ist Ihr Grafiker deutlich unter diesem Richtpreis, dann zahlt sich der Aufwand sicherlich aus. Sie sollten dann allerdings Ihre Plakate auch mindestens zwei bis sechs Monate hängen lassen.

- Bedenken Sie, dass gute Plakatflächen sehr begehrt sind. Lange Wartezeiten sind daher fast vorprogrammiert. Lassen Sie sich trotzdem auf eine Warteliste setzen. Es lohnt sich.
- Wichtig: Großplakate werden von Klein- und Mittelunternehmen kaum in Betracht gezogen, weil viele Unternehmer die Druckkosten für unbezahlbar halten. Weit gefehlt! Für ein 8-Bogen-Plakat Hochformat in Schwarz-Weiß zahlen Sie weniger als 1.000 Euro, für die doppelte Größe, also die normalen 16-Bogen-Großplakate quer, sind kaum mehr als 1.500 Euro zu investieren. Für viele Firmen stellen diese Beträge allerdings das Werbebudget für mehrere Monate dar.
- Auch die Kosten für die Plakatierung selbst sind weit geringer, als man gemeinhin annimmt. Das Anschlagen eines Konzertplakats kostet ungefähr zwei bis zehn Euro pro Woche. Die Kosten eines Großplakats liegen je nach Größe und Platzierung bei ca. 25 bis 75 Euro für zwei Wochen.
- Eine Plakatkampagne ist daher immer begrenzt auf ca. zwei bis sechs Wochen.

## Wo können Sie Plakate ankleben lassen?

- Plakatwände (meist 8- und 16-Bogen-Größe)
- Kulturanschlag – speziell für die Ankündigung von Kulturevents. Die Plakate haben meist Halb-, Ein- oder Zwei-Bogen-Format. Daher ideal für viele Zwecke.
- Litfasssäulen
- Straßenbahn-, Bus-, U-Bahn-Stationen
- Postämter

- ❏ Telefonhäuschen
- ❏ Bahnhöfe
- ❏ City-Light (die leuchtenden Plakate an besonders ausgesuchten Stellen – allerdings sehr teuer und in bestimmten größeren Städten nur in Netzen ab 50 Stück möglich, in kleineren Städten auch einzeln buchbar)

In jeder größeren Stadt gibt es Büros von Plakatierungsunternehmen. Ein Anruf genügt und es werden Ihnen ausführliche Preislisten und auf Wunsch auch Platzierungslisten mit den Adressen der Plakatstellen zugesandt. Lassen Sie sich über die Möglichkeiten für Ihren Betrieb und Ihr Budget beraten.

## Lassen Sie sich Ihr Plakat bezahlen

Sollten Sie in Ihrem Betrieb Markenartikel führen, dann fragen Sie Ihren Lieferanten nach einer Kostenbeteiligung für Ihre Plakatkampagne. Sie bilden eines der Produkte des Herstellers ab (oder übernehmen die aktuellen Sujets der laufenden Werbekampagne des Produzenten – eventuell auch mit Logo und Slogan) und im Gegenzug übernimmt der Hersteller einen Teil der Druck- und Plakatierungskosten.

Low Budget

Noch einfacher wäre es, wenn Ihr Großhändler selbst einige Großplakate auf Lager hätte, die er Ihnen zur Verfügung stellen könnte. Gerade die großen Markenartikler bieten ihren Einzelhändlern sehr oft Werbematerial und hin und wieder auch Großplakate an. Sie sparen sich den Druck und müssen nur noch Ihren Firmennamen oder Ihr Firmenlogo eindrucken lassen bzw. draufkleben. Wenn Sie Verhandlungsgeschick haben, dann könnte vielleicht zusätzlich noch eine Kostenbeteiligung herausspringen.

## Verwenden Sie Ihre Plakate auch im Schaufenster und auf Messen

Je mehr Ihr Plakat „zu sehen ist", desto mehr Werbeeffekt können Sie erwarten. Am Beginn der Kampagne könnten Sie z.B. Ihr Schaufenster mit dem Plakat dekorieren, damit die Wiedererkennung der Straßenplakate voll ausgenutzt wird. Das Gleiche gilt für die Gestaltung des Messestands – Wiedererkennung ist ein wesentlicher Wirkungsfaktor.

## Machen Sie aus Ihrem Plakat ein Poster

Denken Sie an die Werbung von bekannten Textilfilialisten: Die gleichen Sujets, die in den Großplakaten Verwendung finden, werden auch im Postkartenformat nochmals gedruckt. In einigen Filialen werden die Poster sogar verkauft, weil die Nachfrage so groß ist. Eine tolle Werbeidee, die Sie auch für Ihr Geschäft oder Ihre Firma in Erwägung ziehen sollten.

Low Budget

Sie müssen nicht Topmodels in der Südsee fotografieren. Es genügen oft auch ganz einfache (oder auch lustige) grafische Ideen, um ein Poster attraktiv zu gestalten. So attraktiv, dass es auch als Werbegeschenk fungieren kann:

- ❑ ein tolles Babyfoto als Plakat (Kindermodengeschäft)
- ❑ ein lustiges Tierfoto als Poster und Werbeplakat (Zoohandlung)
- ❑ eine skurrile Clip-Art-Grafik eines fröhlichen Zechers (Bar oder Gaststätte)

Eine relativ einfache Poster-Idee ist auch die Abbildung und genaue Erklärung von Produkten. Denken Sie an die bekannten Schautafeln mit den verschiedensten Fischen und Meerestieren oder an die Abbildung und die Namen der einzelnen Nudelsorten. Das funktioniert auch mit Olivenölen, Essig, Autos, klassischen Schuhformen, Männermode (Headline: „Was der Mann trägt"), Gemüsesorten, Biersorten etc. Diese „Poster" können sogar sehr günstig farbkopiert werden!

Poster-Beispiele: Kleinplakate, die gedruckt oder nur farbkopiert sind. Damit sie von den Kunden auch tatsächlich zu Hause an die Wand gehängt werden, müssen die Poster schön, nützlich, witzig oder sehr persönlich gestaltet sein. Im ersten Poster auf der folgenden Seite, das für eine Kinderboutique wirbt, wird daher der Name des Babys immer extra mit der Hand eingefügt. Ein tolles Werbegeschenk für die stolzen Eltern.

GRATULATION
ZUM KLEINEN WONNEPROPPEN
Mathias
WÜNSCHT "GERDA´S BABYBOUTIQUE!
HUNDE FITNESS
Die 10 wichtigsten Tips:
1.) 2.) 3.) 4.) 5.) 6.) 7.) 8.) 9.) 10.)
1.) 2.) 3.) 4.) 5.) 6.) 7.) 8.) 9.) 10.)
Die 10 wichtigsten Tips:
HUNDE PFLEGE

ZUVIEL
ALKOHOL?
NEU!
alcofree
IN IHRER APOTHEKE!
Und der Kopf
wird klar!!
VOR ODER NACH ZUVIEL ALKOHOLGENUSS!

Plakat-Beispiele: Kleinplakat (DIN A1) für einen Pelzhändler in Wien. Das Plakat war in Größe 2c (rot und schwarz-weiß) gehalten. Es war sehr auffällig und erfolgreich. Der Kunde verwendete dieses Plakat auch als Dekoration bei Messen und für sein Schaufenster. Ganz im Sinne von Low Budget!

## Nutzen Sie die Werbewirkung des Miniplakats

- Als Miniplakate bezeichne ich nichts anderes als Aufkleber oder selbstklebende Sticker. Sie sind klein, bunt und sehr auffällig und stellen damit eine perfekte Alternative zu den großen Plakaten dar. Man kann diese Kleinstplakate überallhin kleben, Kosten entstehen dabei überhaupt keine, sofern man keine Sachbeschädigung begeht.
- Ideales Einsatzgebiet ist die Umgebung Ihres Geschäfts/Lokals. Einige Unternehmen, Lokale und vor allem die Clubbingveranstalter und Discotheken haben diese Art der Werbung bereits für sich entdeckt und fahren sehr gut damit. Denn eine billigere Plakatwerbung gibt es nicht. Natürlich können die Aufkleber auch an Jugendliche als Werbegeschenk verteilt werden. Sie kommen damit für lange Zeit auf Flächen, die mit normaler Werbung unerreichbar wären (Schultaschen, Fahrräder, Autos etc.).

Low Budget

Viele kleine politische Parteien verwenden für ihre Aufklärungskampagnen den Aufkleber. Ich ertappe mich immer wieder dabei, wie ich diese kleinen Miniplakate aufmerksam lese, wenn ich an einer Straßenbahnhaltestelle warte. Noch haben die „normalen Unternehmer" diese Werbemöglichkeit nicht für sich entdeckt. Die Kosten für 1.000 Aufkleber sind (je nach Qualität und Anzahl der Druckfarben) sehr gering.

milch stern
Mmmhhh,
der Himmel,
die Sterne und Du!
Gibt´s da noch
Wünsche?
Sicher...
Käse von
Milchstern
MILCHSTERN-KÄSEREI und Handels-GmbH
A-6114 Kolsass, Florian Waldauf Straße 1
Tel.: +43/5224/67- 406, Fax: -409
mail: milchstern@utanet.at
www.milchstern.at

Plakat-Beispiel: Kleinplakat (DIN A4) für die „schwarzen Bretter" in den Eingangsbereichen von Miets- und Wohnhäusern. Da dieses Plakat in Ruhe gelesen werden kann, darf man mehr Text verwenden. Ganz im Sinne von Low Budget!

Mini-Plakate: Keine Kosten für das Plakatieren. Sie können sie aufkleben, wo immer Sie wollen (z.B. auf das schwarze Brett in Mietshäusern). Minikosten für den Druck. Ein perfektes Werbemittel für den Low-Budget-Werber.

# 10 Beilage/Postwurf/Flugblatt

Das sind Werbemittel, die wie das Plakat ebenfalls leicht und punktgenau zum Einsatz gebracht werden können. Bei bestimmten Werbeaktionen, die eine klar abgegrenzte Thematik oder eine bestimmte Zielgruppe anvisieren, sind diese Werbemittel günstige Methoden, um viele Informationen bzw. viele Angebote zu präsentieren. Denn egal, ob Beilagen/Postwurfsendungen oder Flugblätter, sie sind meist im Format DIN A4 und zumindest doppelseitig. Das bedeutet viel Raum für viel Text und viele Informationen.

## Die Entscheidung für eine Beilage sollte fallen, wenn:

- ❑ eine normale Anzeige zu wenig Raum bietet;
- ❑ Ihr Produkt auf einem höherwertigen Papier gedruckt werden soll und daher eine Anzeige ausschließt;
- ❑ Farbdruck in der von Ihnen ausgewählten Zeitung zu teuer oder unmöglich ist;
- ❑ Sie von Ihrem Lieferanten günstige Prospekte oder Beilagen fix und fertig geliefert bekommen.

Bedenken Sie, dass die Beilage kostenintensiver als eine Anzeige ist. Denn zu den Druckkosten kommen noch die Kosten für die Beilage im jeweiligen Printmedium. Ein genaues Abwägen des Für und Wider ist also notwendig.
Beilagen werden von Medien und Fachmedien bereits ab etwa 1.000 Stück angenommen und beigelegt. Das bedeutet, dass Sie auch in sehr auflagenstarken Zeitungen mit Beilagen werben können, ohne gleich die gesamte Auflage belegen zu müssen. Teilbelegungen (z.B. nur in den Abonnentenexemplaren) bzw. Gebietsbelegungen (z.B. nur in Berlin oder nur in den großen Städten oder auch nur in einzelnen Bezirken) sind ebenfalls möglich.

Die ideale Beilage wäre meiner Ansicht nach die erste Ausgabe Ihrer Hauszeitung. Denn sie enthält alle Informationen über Ihr Unternehmen plus einige Angebote und die Hauszeitung ist bedeutend billiger als Ihr Imageprospekt.

## Die Entscheidung für eine Postwurfsendung sollte fallen, wenn:

- Sie einen bestimmten Postbezirk (z.B. in der Nähe Ihres Geschäfts/ Lokals) mit Ihrer Werbung beschicken wollen;
- Sie sich an keine bestimmte, klar definierte Zielgruppe wenden;
- Sie zwar im Postkasten „landen" wollen, aber ohne den organisatorischen Aufwand eines Direct-Mailings;
- es keine Adressen gibt;
- der Versand günstiger als bei einem Direct-Mailing kommen soll;
- Sie sich hauptsächlich an Endkunden wenden möchten;
- Sie keine Adressen zukaufen wollen.

Bedenken Sie, dass Sie verpflichtet sind, auf die Postwurfsendung: „An einen Haushalt" und „Postgebühr bar bezahlt" zu drucken.

## Die Entscheidung für ein Flugblatt sollte fallen, wenn:

- Sie noch günstiger als bei den Gebühren einer Postwurfsendung wegkommen wollen;
- Sie bestimmte Bezirke oder sogar nur einzelne Straßen beschicken wollen;
- es Ihnen nichts ausmacht, im berühmten Säckchen an der Türklinke zu hängen;
- Sie den Endkunden erreichen wollen;
- Sie aktuell und „brandheiß" sein wollen (z.B. bei einem Ausverkauf);
- Sie Ihre Flugblätter persönlich verteilen lassen wollen;
- Ihre Flugblätter bei Großveranstaltungen oder vor bestimmten Lokalitäten verteilt werden sollen;
- Sie gezielt zu bestimmten Tageszeiten verteilen lassen wollen;

- ❑ Sie gezielt an bestimmten Straßenecken oder anderen stark frequentierten Orten verteilen wollen;
- ❑ Ihre Werbeblätter unter die Scheibenwischer von Autos geklemmt werden sollen.

Die grafischen Umsetzungen von Beilagen, Postwurfsendungen und Flugblättern sind sehr ähnlich – im Folgenden einige Tipps.

# Die wichtigsten Punkte der Low-Budget-Flugblattgestaltung

## Denken Sie auch bei Beilagen immer daran: Der Kunde muss reagieren

Daher sollte bei Beilage, Postwurf oder Flugblatt auch eine eingedruckte Antwortkarte eingeplant sein. Sie wollen schließlich nicht nur Kunden, sondern auch Interessenten. Die bekommen Sie mit dem Zusatz: „Informieren Sie sich unverbindlich."

## Die magischen Worte

- ❑ Auch in diesen Werbemitteln gibt es äußerst wichtige Worte: **neu, Neueröffnung, gratis, garantiert, Vorteil, unverbindlich**.
- ❑ Achten Sie aber bei Gratiszugaben auf die jeweiligen Wettbewerbsrichtlinien.

## Werberaum nicht ungenutzt lassen

- ❑ Keine Angst vor viel Text!
- ❑ Je kleiner das Werbemittel, desto mehr Text kann untergebracht werden, ohne an Werbewirkung zu verlieren. Kostbarer Werberaum wird so optimal genutzt und nicht verschwendet.

- ❑ Erklären Sie Ihr Angebot und informieren Sie Ihre Kunden über alle Vorteile. Wenn jemand etwas kaufen soll und will, dann möchte er es ganz genau wissen.

## Auch bei Beilage/Postwurfsendung/Flugblatt ist die auffällige Headline wichtig

- ❑ Planen Sie eine gute halbe Seite für den Eyecatcher bzw. die Erregung der Aufmerksamkeit ein, entweder grafisch oder auch durch eine auffällige Headline.
- ❑ Beilage/Postwurfsendung/Flugblatt müssen ein grafisches Zentrum haben.
- ❑ Informieren Sie sich auch hier vorher, wie in Ihrem Wunschmedium (in diesem Fall mit Beilagen) geworben wird. Werben Sie natürlich **anders als die anderen**!
- ❑ Als Beilage/Postwurfsendung/Flugblatt bieten sich idealerweise an:
  - eine Hauszeitung
  - ein Werbebrief
  - eine Werbeantwortkarte
  - ein Imageprospekt
  - ein Produkt- bzw. Angebotsprospekt

**Tipp** Ein Tipp zu Beilagen! Besonders auffällig wirkt in einem Medium, das „bunt" ist und in dem auch „bunt" geworben wird (wie ein Magazin oder eine Illustrierte), ein beigelegter Schwarz-Weiß-Brief. Der „einfache" Brief sticht durch seine Schlichtheit so sehr ins Auge, dass er zuerst gelesen wird und den anderen bunten, schrillen und aufwändigen Prospekten keine Chance lässt. Außerdem sind bei dieser Art der Beilagengestaltung auch die Kosten für den Druck durchaus moderat!

## Bei Beilagen/Postwurfsendung/Flugblatt ist das Gewicht wichtig

- Beilagen/Postwurfsendung/Flugblatt werden nach Gewicht verrechnet. Also achten Sie darauf, dass die jeweiligen Gewichtsgrenzen nicht überschritten werden. Ihre Druckerei kann Ihnen in diesem Fall sicher beratend zur Seite stehen. Aus Größe, Seitenzahl und Papierart wird das Gesamtgewicht Ihres Druckwerks berechnet.
- Warenproben sind sehr beliebt – hier ist das Gewicht der Probe meist bedeutend höher als jedes Flugblatt, aber der erzielte Aufmerksamkeits- und Testeffekt bei Konsumenten entschädigt meist für die höheren Kosten.

## Der richtige Zeitpunkt für eine Beilage

Achten Sie darauf, dass Sie nicht zu der Zeit eine Beilage planen, in der viele andere Firmen mit Beilagen werben (meist am Beginn jeder Saison oder vor großen Feiertagen). Informieren Sie sich bei der jeweiligen Anzeigenabteilung und gehen Sie lieber eine Woche später in die nächste Ausgabe der Zeitung. Bei zu vielen Beilagen besteht die Gefahr, dass keiner der Prospekte gelesen wird und alle in Sekundenschnelle im Papierkorb landen. Der Leser ist schlicht überfordert. Das Gleiche gilt natürlich sinngemäß auch für Postwurfsendung und Flugblatt.

## Werben Sie ruhig professionell

- An Beilage/Postwurfsendung/Flugblatt werden die gleichen Anforderungen gestellt wie an eine Anzeige. Sie müssen auffallen und sich von der Konkurrenz abheben.
- Beilage/Postwurfsendung/Flugblatt sind vom Aufbau wie ein Direct-Mailing. Der einzige Unterschied: Sie kennen den Empfänger der Werbebotschaft nicht. Im Mailing wissen Sie vorher, wen Sie anschreiben wollen, und können darauf im Text eingehen. Bei

Beilage/Postwurfsendung/Flugblatt ist das nicht der Fall. Dennoch müssen Sie wie im Mailing auf eine Reaktion hinarbeiten: das „Ja" auf der Antwortkarte oder deren Rücksendung, die Terminvereinbarung per Telefon oder das Betreten Ihres Geschäfts oder Lokals. Sagen Sie dem Leser, was Sie von ihm erwarten, und locken Sie ihn, werben Sie um Ihren zukünftigen Kunden (siehe Direct-Mailing).

- ❑ Viel Raum für Text und Grafik hat einen großen Nachteil: Oft glaubt man, dass man jedes Thema, jeden Vorteil und jede noch so unwichtige Information unterbringen muss. Genau das bedeutet aber den sicheren „Werbetod". Konzentrieren Sie sich auf wenige Vorteile und präsentieren Sie diese in den leuchtendsten Farben. Vergessen Sie nicht die Hauptaussage und verzetteln Sie sich nicht.

## Noch mehr Auffälligkeit? Dann „zerschneiden" Sie Ihr Flugblatt – oder hängen Sie es auf!

Ein kleiner Trick hilft dabei, das Flugblatt an der Haustüre anzubringen, um damit für alle Hausparteien sichtbar zu sein.

Low Budget

Um ein Flugblatt an die Türklinke zu hängen, genügt es, einen Kreuzschnitt in den oberen Teil zu schneiden. Durch diese Öffnung passt jede Türklinke und jeder Türknauf. Oder fädeln Sie Ihren Prospekt oder Ihre Warenprobe auf ein Band und schon ist eine extrem auffällige Aktion gelungen. Ihre Flugblattaussendung wird von den Hausbewohnern mit Sicherheit nicht übersehen werden.

## Nutzen Sie die gute alte Antwortkarte als Beilage in Printmedien oder als Flugblatt

Antwortkarten sind „Dialogwerbemittel". Dialogwerbung will, wie der Name schon sagt, einen Dialog mit dem „Noch-nicht-Kunden" aufbauen, um ihn zum Interessenten und vielleicht zum Kunden zu machen.
Antwortkarten als Beilagen in Medien werden in letzter Zeit zu einem hohen Prozentsatz von den einzelnen Zeitungen selbst genutzt, um an neue Abonnenten zu kommen. Warum nützen diese Chance eigentlich nur relativ wenige Unternehmen, aber fast jede Aboabteilung einer Zeitung – obwohl doch eigentlich gerade diese Zeitungen in ihren eigenen Medien riesige Anzeigen schalten könnten, ohne dafür Geld auszugeben?
Anscheinend spricht der Erfolg dieser beigelegten Antwortkarte für sich. Man hat in den Redaktionen rasch begriffen, dass der heutige Mensch sehr bequem ist und daher in der Direktwerbung alles versucht werden muss, Antworten so einfach und problemlos wie nur irgend möglich zu gestalten.
Gibt es etwas Einfacheres, als eine Antwortkarte ohne Schere aus einem Heft zu nehmen und abzusenden? Die Antwortkarte tritt quasi an die Stelle der Anzeige, bietet aber darüber hinaus eine Menge Vorteile. Aber auch hier gilt: Auf die Gestaltung kommt es an.

Flugblatt-Beispiele: Flugblätter/Beilagen/Postwurfsendungen müssen nicht immer DIN A4 oder A5 sein. Gerade bei der Straßenverteilung von Hand bewähren sich kleine bis kleinste Formate!

Flugblatt als Gutschein: zwei Vorderseiten und eine Standard-Rückseite.

Vorder- und Rückseite eines Mini-Faltprospekts. Zur direkten Verteilung wie auch als Zeitungsbeilage oder Postwurfsendung gleichermaßen geeignet.

Flugblatt-Beispiele: Hier ein außerordentlich imageträchtiges Flugblatt mit einem sehr stimmungsvollen Text. Der große Leerraum bewirkt eine elegante und damit auch „teure" Erscheinung des Blattes.

Flugblatt-Beispiele: Hier die Gegenüberstellung ein und desselben Flugblatts. Einmal mit typischen „Amateurfehlern“: zu dünne Schrift, verwirrende Aufteilung und fehlender Blickfang. Daneben die Profi-Version. Gleicher Text, annähernd gleicher Aufbau, aber dennoch ein großer und sichtbarer Unterschied.

# 11 Umsatzmaschine Internet

Die Zeiten sind vorbei, in denen selbsternannte Internetgurus jedem Unternehmen ohne Homepage den baldigen Konkurs prophezeiten. Vorbei die Zeiten, in denen man horrende Preise für kleine Homepages bezahlte, nur weil man einen Trend nicht verpassen wollte. Mittlerweile ist es um das Internet zwar nicht leiser geworden, aber zumindest gab es in den letzten Jahren bedeutend realistischere Einschätzungen hinsichtlich der Einsatzmöglichkeiten und es zeigten sich klare Vor- und Nachteile des World Wide Web. Die Flops der New Economy in den letzten Jahren haben das Internet dort hingebracht, wo es eigentlich immer schon hingehörte. Weder unter- noch überbewertet, ist das Internet nun eines von vielen Werbemitteln und Möglichkeiten der Geschäftsanbahnung und speziell der Kommunikation. Der moderne Konsument nutzt das Internet mittlerweile so selbstverständlich, als ob es immer schon dagewesen wäre. Und wenn ich mir meine eigenen Umsätze beim Internetbuchhändler www.amazon.de ansehe, dann bemerke ich, wie viel ich alleine in den letzten Jahren im Internet gekauft und bestellt habe und damit (ich gestehe) dem lokalen Buch- und Elektrohändler an Umsatz entzogen habe.

z.B. Gerade habe ich bei Amazon meinen bisher größten Kauf getätigt. Eine Digitalkamera (mit Zubehör) um gesamt ca. 900 Euro. Und ich kann Ihnen auch ganz genau sagen, warum ich diese Kamera bei Amazon gekauft habe: Weil ich mir durch diesen Kauf – ungelogen – mindestens 230 Euro gespart habe. Denn bei meiner Preisrecherche im Fachhandel und sogar bei Media-Markt war diese Kamera nicht wie bei Amazon um 760 Euro ausgepreist, sondern der Preis lag im teuersten Fall bei 1.190 Euro und im günstigsten Fall bei 990 Euro. Und ganz ehrlich – bei so einem Preisunterschied bin ich nicht mehr bereit, an die notleidende heimische Wirtschaft zu denken. Da geht es nur um eines – um meine hart verdiente Kohle.

Und schon sind wir bei einem der Probleme des „grenzenlosen" Internethandels. Der Konsument kann sich weltweit jenen Anbieter aussuchen, der

a) die besten Lieferbedingungen,
b) den besten Preis und
c) die beste Dienstleistung anbieten kann,

und das alles nicht durch stundenlanges „persönliches" Vergleichen, sondern mit einigen wenigen Mausklicks.
Das bringt einerseits enorme Chancen für alle Unternehmer, die das Internet nutzen und auch den „modernen Konsumenten" verstehen. Es bringt aber auch enorme Gefahren für all jene, die das Netz noch immer nicht für sich entdeckt haben und es als Unverschämtheit des Kunden ansehen, wenn er sich Preisvorteile bei Anbietern im Netz holt. Wohlgemerkt, ich bin niemand, der sagt: Ohne Homepage oder ohne Internetshop ist man als Unternehmer nicht mehr lebensfähig. Diesen Schwachsinn werden Sie von mir nicht hören. Aber es bieten sich schon verdammt viele Vorteile, wenn man in den Weiten der virtuellen Welt vertreten ist und ganz speziell, wenn man für seine potenziellen Kunden auch auffindbar ist.

Ein Beispiel mag ihnen zeigen, wie kompliziert es oftmals ist, auch bei vielfacher Präsenz im Internet, von seinen Interessenten gefunden zu werden.

z.B.

Ein Leser meines Buches *Das Low-Budget-Werbe-1x1* war so begeistert, dass er sich sofort auf die Recherche nach mir im Internet machte. Aktuell gibt es ungefähr 1.600 Einträge zu meinem Namen bei Google. Hauptsächlich durch die Bücher und Artikel, die ich schreibe. Und genau das war für diesen Leser ein Problem. Denn er kam auf keine Homepage von mir, wo er die Adresse bzw. Telefonnummer hätte nachlesen können, obwohl ich mit meinen Homepages und auch einigen Google-Anzeigen unter vielen relevanten Keywords im Netz zu finden bin. Aber der junge Mann achtete eben nicht auf die Google-Anzeigen auf der rechten Seite der Ergebnislisten, sondern nur auf die Linkliste von Google. Warum? Weil er mich hinter einer Anzeige, die für den Werbetherapeuten wirbt, ganz einfach nicht vermutet hatte. Nach langer Recherche kam er dann doch auf meine Homepage. Bei seinem ersten Besuch erzählte er mir von der mühevollen Suche. Ich handelte sofort und konzipierte noch am selben Tag eine eigene Google-Anzeige mit einem einzigen Keyword in den verschiedensten Schreibvariationen: „Alois Gmeiner".
Die virtuelle Anzeige, unter der Sie mich nun bei Google finden, wenn Sie meinen Namen eingeben, sieht so aus:

HOMEPAGE ALOIS GMEINER
Bestsellerautor gibt Tipps zu Low
Budget Werbung. Gratis Downloads.
www.ideenmanufaktur.info

# Die Helden des Internet

Die wirklichen Heroen und Gewinner des Internet sind meist nicht einmal die großen, bekannten Marken und Firmen. Die wahren Helden sehen anders aus und sollen auch Ihnen Mut machen, das Internet für sich zu entdecken. Es gibt kleine und kleinste Nischenanbieter, die zufällig oder sehr bewusst Dinge im Netz anbieten, die zwar nur eine kleine Anzahl von Personen benötigt oder nachfragt, die aber dafür bereit sind, fast jeden Preis zu bezahlen bzw. denen der Aufschlag von einigen Euro Versandkosten vollkommen egal ist.

Der Vorteil für den Kunden steht auch im Internet in Mittelpunkt.

Im Wirtschaftmagazin *brand eins* heißt es dazu für die Zukunft der Warenwelt: „Ein Leitmotiv für die nächsten Jahrzehnte wird sein – dass die Produkte immer individueller werden, bis schließlich jeder sein eigenes Produkt bekommt, das nur für ihn gemacht wird, ganz nach seinen Bedürfnissen hergestellt wird." Das ist die Zukunft und die Großbetriebe sind gerade dabei, diese Vision umzusetzen. Ich glaube aber, dass diese Individualisierung eigentlich eine Domäne der Klein- und Mittelbetriebe sein könnte und sein wird – Flexibilität und Innovationsfreudigkeit vorausgesetzt. Das Internet ist dann nur noch der perfekte Weg, um ein speziell hergestelltes „Individual-Parfum" an den modischen Mann oder die extravagante Dame zu bringen.
Dass dann natürlich auch die Werbung und Eigenpräsentation (egal, ob im Internet oder in Printmedien) diese Vorteile und Individualität transportieren müssen, das ist klar!

z.B.

Die einfachste Form, um für Ihre Homepage zu werben, sind Partnerlinks auf anderen Webpages oder Links auf spezialisierten Internetforen oder auf Special-Interest-Plattformen. Meist kann man diese Links selbst eintragen – oft genügt auch ein Mail an den Homepagebetreiber und schon nach wenigen Tagen wird Ihr Link in die fremde Homepage eingebaut. Aber gerade auch hier muss der Link Interesse wecken und zum Anklicken anregen. Der folgende Text bei einem Link ist vor allem eines: 08/15.

### Text 1:

Digitalkameras in riesiger Auswahl und zu supergünstigen Preisen gibt es nur bei uns: DIGI-CAM.de

Einen Klick entfernt!
http://www.digi-cam.de

Um wie viel besser ist folgende Anzeige für den gleichen Shop:

### Text 2:

Analog oder digital? Anhand unseres 33-Punkte-Fragebogens erkennen Sie, welche Digitalkamera genau zu Ihnen passt. Egal, ob Profi oder engagierter Amateurfotograf. Unser Digicam-Test spart Ihnen viel Geld. Brauchen Sie wirklich 8 Megapixel Auflösung oder genügen supergünstige 4-Megapixel-Kameras? Wir haben sie alle auf Lager und bieten Kameras schon ab 50 EURO.

http://www.digi-cam.de/fragebogen

Wie bei jeder Werbung sollte auch im Internet die erste Frage lauten: Finde ich meine Zielgruppe im Internet und wer nutzt das Internet derzeit überhaupt?

# Die wichtigsten Punkte der Low-Budget-Eigenpräsentation im Internet

## Techniker haben keine Ahnung vom Verkauf und vom Marketing

Darüber sollten Sie sich klar sein. Der Techniker möchte nur Ihre Homepage oder Ihren Shop programmieren. Eigentlich interessieren ihn irgendwelche Marketingüberlegungen nicht wirklich. Daher müssen Sie vorher ein klares Bild von Ihrem Webauftritt haben. Die Umsetzung und Programmierung ist heutzutage in keinem Fall ein wirkliches Problem mehr. Lassen Sie sich nichts anderes einreden. Und bezahlen Sie realistische Preise für Ihre Homepage.

## Die Gestaltung der Homepage

- ❑ Wie bei der Gestaltung des Logos sollten Sie auch hier einen Profi ranlassen. Ihre Zeit ist, wie ich annehme, zu kostbar, um sich nächtelang mit der Software zur Programmierung Ihrer Homepage zu beschäftigen. Der „Web-Designer" berät Sie auch über Umfang und Kosten Ihrer Eigenpräsentation.
- ❑ Die erste Seite ist die wichtigste. Vergessen Sie nicht: Internet ist Infotainment. Also nur keine trockene Präsentation! Wie wäre es etwa mit einer „animierten" ersten Seite: ein sich drehendes Logo oder eine Live-Kamera aus Ihrem Lokal, Ihrer Backstube oder der Werkstatt? Aber Achtung vor zu umfangreichen Grafiken, denn durch die hohe Speicherkapazität wird die Übertragungszeit verlängert und das rächt sich, weil Ihre neuen Homepagebesucher bei

zu langem Seitenaufbau rasch die Geduld verlieren und weitersurfen.

- Und bitte lassen Sie sich von Ihrem Techniker nicht die allerneuesten Flash-Animationen andrehen, die nur mit der letzten am Markt erhältlichen Soft- oder Hardware laufen. Kein Mensch, der halbwegs rational mit dem Internet agiert, ist bereit, extra eine Software downzuloaden, nur damit er auf Ihre Homepage gelangen kann. Sorry, ich bin kein Computerfreak und will es auch nicht werden.
- Es muss eine Suchfunktion zum raschen Auffinden von Begriffen in Ihrer Homepage geben.
- Schaffen Sie die Möglichkeit, dass E-Mails sofort an Sie abgesandt werden können.
- Ein Bestellformular oder der berühmte Einkaufswagen sind ebenfalls wichtig.
- Achten Sie darauf, dass alles übersichtlich und leicht zu finden ist. Ich habe einmal in einem Web-Shop 20 Minuten damit verbracht herauszufinden, was der Versand des bereits bestellten Produkts kostet, und mich schlussendlich frustriert verabschiedet – ohne den Kauf zu bestätigen.
- Wichtig ist auch, dass Ihr Provider Ihnen die „Page-Clicks", also die Anzahl der Zugriffe auf Ihre Hompage, mitteilt. Informieren Sie sich aber auf jeden Fall über die Kosten dieses Service.
- Gratis Counter für Ihre Homepage gibt es auch bei www.counterstation.de.

## Was soll präsentiert werden?

- Bild und Text von allen Produkten. Speicherplatz für Text ist im Internet so gut wie umsonst. Informieren Sie über die Besonderheiten des Produkts oder über Erfolge bei Konsumententests.
- Amazon war einer der ersten Shops, die auch Leserkritiken zu ihren Büchern gestellt haben. Interessant ist, dass, auch wenn das Buch besonders schlecht kritisiert wird, dennoch (vielleicht gerade deshalb?) gekauft wird. Der Konsument dankt die Offenheit, möchte sich aber anscheinend (bei nicht sonderlich teuren Produkten)

selbst ein Urteil bilden. Bei Büchern ist dieser Effekt als der „Literarische-Quartett-Effekt" bei Buchhändlern bekannt. Auch wenn Bücher von Reich Ranicki verrissen werden, sind sie am nächsten Tag der Renner in den Buchhandlungen.

- ❑ Als Handarbeitsgeschäft könnten Sie eine Fachbuchabteilung mit den besten Bastelbüchern zusammenstellen – als Service für Ihre Kunden.
- ❑ Welches Spezial-Know-how, welche besonderen Produkte können Sie anbieten? Besonders Internet-User sind ständig auf der Suche nach spezifischen Problemlösungen.
- ❑ Das eigene Team (auch mit Foto) mit kurzem Lebenslauf und Spezialgebiet. Eventuell Querverweise auf eine Online-Datenbank zur Einsichtnahme auf Prospekte, Presseberichte oder die aktuelle Hauszeitung. Allerdings nur, wenn diese Texte eine echte Information für die Benutzer darstellen.
- ❑ Querverweise und Links zu weiterführenden Seiten und weiterführenden Informationen zu Ihren Produkten. Wie das aussehen kann, ist auf der Homepage eines meiner Kunden sehr gut nachzuvollziehen. Das Produkt dient der Trockenlegung von feuchten Mauern und es gibt auf der Homepage Links zu Allergikerseiten, zu Rheumatikerseiten etc. Warum? Nun, ganz einfach. Wasser in den Wänden bewirkt feuchte Flecken, feuchte Flecken sind der ideale Nährboden für Schimmelpilze und diese wiederum sind die Hölle für Allergiker (www.aquasal.at).
- ❑ Das Internet ist ein aktuelles Medium, daher überlegen Sie sich, was Sie an aktuellen Links und Informationen anbieten könnten.
- ❑ Gibt es die Möglichkeit, dass der Kunde von Ihnen online betreut wird?

z.B.

| | |
|---|---|
| Gasthaus | Hinweis auf Spezialitätenwochen und Abdruck der jeweiligen Rezepte. |
| Café | Hinweis auf Lesungen/Ausstellungen/Konzerte + Link zur Homepage des jeweiligen Künstlers oder Abdruck von Bildern, Kurzgeschichten etc. Auch CDs der Konzertmusiker abzubilden und vielleicht auch per Internet zu verkaufen ist eine Möglichkeit, die Homepage attraktiv zu gestalten, um das „Wiederkommen" für den Surfer interessant zu machen. |
| Arzt | Aktuelle, saisonabhängige Gesundheitsbeispiele: Was tue ich bei Grippe? Entspannungsübungen (per Videoanimation) bei Rückenproblemen (natürlich immer bezogen auf das Fachgebiet des jeweiligen Arztes). |
| Anwalt | Aktuelle und wichtige Gesetzesänderungen „in letzter Minute" oder Fragen, die immer wieder gestellt werden, etwa zu Scheidungsproblemen. |
| Tischler | Weiterführendes Seminar für Hobby-Tischler. Jede Woche gibt es Beispiele zu neuen Themen und Praktiken des Tischlerhandwerks. Leistenkleben/wackelndes Stuhlbein/Hobeln leicht gemacht etc. |
| Massage-studio | Auch hier Bilder mit den einfachsten Massagetechniken. Das Studio kann sich hier sehr einfach als Profiunternehmen zu erkennen geben, das sein Handwerk aus dem FF beherrscht. |
| Friseur | Die aktuellsten Frisurentrends aus aller Welt werden als Foto gezeigt und kurz erklärt. |
| Metzger | Immer wichtiger: Bio-Produkte. Hier sollte der Fleischer aufklären, um zu erklären, was den Unterschied zwischen Massenfleisch und Biofleisch ausmacht. |

## Homepage nicht überfrachten!

- Bedenken Sie: Die Übertragungszeiten werden länger, je aufwändiger Ihre Homepage gestaltet ist. Das kann den Benutzer mit der Zeit „nerven".
- Bei privaten Homepages ist auch sehr oft das Phänomen „möglichst bunt" zu bemerken. Da wird jedes Wort in einer anderen Schrift und in einer anderen Farbe ins Netz gestellt, weil man glaubt, bunt ist schön. Das Gegenteil ist der Fall. Wenn Ihre Homepage „blinkt", leuchtet und in x Farben erstrahlt, dann ist das nicht schön – sondern im besten Fall peinlich.

## Aktualisieren Sie Ihre Homepage regelmäßig!

- Das ist der Vorteil eines professionellen Web-Designers bzw. Providers. Er bietet Ihnen die Aktualisierung als Dienstleistung an. Sie müssen sich nicht selbst darum kümmern. Sie mailen oder faxen ihm einfach die neuen Bilder oder Texte und um den Rest kümmert er sich.
- Wettbewerbe sind ein guter Grund, immer wieder auf Ihre Homepage zu kommen. Ein Optikgroßhändler hat durch einen kleinen Wettbewerb, bei dem es jeden Monat eine Markenbrille zu gewinnen gab, pro Tag 50 Teilnehmer aktiviert. Das sind immerhin pro Monat ca. 1500 neue Kontakte und E-Mail-Adressen. Kapital für die Werbung im Internet.

## Bewerben Sie Ihre Internetadresse und Ihre Homepage „klassisch"!

- Einer der Beweise dafür, dass Werbung im Internet noch lange nicht die klassische Werbung in „echten" Massenmedien ablösen kann. Sie sollten Ihre Internetadresse „klassisch" bewerben, damit diese überhaupt Beachtung findet.

- ❑ Derzeit sind in Tageszeitungen und Wochenmagazinen (z.B: *Die Zeit*) eigene Seiten mit Kleinanzeigen speziell für die Homepage-Bewerbung der große Renner. Wie normale Kleinanzeigenseiten sind auch diese Seiten in Rubriken unterteilt, in der Sie Ihren Web-Shop mit den wichtigsten Informationen bewerben können. Günstiger geht's kaum.
- ❑ Drucken Sie Ihre Internetadresse auch auf Briefpapier, Visitenkarte, Prospekt etc.
- ❑ Platzieren Sie Ihre Homepage und Ihre Internetadresse in den strategisch wichtigen Suchmaschinen, die dem Internet-User das Auffinden Ihrer Homepage erleichtern. Auch die richtigen Key-Words, also die Stichworte, unter denen Ihre Homepage gefunden werden soll, ist wichtig und unumgänglich für einen vernünftigen Web-Auftritt. Also z.B. nicht einfach nur „Rechtsanwalt", sondern alle relevanten Abwandlungen dieses Wortes oder spezifische Fachbezeichnungen.
- ❑ Vergleichen Sie diese Stichworte mit den Rubriken der „Gelben Seiten" des Telefonbuchs. Auch hier ist es notwendig zu überlegen, unter welchen Worten der Konsument Ihr Produkt oder Ihre Dienstleistung überhaupt sucht.

## Auch im Internet – VORTEIL FÜR DEN KUNDEN!

- ❑ Speziell erklärungsbedürftige Produkte sind ideal fürs Internet und die Hompage ist also eine willkommene Hilfe für den Konsumenten.
- ❑ Handbücher oder Gebrauchsanweisungen für Produkte gehen oft verloren. Downloads dieser Handbücher im Internet sind daher echte Serviceleistungen und werden vom Kunden dankbar angenommen.
- ❑ Banken bieten automatische Kreditkalkulatoren im Internet an. Ein klarer Kundenvorteil.
- ❑ Tests zu allen möglichen Fragen sind ideale Surf-Stopper und bringen längere Verweildauer auf den Pages.

## Werbebanneraustausch bringt mehr Besucher auf Ihre Homepage!

- ❑ Überlegen Sie, ob es Partnerfirmen oder private Homepages gibt, auf denen Sie mit einem Werbebanner vertreten sein wollen oder mit denen Sie Ihre Werbebanner austauschen können.
- ❑ Vergessen Sie jedoch Bannerwerbung, wenn Sie dafür zahlen müssten. Die Erfolge sind zu gering, um wertvolles Werbebudget zu verschwenden.

## E-Mail-Adressen sind Ihr Kapital!

- ❑ So wie Adressen das Kapital für Ihre Direct-Mailing-Kampagne sind, so sind E-Mail-Adressen das Kapital für Ihre Internetaussendungen.
- ❑ Versuchen Sie also, an qualifizierte E-Mail-Adressen Ihrer Kunden zu gelangen, z.B. indem Sie im eigenen Geschäft oder Lokal eine Liste auflegen. Offerieren Sie Ihren Kunden die Zusendungen von Infos zu Aktionen oder Veranstaltungen oder andere „Vorteile", wenn Sie ihre Mailadresse hinterlassen. Und wenn Sie pro Tag nur zwei oder drei Adressen bekommen, sind das pro Monat bereits 90 und pro Jahr mehr als 1000 Adressen von eigenen Kunden. Die Aussendung an diese Adressen rentiert sich vor allem für kleine und kleinste Anbieter. Ich erhalte z.B. von Zeit zu Zeit Infomails von einem Spezialrestaurant für Eintöpfe „Oh Pot oh Pot" in Wien. Ich werde über die neuesten Veranstaltungen, die nächsten Spezialitätenwochen, aber auch über Presseberichte informiert, die über das Lokal geschrieben wurden. Eine tolle Möglichkeit, mit null Euro Werbebudget in Erinnerung zu bleiben und über aktuelle Aktionen zu berichten.
- ❑ Bekommen Sie eine Anfrage per E-Mail, dann beantworten Sie diese möglichst schnell. Internet ist schließlich ein schnelles Medium, und wenn der Konsument drei bis vier Tage auf eine Antwort warten muss, dann fühlt er sich nicht ernst genommen.

- ❑ Nicht vergessen: Massenaussendungen per E-Mail an Privatpersonen sind verboten. Jedoch sind B2B-Mails erlaubt, sofern es dem Empfänger möglich ist, die Zusendung zu untersagen.

## Im Internet sind Sie leicht vergleichbar!

- ❑ Wenn andere vergleichbare Anbieter Gratislieferung bieten, werden Sie kaum darum herumkommen.
- ❑ Wenn andere eine Rücknahmegarantie anbieten – sollten Sie das auch tun. Denn höchstwahrscheinlich kennt Ihr Kunde Ihre Konkurrenten ebenfalls (oft sogar besser).
- ❑ Bieten Sie Zahlung mit Kreditkarte oder per Nachnahme. Überweisungen ins Ausland kosten eine Unmenge Spesen. Kein Problem bei teuren Produkten, aber bei einem Buch oder einer CD sind 5 Euro Bankspesen unerträglich.
- ❑ Bieten Sie Sicherheit bei der Zahlung – wenn andere das ebenfalls bieten, sonst kann alleine dieser Punkt den Ausschlag dafür geben, dass der Kunde bei Ihrem „sicheren" Konkurrenten kauft.

## Nützliche und interessante Links

| | |
|---|---|
| www.4-warp.com | Web- und IT Consultingfirma in Wien (gut und günstig!) |
| www.elmax.at | Wenn es mit dem Webauftritt hapert. |
| www.hallo-kunde.com | Alles, was man für eine Erhöhung der Recallzahlen braucht. |
| www.juracity.de | kostenloses Rechtsportal |

# Google-Werbung – Werbung wie sie sein soll!

Da hat man nun eine schöne und aufwändig programmierte Homepage. Aber die Besuche auf dieser Homepage lassen sich pro Tag an einer Hand abzählen. Den Bannertausch können Sie vergessen, denn die Klickraten bei Bannerwerbung tendieren sowieso gegen null, jedes neue Werbeformat im Internet scheint nur kurzfristig erfolgreich zu sein. Und die Optimierung des Suchmaschinenrankings – na ja, kostet auch nur viel Zeit. Lohnt es sich überhaupt noch, Werbung im Web zu schalten? Und ob. Jeder weiß es – Google ist die erfolgreichste Suchmaschine der Welt. Was aber immer noch sehr wenige wissen: Google bietet einfache, günstige und dabei hochkomplexe Möglichkeiten für ganz gezielte Internetwerbung an. Ich habe bereits vor einigen Jahren erste Erfahrungen mit Google-Werbung gemacht, als ich meine erste Homepage bewerben wollte. Ich versuchte es damals mit der Eintragung in alle relevanten Suchmaschinen – versuchte es mit der Eintragung in verschiedene Foren und kurzzeitig auch mit Bannerwerbung. Alles war ganz nett und brachte auch einige Zugriffe auf die Seite – aber alles nicht sehr überragend. Vor allem rechtfertigte der enorme Zeitaufwand nicht die kärglichen Zugriffserfolge – von echten Zusatzumsätzen ganz zu schweigen. Und dann stolperte ich auf der Seite von Google über den Begriff *„Werbung mit Google“* und wurde neugierig – allerdings ohne große Hoffnung auf phänomenale Neuheiten.

Umso überraschter war ich über die Werbemöglichkeiten, die sich dort boten. Google verkauft nämlich nicht Bannerwerbung, die unqualifiziert jedem gezeigt wird, der auf eine bestimmte Seite kommt, sondern vernetzt hochintelligent die Suchanfragen seiner Nutzer mit den bezahlten Werbeanzeigen.

z.B. Sie betreiben ein Reisebüro mit einem ganz speziellen Reiseland oder einer anderen Besonderheit, z.B. ein Reisebüro für Angelreisen, und suchen nach Kunden in genau diesem Bereich. Kein Problem bei Google. Sie formulieren einen Mini-Anzeigentext und verknüpfen ihn mit einigen Keywords. Wenn diese Suchworte von einem User in die Suchmaske von Google eingegeben werden, erscheint Ihre Anzeige. Wohlgemerkt – Ihre Anzeige wird nur und immer dann gezeigt, wenn ein Mensch am Computer irgendwo auf der Welt diese bestimmten Keywords, die von Ihnen selbst vorher ausgewählt wurden, eintippt. Und daher könnte Ihr Anglerreisebüro mit den Begriffen: *Angelreisen / Anglerurlaub / Fischerfahrten / Anglerabenteuer / Angelreise Kanada / Fischen in Schweden / Angeln in Schweden etc.* sofort und innerhalb von Minuten neue Interessenten auf Ihre Homepage bringen.

Und das Beste dabei? Im Gegensatz zu normaler Bannerwerbung, die Geld kostet, sobald sie eingeblendet ist, wird bei einer Google-Anzeige erst dann verrechnet, wenn ein User auch tatsächlich auf die Anzeige am Bildschirmrand klickt und damit automatisch und direkt auf Ihrer Homepage landet. Und wir reden hier nicht von Euro, sondern pro Klick werden nur einige Cent abgebucht.
Schon nach wenigen Stunden können Sie mitverfolgen, wie erfolgreich Ihre Anzeigenkampagne verläuft, denn Google übernimmt für Sie auch die Zählung aller relevanten Daten. Das bedeutet, Sie sehen nicht nur die Klicks auf Ihre Anzeige, sondern auch wie oft und in welcher Zeit welche Keywords überhaupt bei Google eingegeben wurden. Sie können also sofort auf nicht erfolgreiche Anzeigentexte reagieren und die Anzeige verbessern oder aber noch zusätzliche Keywords einfügen bzw. die bisherigen Keywords verfeinern.
Google-Werbung ist also speziell für die hoch spezialisierten Berufe ein enorm effizientes Werbemittel. Je spezifischer die Anzeigen und Keywords abgestimmt werden, desto effektiver und desto günstiger wird die gesamte Google-Kampagne.

## Short-List Google-Werbung

### Sie brauchen eine Homepage

Eh klar, ohne Homepage ist auch Google-Werbung sinnlos. Weiterer Kommentar erübrigt sich.

### In fünf Minuten ist die Google-Anzeige fertig

- ❑ Klicken Sie bei www.google.de auf „Werbung" und klicken Sie sich durch die Infoseiten. Innerhalb von 5 bis 10 Minuten können Sie eine erste eigene Anzeige starten und haben damit die Möglichkeit, in ca. 15 Minuten die ersten potenziellen Klienten auf Ihre Homepage zu leiten. Denn die Anzeigen werden sofort freigeschaltet.
- ❑ Bezahlt werden Ihre Anzeigengebühren einmal pro Monat über Kreditkarte – daher bitte Ihre Karte für die Anmeldung bereithalten.

### Auswahlkriterien

- ❑ Auswahl der Sprache: Ist nur Deutsch für Sie relevant, dann klicken Sie dies an. Sollten Sie auch in anderen Sprachen agieren, müssen Sie jeweils eine oder mehrere weitere Anzeigen konzipieren und die Anzeigentexte und Keywords auch in dieser Sprache anlegen.
- ❑ Auswahl des Landes: Hier wählen Sie die Länder aus, in denen Ihre Anzeige erscheinen soll, wenn jemand in der Suchmaschine von Google sucht. In meinem persönlichen Fall sind es immer die Länder Österreich, Schweiz, Deutschland – die stimmen dann auch mit der Sprache überein – außerhalb dieses Gebietes habe ich für meine Dienste noch keine Anzeigen geschaltet.
- ❑ Eingabe Anzeigentext und Keywords (siehe weitere Infos auf dieser Short-List)

## Mehrere Anzeigen sind besser als eine

- ❑ Da die Anzeigentexte bei Google nur auf wenige Zeichen (insgesamt weniger als 90) begrenzt sind, empfiehlt es sich, zu jedem Produkt oder für jede Dienstleistung eine eigene Anzeige zu konzipieren. Hier sollten ganz kurz und prägnant die wichtigsten Vorteile zu diesem Themenkreis genannt werden.
- ❑ Wenn Sie z.B. Produzent von Schafkäse sind, sollten Sie eine Anzeige konzipieren, in welcher der Begriff „Schafkäse" auch vorkommt, denn dieses Suchwort wird von Google fettgedruckt herausgestellt und fällt daher dem Betrachter bzw. Sucher leichter in die Augen.
- ❑ Wenn Sie zusätzlich noch frische Ziegenmilch anbieten, dann sollte eine eigene Anzeige dieses Thema behandeln und das Wort „Ziegenmilch" sollte in der Google-Anzeige vertreten sein.
- ❑ Eine Allgemeinanzeige ist zu wenig: Bei den beiden oben genannten Beispielen wäre es wenig zielführend, einfach eine Anzeige zu schalten mit dem Text: Frischer Käse, super Qualität, super Preis! Besser ist da schon:
  - Frischer Käse direkt vom Senner!
  - Ziegenmilch frisch vom Bio-Bauern!
  - Oder zumindest: Unser Käse ist Bio!

## Keywords sollen sich nicht überschneiden

Achten Sie darauf, dass sich die Keywords (also die Stichworte, unter denen die Google-Nutzer Sie finden sollen) bei den verschiedenen Anzeigen nicht oder nur minimal überschneiden, sonst wird Ihre Anzeige doppelt präsentiert (was aber natürlich auch ein Vorteil sein kann).

## Keywords sollten alle Schreibvarianten enthalten

- ❑ Wie bereits erwähnt, sind Keywords der Schlüssel zu qualifizierten Interessenten. Damit Sie von möglichst allen „Suchenden" gefunden werden, sollten Sie auch alle möglichen (und unmöglichen)

Wortkombinationen bei den Keywords zu Ihrer jeweiligen Google-Anzeige einfügen. Je mehr, desto besser. Bedenken Sie auch mögliche Schreibfehler ihrer potenziellen Kunden, denn nicht alle kennen sämtliche Käsefachausdrücke.

- ❑ Brainstorming Keywords
  Wonach sucht Ihr Kunde? Versetzen Sie sich in seine Lage und überlegen Sie, was ein Interesssent als Suchbegriff eintragen wird. Überlegen Sie sich alle Begriffe, auch jene, die nur eine schwache Beziehung zu Ihrer Seite und Ihrem Tätigkeitsbereich haben, und tragen Sie diese in eine Liste ein. Dabei ist weniger die Überlegung wichtig, was Sie verkaufen wollen, sondern vielmehr: Was und unter welchen Begriffen könnte ein Kunde suchen? Damit beschränken Sie sich nicht selbst bei der Auswahl der Begiffe.
- ❑ Übrigens gibt es die Möglichkeit, live zu sehen, wer was wann eingibt: Bei www.fireball.de unter Live Suche können Sie zusehen, was Suchende in die Suchmaschinenfelder eingeben.
- ❑ Schlecht laufende Keywords werden gesperrt: Sollten Sie Keywords ausgewählt haben, die nicht dazu führen, dass Ihre Anzeige angeklickt wird (weniger als 0,2 Prozent Click-through-Rate), dann wird dieses Wort von Google gesperrt. Alle anderen von Ihnen gewählten Keywords bleiben weiterhin aktiv.

## Gibt es schon „Google"-Konkurrenz in Ihrem Bereich?

- ❑ Genauer gesagt: Wenn Sie bestimmte Keywords bei Google eingeben, wie viele Anzeigen erscheinen dann? Wichtig ist dieser Punkt vor allem für den „Klickpreis" Ihrer Anzeige.
- ❑ Gibt es wenige Konkurrenzanzeigen, dann wählen Sie den Preis pro Klick mit 0,05 Euro und Sie werden bei jeder Nennung des Suchbegriffes an oberster Stelle der Google-Suchseite präsentiert.
- ❑ Gibt es viele Konkurrenzanzeigen, dann wählen Sie einfach einen höheren Preis, der pro Klick an Google überwiesen wird, z.B. 0,3 Euro, und schon werden Sie wieder „on Top" präsentiert und als Erster gereiht. Der Preis ist natürlich abhängig von der werbenden Konkurrenz. Und wenn einem Kollegen ein Besuch eines Interes-

senten 1 Euro wert ist, dann müssten Sie natürlich diesen Betrag überbieten, um an erster Stelle gereiht zu sein. Dieser Kampf um den ersten Platz ist aber gerade bei den Google-Anzeigen müßig, denn wie die Erfahrung zeigt, sind die Internetnutzer sehr clever und begnügen sich meist nicht mit dem Blick auf eine genannte Homepage, sondern klicken sich durch bis zu einem Anbieter, der ihren persönlichen Bedürfnissen entspricht. Und oftmals gewinnt ohnehin der bessere Anzeigentext.

## Google-Werbung verbessert nicht Ihr Google-Ranking

- ❑ Das Ranking wird weder positiv noch negativ durch eine gute oder schlechte Anzeigenkampagne beeinflusst.
- ❑ Das bedeutet, dass Sie auch weiterhin danach trachten sollten, ein gutes Suchmaschinenranking zu erreichen. Tipps gibt es unter:
  - www.suchmaschinentips.de
  - www.suchmaschinen-optimierung.info
  - www.metaposition.net

## Eintrag Ihrer Homepage bei Google

Sollten Sie Ihre Homepage noch nicht bei Google eingetragen haben – hier die Vorgehensweise:

- ❑ Gehen Sie auf www.google.de
- ❑ Klicken Sie auf „alles über Google“
- ❑ Klicken Sie auf „Ihre URL hinzufügen/entfernen“
- ❑ Ihre Homepage-Adresse inklusive http:// eingeben
- ❑ Geben Sie Kommentare zu Ihrer Homepage ein (diese haben aber keinerlei Einfluss auf das Ranking)
- ❑ Als Abschluss klicken Sie auf „URL hinzufügen“

## Nur mit Google zu einem Topergebnis

Ein persönliches Beispiel am Ende dieses Kapitels soll Ihnen beweisen, dass Sie, auch wenn sie nur und ausschließlich mit Google werben, dennoch erfolgreich sein können.

z.B.

Ich hatte im März 2003 die Idee für einen „wilden" Literaturwettbewerb. Die besten Beiträge wollte ich als Anthologie veröffentlichen. Eine Homepage war schnell gemacht und die Seite wurde bei Google angemeldet. Ich wollte für dieses Projekt natürlich nicht unnötig viel Werbegeld investieren, um zu schreibwütigen Literaten zu kommen. Der erste Versuch: Eintrag des Wettbewerbs auf einer Interenetseite für „Literaturwettbewerbe" – danach auf einer großen Internetseite für Bücher. Erfolg: sehr spärlich. Dann ein Versuch mit einer „gedruckten" Wortanzeige in *DIE ZEIT* und einige Eintragungen in kleineren Literaturzeitungen. Ebenfalls kein Besucheransturm auf der Homepage. Es waren schon zwei Monate vergangen und der Wettbewerb sollte nur bis Oktober 2003 laufen. Bisher gab es nur 10 Texteinsendungen und nur wenige Besucher auf der zwei Monate alten Homepage. Dann kam die Google-Anzeige und es ging los – bereits am nächsten Tag gab es 30 Besucher auf der Homepage, an Spitzentagen kletterte dieser Wert auf 200 bis 300 Besucher. Was soll ich sagen – durch die Anzeigen von Google wurde der Wettbewerb mit über 700 (!) eingereichten Texten von über 200 Literaten zum tollen Erfolg. Auf der Homepage waren bisher über 10.000 Besucher – nicht zuletzt durch die Google-Anzeigen. Die Kosten beliefen sich auf insgesamt überschaubare 950 Euro (wobei ich den Fehler beging, einen zu hohen Klickpreis zu wählen, sonst wären die Kosten noch niedriger gewesen).
Werfen Sie mal einen Blick rein: www.whitetrash.info.

# E-Mail & Newsletter-Werbung

E-Mail-Werbung kann durchaus mit herkömmlichen gedruckten Direct-Mails verglichen werden, es ist quasi die elektronische Form eines Direct-Mailing. Ein wichtiger Unterschied zu gedruckten und per Post versandten Mailings ist die geringere Rücklaufquote, die diese neue Form der Werbung bringt. Wenn man beim normalen Direct-Mailing von einer Rücklaufquote von ca. 0,5 Prozent bis ca. 5 Prozent ausgeht, so liegt die Rücklaufquote bei E-Mail-Werbung bei unter 0,1 Prozent. Wobei auch hier gilt: Ausnahmen bestätigen die Regel. Je besser Ihre E-Mail-Werbung auf die angepeilte Zielgruppe abgestimmt ist, desto höher ist die Erfolgsquote. Man unterscheidet:

- Massen-E-Mail
- Newsletter
- Diskussionslisten
- Newsgroups

Die derzeit wichtigste Variante des E-Mail-Marketings ist der E-Mail-Newsletter, mit dem eine Firma ihre Kunden regelmäßig über ihre neuesten Entwicklungen und Dienstleistungen auf dem Laufenden halten kann. Online-Marketing-Berater kennen die Problematik, aber auch die Vorteile, die diese neue Form der Kundenbindung mit sich bringt. Fluch und Segen zugleich ist z.B. der Umstand, dass der Versand eines Newsletters nicht viel kostet. Daher können zwar viele Kunden damit beliefert werden, aber im Gegensatz zu gedruckten und damit teuren Werbemitteln wird eine Newsletter-Werbeaussendung weniger sorgfältig konzipiert und natürlich ist die Versuchung groß, diese Newsletter auch an „Nicht-Kunden" zu versenden – KOSTET JA NIX!
Das Geschäft mit E-Mail-Werbung boomt. Und in boomenden Wirtschaftsbereichen kommt es immer wieder zu Wildwuchs. Jeder weiß es, jeder kennt es – unsere Mailboxen sind gefüllt mit unerwünschten Spam-Mails. Mich stören eigentlich nur die „echten" Spams wirklich. Also Spam-Werbung für Viagra, absonderliche Anlageformen, Gewinnspiele, Internetcasinos und die berühmten Penisverlängerungspillen.

z.B. Gerade werden wir von einer enormen Welle von Spam-Mails bombardiert! Diesmal werden gefälschte Rolex-Uhren angepriesen. Täglich habe ich ca. 10 bis 20 dieser Mails auf meinem Server. Diese ungeheure Flut an Mails, die anscheinend europaweit versandt werden, brachte sogar die Firma Rolex unter Zugzwang. Heute habe ich nämlich in mehreren Zeitungen eine Pressemeldung gelesen, wonach sich Rolex ausdrücklich von diesen Mails distanziert und beteuert, nichts damit zu tun zu haben. So weit kann Spam-Mail gehen.

Im Gegensatz dazu gibt es Mails von Firmen, die zu mir oder meiner Firma passen. Wenn es Werbe-Mails zu bestimmten berufsspezifischen Themen sind, bin ich diesen Mails gegenüber sogar durchaus positiv eingestellt. Gerade habe ich für mein Buch *HOTEL KREATIV* eine Mailing-Aussendung an 3000 Hotels in Deutschland versandt – der Erfolg dieser Aussendung war wirklich nicht schlecht. Der Buchverkauf ging steil nach oben. Eine Postaussendung hätte ich mir niemals leisten können – denn der Gewinn pro Buch ist so gering, dass sich auch bei gutem Mailing-Rücklauf und damit vielen Bestellungen klassische Briefwerbung niemals rentiert hätte. Jetzt werden viele Unternehmer sagen: Na ja, Bücher kann man ja locker per E-Mail verkaufen – aber ich habe Investitionsgüter oder Luxusartikel, die ich verkaufen muss. Manche können sich wiederum nicht vorstellen, eine Dienstleistung per Mail anzubieten. „Da reagiert doch niemand – das kann doch nicht funktionieren!" Weit gefehlt! Auch hier habe ich selbst schon sehr positive Erfahrungen gemacht.

z.B. Bei einer Ausdehnung an nur ca. 300 Mail-Adressen von Unternehmensberatern in ganz Österreich ergab sich für mich ein mehrtägiger, sehr lukrativer Coachingaufenthalt in Monaco. Nicht schlecht – wenn man bedenkt, dass ich für das Konzipieren des Textes und das Versenden insgesamt nur ca. zwei Stunden gebraucht habe. Der rein finanzielle Aufwand war gleich null. Und genau das macht E-Mail-Werbung so attraktiv.

**Tipp**

E-Mail Werbung ist natürlich speziell für Firmen problematisch, die sich an Endverbraucher richten. Denn Werbung an Endverbraucher ist in den meisten Ländern verboten – es sei denn, der Kunde gibt sein Einverständnis zur Zusendung von E-Mail-Werbung oder Newsletter-Werbung. Hingegen ist es in Österreich erlaubt, im B2B-Marketing per E-Mail oder Newsletter zu werben, solange man dem Angeschriebenen die eindeutige Möglichkeit bietet, sich aus der Mailingliste wieder auszutragen.. Dennoch ist es auch hier wichtig, sich vor der ersten Aussendung über die aktuelle Gesetzeslage zu informieren, die sich derzeit fast halbjährlich ändert. Ebenso wichtig ist es, sich von aufdringlichen Spams zu unterscheiden. Schreiben Sie also nicht einfach „alle Unternehmer in ganz Europa" mit nur einem einzigen Mailtext an, sondern wählen Sie ganz gezielt nur bestimmte Berufsgruppen aus. Diesen können Sie dann in einem kurzen Mail Ihre Dienstleistung und Lösungsansätze sehr spezifiziert anbieten. Der Erfolg ist mit Sicherheit nicht weit entfernt von einem üblichen „gedruckten" Direct-Mailing.

Der wichtigste Rat, den ich Ihnen in Hinblick auf E-Mail-Werbung und Newsletter-Werbung geben kann: Versuchen Sie, von Vorteil für Ihre Kunden zu sein.

Je mehr Ihnen diese Vorteilsfindung mit Ihren Infos und Tipps zum jeweiligen Produkt gelingt (adaptieren Sie diese Produktvorteile auch auf die Bedrüfnisse des jeweiligen Berufs- oder Tätigkeitsfeldes Ihrer Kunden), desto höher werden die Recall-Zahlen sein. Kurz gesagt – einen Hotelier interessieren die Preise für die Anmietung von Baukränen kaum, es sei denn, er plant einen Umbau seines Hauses. Alles klar?!

# Die wichtigsten Punkte für E-Mail-Werbung

## Niemand erwartet Ihre E-Mail-Werbung

- ❏ Sie müssen daher sofort im Betreff die Aufmerksamkeit erregen – am besten nennen Sie die ausgewählte Branche, der Sie Ihre E-Mail senden, beim Namen. Zum Beispiel:
  - Holzdiskont für Tischler
  - Das Lagerhaltungsprogramm für Installateure
  - Günstige Übernachtungstarife für Handelsvertreter
  - Kommen Sie sofort zum Thema – sonst werden Sie gelöscht!

## Alle fürchten sich vor Viren

Sie müssen daher Vertrauen erzeugen:

- ❏ durch Ihren ausgeschriebenen Absendernamen
- ❏ durch Ansprache der ausgewählten Zielgruppenbranche
- ❏ keine Anlagen (öffnet ohnehin niemand – aus Angst vor Viren)

## Massen-E-Mails mit oder ohne Links

- ❏ E-Mails können in Form von reinen Textbriefen verfasst werden:

  a) Ohne automatische Links – nur Angabe der Homepage oder E-Mail-Adresse im Text ohne Klickverbindung. Ich finde, das reduziert die Furcht vor Viren, noch dazu wenn die Homepage-Adresse seriös klingt. Zum Beispiel:
  - www.anwaeltin.at
  - www.buchhaendler.de
  - www.steuerkanzlei.at
  - www.hotelkreativ.de

  b) mit Links zu Ihrer Homepage: Das ist durchaus sinnvoll, weil man sich mit einem Klick Ihre Homepage ansehen und das Angebot verifizieren kann. Aber wie gesagt – die Angst vor Viren ist groß und ich habe mich selbst schon dabei beobachtet, dass ich Links auf

Werbe-Mails nicht angeklickt habe, sondern die angegebene www-Adresse extra eingegeben habe, um auf die Homepage zu gelangen. Bedenken Sie, dass sich hinter einem angegebenen Link wie www.rolex.at ein ganz anderer Pfad verbergen kann, der den Weg zu einem Viren-Download öffnet. Das ist bei einer direkten Eingabe kaum möglich.

- Selbstverständlich sind Anlagen an „eigene Kunden" absolut zu begrüßen, denn Ihre eigenen Kunden scheuen natürlich nicht davor zurück, beigefügte Dateien von Ihnen zu öffnen. Das ist auch einer der Hauptvorteile, die E-Mails bieten. Ganze Prospekte werden durch PDFs ohne Probleme in die ganze Welt versandt. Wenn einem Vertreter Unterlagen oder Planzeichnungen fehlen, können diese noch während des Gesprächs beim Kunden an die entsprechende Mail-Adresse versandt und sofort im Verkaufsgespräch verwendet werden. Schöne neue Internetwelt.

## E-Mail im HTML-Format

- Bilder und Grafiken können direkt in den Briefteil der E-Mail integriert werden, wodurch sich etwas höhere Datenmengen ergeben und damit längere Zeiten bei der Übertragung und beim Öffnen der Mails.
- Die Gestaltung der E-Mail macht sie zwar ansehnlicher und vielleicht auch übersichtlicher, aber sie wird eindeutiger als Werbung klassifiziert – was wiederum zu einer Löschung führen kann. Wie gesagt, niemand erwartet Ihre E-Mail-Werbung. Jedoch sind gestaltete E-Mails eine perfekte Sache für regelmäßige Newsletter, die an eigene Kunden gehen.

## Wie oft soll E-Mail-Werbung versandt werden?

Die einfachste Faustregel für jegliche Werbeaussendung lautet: Haben Sie ein Angebot, das Ihre Gäste oder Kunden interessiert, dann ist eine Werbeaussendung sinnvoll und wird erfolgreich sein. Da gibt es dann auch kein „zu oft". Gerade bei E-Mail-Werbung würde ich jedoch bei ein Mal pro Woche oder sogar ein Mal pro Monat einen Schlussstsrich ziehen – um nicht zu viele Austragungen aus meiner Mail-Adressdatei zu riskieren.

# Die wichtigsten Punkte für Newsletter

## Ein Newsletter ist mit einer gedruckten Kundenzeitung vergleichbar

Da ein Newsletter hauptsächlich auf dem Bildschirm betrachtet wird, muss höchstes Augenmerk auf die leichte Lesbarkeit und die Übersichtlichkeit gelegt werden. Bieten Sie zu jedem Thema kurze Zusammenfassungen an – durch die elektronische Verlinkung ist es sehr einfach möglich, per Klick zum längeren und ausführlicheren Text auf Ihre Homepage zu gelangen oder zu einer Datei, die als Download bereitgestellt wird. Zeigen Sie dem Leser deutlich, wo er zu den weiteren Informationen gelangen kann. Einfache Sätze am Ende des Kurztextes sind unmissverständlich und klar. Zum Beispiel:

- ❑ ... lesen Sie den ganzen Bericht!
- ❑ ... weitere Infos als Download – hier klicken!
- ❑ ... alle Details finden Sie hier!

## Newsletter sind erwünschte Werbung

Wie gesagt, Massen-E-Mails sind unerwünscht – daher werden sie kaum beachtet. Newsletter hingegen sind meist erwünscht, wenn die Adressen durch Einwilligung der Empfänger gewonnen werden (siehe Permission Marketing).

## Ein Newsletter behandelt bestimmte, meist sehr spezifischen Themen

- Newsletter ausschließlich mit tollen Angeboten – das reicht!
- Wenn Sie aber Freiberufler oder Berater sind, dann sind reine Angebote meist zu wenig! Warum? Freiberufler sind „Wissensvermittler“, daher sollten Sie bei der Entscheidung für einen Newsletter auch Wissen weitergeben. Ich garantiere Ihnen: Je besser und qualifizierter Ihre Informationen sind, desto mehr neue Kunden werden Sie bekommen. Denn die Leser Ihres Newsletters schließen von den Inhalten auf die Qualität Ihrer sonstigen Dienstleistungen.
- Je spezifischer der Inhalt Ihres Newsletters, desto besser, egal, ob es um Dienstleistungen, Services, Neuheiten-Information, Produktinformationen, Branchenneuheiten, Informationen über bestimmte Themen, Informationen über Events (= Messen, Seminare, Tage der offenen Tür etc.), Informationen über den eigenen Internetauftritt etc. oder natürlich Brancheninformationen für die jeweilige Berufsgruppe geht.

Wie auch immer – der wichtigste Rat, den ich Ihnen zu diesem Themenkreis geben kann: Je besser die Infos auf die angepeilte Zielgruppe abgestimmt sind – desto besser und erfolgreicher ist Ihr Newsletter.

**z.B.** Als Werber bekomme ich täglich (!) zwei Newsletter mit den aktuellsten Infos über die Werbebranche von Österreich.
Für die Rechtsanwaltskanzlei Dr. Heid & Partner habe ich einen Newsletter entworfen, der sich dem Thema „Vergabe“ widmet und für Interessenten alle relevanten Infos zu diesem Thema vereint. Der Erfolg dieses regelmäßig per E-Mail versandten Newsletters kam für alle überraschend. Sogar andere Anwälte bedienen sich mittlerweile dieses Newsletters als aktuelle Kurzinformation über das Thema Vergabe.
www.vergabeanwalt.at

## Wie oft soll ein Newsletter versandt werden?

- Wenn Sie etwas zu sagen oder zu berichten haben, kann ein Newsletter gar nicht oft genug versandt werden. Ideal wäre schon eine monatliche Ausgabe.
- Wie gesagt: Fast jede Branche bekommt Newsletter (meist als Zusatzservice von gedruckten Branchenblättern), oft sogar täglich. Und mich interessiert es sehr, was in meiner Branche so passiert. Sie doch auch? Na eben!

## Hüten sie sich vor einem Newsletter ohne News!

Leider bekommt man solche Newsletter – ohne Inhalt – sehr oft. Wenn Sie keine wichtigen oder zumindest relevanten Infos zu berichten haben, ist reine E-Mail-Werbung mit einem konkreten Angebot der bessere Weg. Zu viele Abmeldungen von Ihrem Newsletterdienst wären sonst die unabdingbare Folge.

## Newsletter als Kundenbindungsinstrument

- Kaum ein Werbemittel ist so gut geeignet, um Kunden von seinen Leistungen und natürlich auch neuesten Angeboten und Services zu unterrichten. Richtig aufbereitet ist der Newsletter eine unaufdringliche und äußerst effiziente Möglichkeit, Kunden an das eigene Unternehmen zu binden.
- Know-how ist der Schlüssel: Infos ohne Substanz bringen Ihnen keine treuen Kunden, sondern vergraulen sie eher. Bei Preisen, die nicht konkurrenzfähig sind, hilft auch der beste Newsletter oder die aufwändigste Angebots-Mail nicht.
- Bieten Sie auch „kleine" Produkte an oder Seminare oder zusätzlichen Service etc. und Sie werden erstaunt sein, wie oft Ihre Kunden von diesen Zusatzangeboten Gebrauch machen werden und Ihnen dadurch eine Menge Zusatzumsatz bringen.

## Newsletter als Neukundengewinnungsinstrument

- Der erste Newsletter, der an eine neue und damit unbekannte Zielgruppe versandt wird, sollte deutlicher als die darauf folgenden die Vorteile des Newsletters für die Empfänger klar und deutlich auflisten bzw. darstellen. Und natürlich die Vorteile, bei Ihrem Unternehmen Kunde zu werden.
- Der Inhalt der ersten Ausgabe lässt auf den Inhalt der weiteren schließen. Daher ist es wichtig, bereits zu Beginn ein klares Inhaltskonzept aufzustellen, und auch das Layout sollte bereits feststehen. Usability ist unser Schlagwort – „leichte Verwendbarkeit“ – und über allem steht der „Nutzen für den Konsumenten“.

## Das Layout eines Newsletters

Wie bei den Massen-E-Mails können Newsletter in Form von reinen Textbriefen, in der Regel mit vielen Links zu weiteren Informationen oder Downloads, in Form von Textbriefen mit Anlagen (elektronische Beilagen wie z.B. Flugblatt im PDF-Format) oder im HTML-Format (Bilder und Grafiken können direkt in den Briefteil des Newsletter integriert werden) versandt werden.

## Permission-Marketing

- Die Akzeptanz von unaufgeforderten Massen-E-Mails ist sehr gering.
- Permission-Marketing heißt „Erlaubnis-Marketing“ und bedeutet, dass vor dem Versenden einer E-Mail mit Werbebotschaft die Erlaubnis des Empfängers eingeholt wird. Um nun zu E-Mail-Adressen zu gelangen, werden dem Adressbesitzer Anreize gegeben, die dazu führen, dass der Empfänger sein Einverständnis für den Erhalt von (Werbe-)Botschaften gibt.
- Das „Opt-in“-Prinzip besagt, dass ein Empfänger durch das Eintragen seiner E-Mail-Adresse sein Einverständnis für den Erhalt einer Information oder Werbebotschaft gibt.

- „Opt-out" bedeutet das Austragen aus der Versandliste. Das soll durch qualifizierte und interessante Zusendungen vermieden werden.
- Permission-Marketing basiert auf den Grundsätzen „erwünscht", „persönlich" und „relevant" – je persönlicher und relevanter Ihre Werbebotschaft ist, desto eher ist Ihre Zielgruppe bereit, dafür ihre kostbare E-Mail-Adresse preiszugeben.

## Möglichkeiten, um an die Erlaubnis von Empfängern zu gelangen

- Informationen über wichtige Themen
- Einladungen für regelmäßige Events
- Newsletter
- Aktionen
- Regelmäßige Informationen, z.B. über neue Produkte
- Geschenke
- Ratgeber, Fachartikel, Studien, Tipps
- Werbung nach individuellen Interessengebieten
- Wettbewerbe, Gewinnspiele
- Zusatznutzen in irgendeiner Form

## Tipps für Permission-Marketing

- Bieten Sie auf jeder E-Mail eine „Opt-out"-Möglichkeit (Austragungsmöglichkeit oder Abbestellmöglichkeit).
- Bestätigen Sie Eintragungen bzw. die Erlaubnis für E-Mails sofort.
- Bieten Sie dem Empfänger die Möglichkeit, seine Interessengebiete zu nennen.
- Die erhaltenen Adressen nie weitergeben
- Geben Sie dem Empfänger eine Erklärung bezüglich der Verwendung der Adressen bzw. über den Datenschutz.
- Verwenden Sie keine gemieteten oder gekauften Adressen, sondern immer nur solche, die selber durch Permission-Marketing gewonnen wurden – das ist sicherer.

## Diskussionslisten und Newsgroups

- ❏ Nicht zu unterschätzen sind Eintragungen in Diskussionslisten oder Newsgroups zu bestimmten Themen. Die Teilnehmer diskutieren aktiv die von ihnen selbst oder vom Betreiber der Diskussionsliste/Newsgroup eingebrachten Themen.
- ❏ Der Betreiber der Diskussionsliste/Newsgroup stellt in der Regel nur die Infrastruktur für die Diskussionsliste zur Verfügung (unmoderierte Diskussionsliste).
- ❏ Es gibt aber auch moderierte Diskussionslisten/Newgroups, bei welchen der Betreiber der Diskussionsliste/Newsgroup die Diskussionen aktiv lenkt.
- ❏ Es wird auch noch zwischen offenen und geschlossenen Diskussionslisten/Newsgroups unterschieden.
- ❏ Bei den offenen Diskussionslisten/Newsgroups können sich alle Interessenten frei anmelden.
- ❏ Bei den geschlossenen Diskussionslisten/Newsgroups müssen die interessierten Teilnehmer sich per E-Mail über bestimmte Selektionskriterien ausweisen (z.B. Forscher müssen entsprechende Ausbildung oder Berufserfahrung aufweisen).
- ❏ Viele Internet-User suchen bereits in diesen Foren nach qualifizierten Antworten auf bestimmte Fragen und Problemstellungen. Hier als qualifizierter Fachmann aufzutreten bringt Besucher auf die eigene Website.
- ❏ Problemlöser für Online-Gemeinschaften oder Communities

### Internetadressen von Mailinglist-Verzeichnissen:

- www.meta-list.net
- www.kbx.de
- www.lisde.de
- www.liszt.com
- Suchmaschine für Newsgroups: www.deja.com, www.google.de

## Vor- und Nachteile von E-Mail-Marketing

Dieses Kapitel wäre nicht vollständig, würde ich nicht noch einmal die Vor- und Nachteile von E-Mail-Marketing auflisten. Eines ist klar: Es ist eine moderne und äußerst effiziente Möglichkeit, mit vielen potenziellen Kunden zu kommunizieren.

### Vorteile

- Geringe Versandkosten
- Hohe Versandgeschwindigkeit
- Möglichkeit, Beilagen mitzusenden
- Interessante Möglichkeit, um die Zugriffsraten auf die eigenen Internetseiten zu erhöhen
- Kundenbindungsmöglichkeiten via Newsletter und Diskussionsforen
- Direkte Adressierung/Kontaktierung an den Arbeitsplatz (PC) möglich
- Interessant, um Diskussionsforen aufzubauen
- Interessantes Instrument im One-to-One-Marketing

### Nachteile

- Geringer Beachtungsgrad auf Grund der allgemeinen Informationsüberlastung und der großen Anzahl versendeter E-Mails
- Mangelnde Akzeptanz bei den Empfängern von Massen-E-Mails

- ❏ Technische Darstellungsprobleme je nach verwendeten Programmen
- ❏ Die grassierende Virenangst führt dazu, das viele Massen-E-Mails gar nicht geöffnet werden.
- ❏ In bestimmten Ländern ist ein Versenden von Massen-E-Mails an Endkunden definitiv verboten, der Versand B2B aber erlaubt, in manchen Ländern ist jeglicher Versand verboten. Prüfen Sie also die jeweiligen rechtlichen Einschränkungen.
- ❏ Hoher zeitlicher Aufwand für die inhaltliche Gestaltung von qualifizierten und anspruchsvollen Newsletter-Texten (notwendig bei Wissensverkäufern wie den freien Berufen oder auch technikorientierten Unternehmen)

## Sie entscheiden!

Wägen Sie also selbst das Für und Wider ab und handeln Sie danach. Das Internet hat sich zu einem unverzichtbaren Teil unseres Lebens gemausert. Dass diese Bedeutung noch steigen wird, ist anzunehmen. Gerade für KMUs bieten sich ungeahnte Möglichkeiten, auf einen Schlag weltweit Kunden zu aquirieren. Das Internet aus den Marketingüberlegungen zu eliminieren wäre daher sehr kurzfristig gedacht und ist mit Sicherheit in einigen Jahren ohnehin obsolet, weil es bestimmte, von allen akzeptierte (und auch genutzte) Werbemöglichkeiten geben wird.
Einen Tipp (und, wie ich glaube, auch einen gewinnbringenden Tipp) möchte ich Ihnen noch mit auf den Weg ins WWW mitgeben.

**Tipp**

Verkaufen Sie Ihre Waren doch auf www.ebay.de.
Diese Versteigerungsplattform ist derzeit der größte Markt auf diesem Planeten. Täglich werden Millionen Produkte verkauft. Und mittlerweile leben bereits tausende Händler zu 100 Prozent von ihren Verkäufen auf Ebay. Da gibt es den Metzger aus Leipzig, der seine Wurstspezialitäten über Ebay vertreibt und mittlerweile 30 Prozent des Umsatzes daraus lukriert. Da gibt es die Uhrenhändler, die teilweise sogar ihre Ladenlokale geschlossen haben, um sich nur noch dem Internethandel zu widmen. Da gibt es Kunsthändler, die keine Galerie mehr besitzen, sondern nur noch über Ebay kaufen und verkaufen. Und zwischenzeitlich gibt es bereits Händler, die sich darauf spezialisiert haben, Produkte von dritten Personen (Privaten und Unternehmer) gegen Gebühr bei Ebay einzustellen und den Verkauf bis hin zum Versand zu betreuen. Eine wahre Revolution im Einzelhandel, die sich hier in den letzten Jahren etabliert hat. Und wenn man auf die Transaktionszahlen einzelner Händler blickt (ist bei jedem Verkaufs- bzw. Mitgliedsnamen aufgeführt), dann bekommt man schon „glänzende Augen". Da gibt es Händler auf Ebay, die bereits über 20.000 (!) Verkäufe getätigt haben.

# 12 Verkehrsmittelwerbung

Die Verkehrsmittelwerbung ist eine Werbemöglichkeit und eine Werbeform, die von Klein- und Mittelbetrieben nur sehr selten genutzt wird. Möglicherweise weil man glaubt, dass Verkehrsmittelwerbung unfinanzierbar oder auch ganz einfach nicht erfolgreich ist. Beide Vorurteile sind falsch.

Aus eigener Erfahrung kann das genaue Gegenteil berichtet werden. Verkehrsmittelwerbung ist – meiner Ansicht nach – sogar eines der erfolgversprechendsten Werbemittel und dabei oft sehr kostengünstig. Wohlgemerkt, nicht jeder Betrieb wird sich die großen Folien auf Straßenbahnen und Bussen leisten wollen oder auch können. Aber umgerechnet auf die tagtägliche und fast 24-stündige Präsenz (im Gegensatz zu z.B. Anzeigen in Tageszeitungen) sind diese Werbemittel geradezu spottbillig.

Grundsätzlich ist auch genau zu unterscheiden, ob Sie mit Ihrer Werbung nur Image- bzw. Bekanntheitswerbung betreiben möchten (dann sind die Außenflächen von Verkehrsmitteln ideal) oder ob Sie konkrete Informations- und Angebotswerbung durchführen möchten (dann sind die Flächen im Inneren der Verkehrsmittel zu bevorzugen).

Ganz entscheidend für den Werbeerfolg in Verkehrsmitteln ist die „Masse". Gibt es also genügend Plakatflächen für den Werbeauftritt und werden diese wenigen Flächen auch von genügend Personen und Passanten gesehen und beachtet? Dies ist besonders dann wichtig, wenn Sie sich nur wenig Werbefläche leisten können.

Die verschiedenen Möglichkeiten der Verkehrsmittelwerbung:

- ❑ Straßenbahn: innen und außen (unterschiedliche Möglichkeiten, z.B. Plakate, Folien, Schilder, Laufschriftwerbung, Durchsagen)
- ❑ U-Bahn: innen und außen (unterschiedliche Möglichkeiten, z.B. Plakate, Folien, Schilder, Laufschriftwerbung, Durchsagen)
- ❑ Busse: innen und außen
- ❑ City-Busse: innen und außen

- U-Bahn-Stationen (unterschiedliche Möglichkeiten, z.B. Plakate, Folien, Schilder, Laufschriftwerbung, Durchsagen, Stationskino)
- Bahnsteig-Plakate (Folien- oder Papierwerbeflächen in den unterschiedlichsten Größen)
- Straßenbahn- und Busstationen (unterschiedliche Möglichkeiten, z.B. Plakate, Folien, Schilder, Laufschriftwerbung,)
- Taxis: innen und außen (meist Aufkleber)
- Lkw: auf den Planen der Lkw
- Nahverkehrszüge: innen und außen (unterschiedliche Möglichkeiten, z.B. Plakate, Folien, Schilder, Laufschriftwerbung, Durchsagen)
- Bundesbahnzüge: innen (unterschiedliche Möglichkeiten, auch in den Fahrplänen oder in den Zugzeitungen)
- Bahnhöfe: unterschiedliche Möglichkeiten, z.B. Plakate, Folien, Schilder, Laufschriftwerbung, Durchsagen, Bahnhofskino
- Privat-Pkw: nur Außenaufkleber
- Zeitungen: Fahrgastzeitungen der unterschiedlichsten Verkehrsmittel, die gratis aufliegen

Genauere Informationen über Preise, Möglichkeiten und Größe der Flächen geben Ihnen die meisten Werbeagenturen oder die jeweiligen Verwaltungen der Verkehrsmittelbetriebe.

# Die wichtigsten Punkte für Low-Budget-Außenwerbung bei Verkehrsmitteln

## Seien Sie plakativ

- Da Außenwerbung auf Bussen oder Straßenbahnen große Ähnlichkeit mit Plakatwerbung hat, sollten Sie sich nur auf eine Hauptaussage konzentrieren und das Logo möglichst groß herausstellen.
- Gerade bei Bus- oder Straßenbahnfolien fehlt die Zeit für das Lesen längerer Texte. Beschränken Sie sich daher auf eine Hauptaussage und eine einzige Headline.

- ❑ Bei Außenfolien verwendet man nicht die ganze Firmenadresse, sondern nur die wichtigsten Infos:
  - bei einem Geschäft die Adresse
  - bei einem Büro die Telefonnummer
  - bei einem Internetanbieter die Web-Adresse
  - bei einem Pizzaservice die Telefonnummer

## Auffälligkeit durch einen Blickfang

- ❑ Wählen Sie ungewöhnliche und nicht alltägliche Fotos, Grafiken oder Zeichnungen.
- ❑ Vermeiden Sie zu detailreiche und „komplizierte" Fotos – man hat keine Zeit, sich das Foto genauer anzusehen, um die Details oder Feinheiten zu erkennen.

## Nur ein- oder zweifarbige Drucke

Die Folien für die Beklebung der Verkehrsmittel sind nicht nur groß, sondern auch relativ teuer. Das liegt daran, dass sie im Siebdruckverfahren hergestellt werden. Das gilt auch für Lkw-Planen. Jede Farbe verteuert den Druck zusätzlich.

## Welches Verkehrsmittel ist für Sie geeignet?

- ❑ Schnellbahnwerbung zahlt sich kaum für jemanden aus, der sein Geschäft in der Innenstadt hat. Auf Stadtbussen kann diese Werbung aber wieder erfolgreich sein.
- ❑ Nutzen Sie Ihre eigenen Firmen- oder Privat-Pkw für die Werbung.

## Behalten Sie auch bei der Werbung auf Verkehrsmitteln den konkreten Vorteil für die Kunden im Auge!

## Produzieren Sie Folien für einen längeren Zeitraum

- ❑ Es ist unwirtschaftlich, eine große Folie für eine Straßenbahn produzieren zu lassen und dann die Straßenbahn nur für einen Monat damit zu bekleben. Je länger, desto besser – und desto billiger. Dem muss auch die Gestaltung Rechnung tragen. Wählen Sie bei einem kleinen Budget also keine kurzfristigen Angebote oder entscheiden Sie sich für jahreszeitliche Gestaltungen.
- ❑ Drei bis sechs Monate Plakatierungsdauer sollten mindestens eingeplant werden, sonst sind die Erstellungskosten für diese Aktion zu hoch.

## Bahnsteigplakate oder Bahnhofsplakate

Bahnsteig- oder auch Bahnhofsplakate können genau platziert werden. Suchen Sie sich einfach Ihren idealen Bahnsteig aus, und wenn die Flächen frei sind – buchen Sie sie.
Hinweise wie „Erreichbar in 2 Minuten“ oder „100 m von hier …“ sind bei Bahnsteigplakaten geradezu Pflicht! (Weitere Tipps – siehe Kapitel 9, Plakate)

# Die wichtigsten Punkte für Low-Budget-Innenwerbung bei Verkehrsmitteln

## Mehr Text ist bei Innenplakaten kein Fehler – im Gegenteil

- Da in der Straßenbahn, in Bussen, in der Schnellbahn oder in der U-Bahn der Leser näher an den Plakaten ist und auch mehr Zeit hat, sich mit den Aussagen zu beschäftigen, kann der Text ruhig länger sein. Eines meiner erfolgreichsten Straßenbahnplakate bestand aus nichts anderem als Text.
- Zu kleine Schrift ist fatal. Bedenken Sie, dass Ihr Leser zwar nahe bei Ihrem Plakat steht, dass diese Entfernung aber dennoch zwischen zwei und drei Metern betragen kann. Kleine Schriftgrößen haben auf diese Distanz keine Chance.

## Farbe ist kein Muss

Auch einfarbige Gestaltungen haben Erfolg, wenn die Aussage stimmt. Es kommt auf Ihr Angebot und Ihr Produkt an, ob Farbe von Vorteil ist.

## Vorteil für den Leser nicht vergessen

Bei der Außenwerbung können Sie auf konkrete Aussagen und Vorteile verzichten, weil Sie nur mit Ihrem Logo und Ihrer Adresse oder Telefonnummer werben. Auf Innenplakaten müssen Sie dem Leser auf alle Fälle einen Vorteil präsentieren, um eine Reaktion zu bewirken.

## Gut Ding braucht Weile

- ❑ Buchen Sie Werbeflächen rechtzeitig! Verkehrsmittelwerbung ist begehrt, Buchungen müssen daher bereits Monate zuvor getätigt werden.
- ❑ Unterschätzen Sie auch nicht die Produktionszeiten für Plakate und Folien. Planen Sie als Richtwert für Gestaltung und den Druck ca. einen Monat ein. Der Abgabetermin für die Plakate und Folien ist meist mindestens zwei bis vier Wochen vor dem geplanten Erscheinungstermin.

Einige meiner erfolgreichsten Straßenbahnplakate sehen Sie auf den folgenden Seiten, als Erstes jenes Plakat, mit dem ich für einen Tischler enorme Umsatzerfolge eingefahren habe, obwohl das Budget minimal war.

Low Budget

Das Problem dieses Tischlers war das gleiche, das auch viele andere Handwerker plagt. Der moderne Kunde wagt sich oftmals nur deshalb nicht ins Geschäft oder in die Werkstatt, weil er meint, die Leistungen wären unbezahlbar. In langen Gesprächen mit „meinem“ Tischler haben wir jedoch festgestellt, dass der Tischler nur im Tiefpreissegment nicht konkurrenzfähig ist, ab dem Mittelpreissegment sind, abgesehen von Sonderaktionen, die Preise annähernd mit den „Großen“ vergleichbar. Und genau das haben wir auf einem schlichten Schwarz-Weiß-Plakat den Kunden mitgeteilt. Dieses Straßenbahn-Innenplakat lief (mit jährlichen kleinen Abwandlungen) jahrelang mit großem Erfolg. Das Budget betrug pro Jahr (für ca. drei Monate Plakatierungsdauer, aufgeteilt über das ganze Jahr, und für den Druck der benötigten ca. 2.000 Plakate) ca. 4.500 Euro. Der durchschnittliche Umsatz, der pro Jahr ausschließlich durch das Plakat erreicht wurde: ca. 100.000 bis 150.000 Euro.

Verkehrsmittelwerbung: Mein erstes Straßenbahnplakat. Nur in Schwarz-Weiß gedruckt und dennoch noch immer eines meiner erfolgreichsten, gemessen an dem minimalen Budget.

Es folgt noch ein Plakatentwurf – ebenfalls für einen Tischler – einige Jahre später. Der Tischler (immerhin ein Betrieb mit 20 Mitarbeitern) erwirtschaftet durch diese tolle Marketingidee (Gratis-Vorortplanung) und das sehr auffällige Plakat rund 30 Prozent seines Betriebsumsatzes mit der Maßmöbel-Mann-Idee. Beide Plakate bieten dem Leser vor allem eines: klare Vorteile.

Und wie könnte eine Straßenbahnwerbung für diesen Tischler aussehen? Na, vielleicht so:

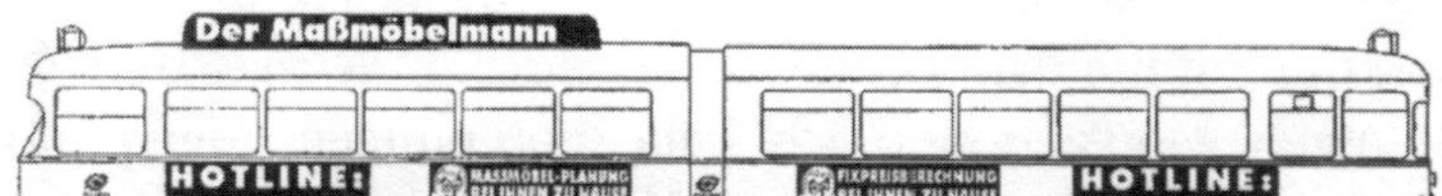

# 13 Kino und TV

Ja! Sie können sich TV-Werbung leisten, solange Sie nicht von einem Spot im ZDF träumen oder eine Werbekampagne landesweit auf RTL planen. Es gibt mittlerweile im gesamten deutschen Sprachraum unzählige Stadt-TV-Sender und lokale Sendeanstalten, die ein bestimmtes sehr begrenztes Gebiet bedienen – bis hin zu Hotel-Sendern, die ausschließlich in den eigenen Zimmern und auf den eigenen TV-Schirmen ein auf die Bedürfnisse der Hotelgäste abgestimmtes Infoprogramm präsentieren. Hauptsächlich werden hier die Angebote des Hotels selbst präsentiert, aber innovative Hotelliers haben auch schon die Werbewirksamkeit ihrer Mini-TV-Anstalt erkannt und schalten Fremdspots während der Eigenpräsentation. Ideal für lokale Boutiquen oder Shoppinganbieter, Museen oder Ausflugsrestaurants.
Waren Sie jemals in Amerika? Egal, in welches Gebiet Sie dort vordringen, es gibt immer mehrere lokale Radiosender, zumindest ein oder zwei lokale Zeitungen und einen bezirksweiten TV-Sender. Von dieser Medienvielfalt kann man bei uns nur träumen. Und TV-Werbung ist für amerikanische Firmen kein exotisches Werbemedium. Interessanterweise ist TV-Werbung bei uns für KMUs und Freiberufler ein relativ unbekanntes Terrain. Vor allem weil die meisten Unternehmer nicht wissen, dass TV-Präsenz nicht annähernd so teuer ist, wie allgemein angenommen wird. Teilweise liegen die Sekundenpreise unter jenen von Regionalradiosendern. Das ist die Chance für Low-Budget-Werber!
Während ich diese Überarbeitung meines Buches schreibe, bin ich in Verhandlung mit einem neuen Lokalsender in Wien. PULS-TV läuft seit einigen Monaten und ich habe vor einigen Tagen mit dem zuständigen Werbemanager dieses Minisenders gesprochen. Ich habe Ihn darauf aufmerksam gemacht, dass nicht die Großfirmen Hauptzielgruppe für ihn sein sollten (diese Etats bekommt er ohnehin über die großen Werbeagenturen), sondern „der Frisör von vis-a-vis" – oder „der Bäcker mit zwei oder drei Filialen". Denn das ungenutzte Potenzial dieser Gruppe beträgt alleine in Wien 10.000 bis 20.000

Betriebe. Gerade verhandeln wir darüber, ob der WERBETHERAPEUT auf PULS-TV Unternehmern Tipps für richtige und günstige Low-Budget-TV-Werbung geben soll. In Interviews oder sogar einer eigenen Sendereihe. Denn ich bin davon überzeugt, das TV-Werbung (richtig eingesetzt) sogar erfolgreicher als eine Anzeigen- oder Plakatkampagne sein kann.

z.B.

In Österreich gibt es die Möglichkeit, in den Werbefenstern der großen deutschen TV-Sender Werbung für Österreich zu schalten. Diese Spots werden nur in das Kabelnetz eingespeist und sind daher nur in Haushalten zu sehen, die Telekabelnutzer sind. Seit einigen Wochen laufen nun für einen Kunden von mir (ein kleiner Wiener Pharmabetrieb) TV-Spots für das Produkt ALCOFREE, eine Pille gegen den Alko-Kater. Die Spots sind nur 10 Sekunden lang und sorgen dennoch für rege Nachfrage bei dem Produkt, das noch dazu nur in Apotheken abgegeben wird. Der Preis für den billigsten 10-Sekunden-Spot beträgt sage und schreibe 5 Euro (ja Sie lesen richtig – bei Kabel 1 um ca. 00.30 Uhr) und der Preis für den teuersten Spot liegt bei 350 Euro (Sex and the City um 21.00 Uhr auf Pro 7).Und die Produktion von sechs Spots kostete gerade mal 3.500 Euro (wobei ich natürlich bei der Konzeption der Spots sehr genau den Low-Budget-Gedanken im Kopf haben musste, um die Produktionsanforderungen auch tatsächlich minimal zu halten und um die Vorteile des Produktes zu transportieren). Aber das alleine war nicht der Grund, warum bereits nach der Ausstrahlung des ersten Spots wirkliche Nachfrage nach dem Produkt entstand. Am wichtigsten ist die Aussage des Spots – der ohne „kreative Spielereien" voll auf den Hauptvorteil des Produkts abzielt – ALCOFREE UND DER KOPF WIRD KLAR! Nichts lenkt von dieser Aussage ab. Daher kann auch in 10 Sekunden „Bedarf" beim Konsumenten erzeugt werden. Wenn Sie sich ebenfalls für die Konzeption eines Low-Budget-TV-Spots interessieren: Tipps gibt's bei www.werbetherapeut.com.

Auf Grund der Erfahrungen und des sofortigen Nachfrageerfolgs von ALCOFREE (bei minimalem Schaltbudget) bin ich der festen Überzeugung: Werbung wird heute mit zu viel kreativem Klimbim aufgepeppt – und es wird zu wenig auf die **Vorteile für den Konsumenten** geachtet. Es wird zu viel Augenmerk auf tolle Locations, coole Models und noch tollere Special Effects gelegt. Dabei geht die Marke oder das Produkt unter. Sie glauben mir nicht? Dann sehen Sie sich einige Spots einmal an – speziell die Spots einiger Automarken. Da bekommt die Handlung eine solche Wichtigkeit, dass das eigentlich Wichtige – das Auto – kaum mehr als einige Sekunden am Bildschirm zu sehen ist – obwohl der gesamte Spot fast 60 Sekunden dauert. Speziell fällt mir das auf, wenn ich mir Spots von Kleinwagen ansehe – man könnte meinen, die Produzenten (oder die Werbeagentur) genieren sich für den mikrigen PS-Schwächling – daher wird er auch nur ganz verschämt gezeigt. Bei einem Porsche oder Mercedesspot gibt es im Gegensatz dazu meist lange Autofahrten zu sehen – ohne viel Special Effects. Dabei hat ein Kleinwagen doch in unserer Zeit mehr Marktchancen als noch vor fünf oder zehn Jahren – bei den heutigen Benzinpreisen. Aber warum zeigt niemand die Kostenunterschiede zwischen einem Daihatsu und einem Mercedes auf? Ich sage es Ihnen: Weil die Werbeagentur in diesem Fall nicht so lustig und kreativ sein kann – und außerdem kostet das viel mehr Anstrengung.

## Die wichtigsten Punkte für die Gestaltung von Low-Budget-TV-Spots

### Unter 10 Sekunden geht gar nix!

Für einen TV-Spot sind 10 bis 20 Sekunden sehr kurz. Bedenken Sie, in einem TV-Spot müssen Sie zwar nicht Ihre Adresse oder Telefonnummer „vorlesen“, aber der Betrachter muss diese geschriebene Information dennoch „lesen“ können. Zusätzlich soll er auch noch dem Bild folgen und sich den eventuell gesprochenen Text anhören. Drei

Informationen gleichzeitig – unmöglich. Eine Information bleibt dabei auf der Strecke – meist das geschriebene Wort. Achten Sie darauf, sonst macht der Spot keinen Sinn.

z.B.

Ich habe vor Jahren einen TV-Spot für einen Geschirrgroßhändler produziert. Und der Kunde wollte in den 20-Sekunden-Spot unbedingt auch noch aktuelle Preise für seine Waren einbauen. Der Spot sollte dadurch nicht länger werden (das hätte schließlich die Schaltkosten enorm erhöht), dennoch sollte die Info klar rübergebracht werden. Ich ließ mich (leider) von ihm überreden und gemeinsam mit dem Cutter überlegten wir uns eine Lösung. Das war eigentlich ganz einfach – wir ließen vom Beginn des Spots bis zum Ende ein Textband am unteren Bildschirmrand mitlaufen, wo sämtliche Preise genannt wurden, ohne dass wir im Spot selbst darauf eingehen mussten. Der Kunde war mit der Lösung sehr zufrieden – der Spot ging auf Sendung und … wurde ein Flop. Nach kurzer Analyse war auch klar, warum! Der Spot enthielt zu viele Informationen, die noch dazu in mehreren Arten dargeboten wurden. Text, Bild und Ton. Das war für den Zuschauer einfach zu viel. Versuchen Sie es selbst einmal: Wenn im Fernsehen bei einer Sendung ein Untertitel eingeblendet wird – dann bekommen Sie in der Zeit, in der Sie den Text lesen, nichts vom „gesprochenen Wort" des Moderators mit. Das ist bei einer Sendung oder bei einem Beitrag, der mehrere Minuten läuft, nicht tragisch – aber bei einem Spot, der nur wenige Sekunden zu sehen ist, bedeutet das eine Katastrophe.

## Bitte mehr Vorteile im Spot und weniger Unterhaltung!

- ❑ Unterhalten sollen andere – Sie wollen verkaufen!
- ❑ Wenn allerdings neben der wichtigen Information auch noch Unterhaltung in Ihrem Spot „rüberkommt" – ausgezeichnet. Legen Sie es aber nicht krampfhaft darauf an, witzig zu sein. Es gelingt nur sehr selten. Große Werbeagenturen mit hoch bezahlten Textern sind daran schon kläglich gescheitert. Konzentrieren Sie sich aufs Verkaufen – das ist schon schwer genug.
- ❑ Präsentieren Sie klar Ihre Vorteile – verzichten Sie auf Seitenhiebe gegen die Konkurrenz. Es ist bei uns schon ungewöhnlich genug, einen Freiberufler überhaupt im Fernsehen werben zu sehen, daher ist es hier eher notwendig, die Zuschauer von den besonderen Qualitäten eines Steuerberaters oder Anwaltes zu überzeugen. Nicht mehr, aber auch nicht weniger.

**z.B.** Aktuell sind gerade die Spots von MEDIA MARKT und SATURN zu sehen. Und einige dieser Spots karikieren den jeweiligen Konkurrenten. Meine Meinung dazu: Ich bekomme über weite Strecken der Spots kaum mit, welcher Anbieter sich hier eigentlich über seinen Konkurrenten lustig machen will. Für mich sind diese Art von „Imagespots" nichts anderes als Geldverschwendung und haben nur einen Grund – sie sind das Privatvergnügen der Werbe- und Marketingleiter dieser Unternehmen. Eine Art BIG BOY´s GAME für die „großen Jungs" in der Chefetage.

Low Budget

Im Gegensatz dazu ein Spot, der zwar den Qualitätsansprüchen keines Artdirectors entsprochen hätte, der aber sicher Umsatz gebracht hat. Im letzten Jahr war ich wieder einmal in Amerika und da fiel mir ein Low-Budget-Spot von einem Gebrauchtwagenhändler auf. Es gab nur eine einzige Kameraeinstellung. Man sah den Mann mit Cowboyhut vor der Einfahrt zu seinem Gebrauchtwagenplatz stehen (das Logo der Firma war im Hintergrund immer zu sehen) und es fuhren immer wieder seine besten Wagen vor. Dazu sprach, sang, schrie der Ami die „Vorteile" der Autos und natürlich die sensationellen Superpreise in Richtung Kamera. Der Spot dauerte mehrere Minuten und ich bin ziemlich sicher – er verkaufte fast alle seiner präsentierten Wagen. Denn es war in jeder Preisklasse etwas dabei. Tja, so einfach kann ein erfolgreicher und auffälliger TV-Spot sein.

## TV ist zum großen Teil Bildinformation!

- Seien Sie also auch „bildlich" in Ihren Aussagen – „zeigen" Sie, was Sie normalerweise nur „sagen". Versetzen Sie sich in die Lage, einem Taubstummen Ihr Produkt zu erklären. Genauso muss die Präsentation im TV aussehen. Sie sollte idealerweise auch „ohne Ton" funktionieren.
- Der Text soll nur unterstützend eingesetzt werden.

## Treten Sie doch selbst im TV auf!

Sie arbeiten für Ihre Kunden und Gäste – daher sind Sie auch jene Person, die ihre Werbung am besten transportieren kann. Werden Sie TV-Star in Ihrem eigenen Spot.

z.B. In Österreich gibt es eine große Foto- und Elektrohandelskette – Hartlauer. Es gibt unzählige Geschäfte im gesamten Land. Dennoch tritt immer und ausschließlich der Boss selbst in den TV-Spots auf, präsentiert und erklärt seine neuesten Highlights und wendet sich so „persönlich" an seine Kunden. Und damit nicht genug: Vor den jeweiligen Geschäften stehen mannshohe Pappkameraden mit dem Konterfei des Firmenchefs. Jeder Österreicher kennt das Gesicht dieses Fotohändlers. Vor einigen Jahren starb überraschend der Firmengründer, der bis dahin in den TV-Spots aufgetreten war, und alle fragten sich, ob denn der Junior die Werbelinie weiterführen würde. Ja, er konnte und er wollte! Es gab sogar enorme Sympathiekundgebungen für den jungen Chef vonseiten der Kundschaft, als der das Erbe seines Vaters auch in den Werbespots übernahm. Die Spots laufen noch immer sehr erfolgreich.

## TV-Spots müssen nicht „teuer" sein, aber „professionell"!

- ❑ Lassen Sie Ihre Videokamera im Schrank! Versuchen Sie sich bitte nicht als Reserve-Spielberg – es würde peinlich enden. Verlassen Sie sich auf Profis. Die haben das richtige Gerät und haben ihren Job gelernt.
- ❑ Gehen Sie zum Schmied und nicht zum Schmiedl. Nur weil ein Freund eine Kamera bedienen kann, heißt das noch lange nicht, dass das Ergebnis auch Profiqualität hat.
- ❑ Das Gleiche gilt für Models. Wenn Sie Models verwenden, dann bitte auch hier Profi-Models und keine (verzeihen Sie mir den Ausdruck) „Provinz-Schönheiten". Nur weil Sie die Bekannte einer Bekannten gratis bekommen könnten, ist das noch lange kein Grund, das arme Mädchen in Konkurrenz zu Naomi Campell zu stellen, die gleich nach Ihrem Spot das nächste Produkt präsentiert. Denn genauso sieht es meist in Spots fürs TV aus. Gleich nach dem

tollen Bacardy-Spot mit all den schönen Menschen wirbt ein Friseur mit seinem „hübschen" Lehrmädchen, das, schlecht geschminkt, wie eine Karikatur aussieht. Der „Erfolg" lässt (speziell bei einem Spot, der auch im Kino läuft) nicht lange auf sich warten. Der Spot wird ausgebuht und Gelächter ist zu hören. Das ist keine Low-Budget-Werbung, wie ich sie meine!

- Wenn Sie jedoch „echte Menschen" zeigen und es nicht auf die Schönheit ankommt – sondern nur auf die Aussage –, dann sind Laienmodels genau richtig. Aber auch hier gilt: Versuchen Sie nicht, aus Ihrer Tante Frieda eine Schauspielerin zu machen – das wirkt peinlich.
- Haben Sie keine Probleme damit, sich selbst zu präsentieren – dann ist das wohl die günstigste Variante und auch durchaus sinnvoll. Denn hier sind Sie kein Model, sondern genau jene Person, die Dienstleistung anbietet. Und diese Person muss nicht schön, sondern vor allem kompetent und „authentisch" sein. Das gilt auch für Spots, in denen Ihre eigenen Mitarbeiter auftreten sollen.

**z.B.** Das berühmteste Beispiel für „echte Menschen" in der Werbung ist der CALGON-MANN. Dafür werden immer echte Installateure oder Servicetechniker als Model verwendet. Keiner dieser Menschen ist „schön", keiner dieser Menschen ist „schauspielerisch talentiert", aber das ist alles kein Problem. Sie sollen schließlich nur eines sein: „authentisch".

- Vergessen Sie teure „Locations" (Drehorte) und teure Ausstattungsorgien. Ein Dreh auf Kuba ist zwar schön und ein Spot mit echten Elefanten wäre auch ganz toll, aber beides ist in erster Linie unglaublich teuer. Vergessen Sie es also gleich wieder. Wozu auch – wenn Sie nur Ihr Produkt präsentieren wollen. Lassen Sie die anderen groß prassen. Sie sollten lieber groß verkaufen.

## Bieten Sie Rat & Hilfe!

- In fast jedem TV-Sender gibt es Sendungen, die ohne die Ratschläge von Fachleuten und Freiberuflern (Ärzte, Anwälte, Psychologen etc.) nicht mehr auskommen. Bieten Sie den verantwortlichen Redaktionen Ihr Spezialwissen an.
- Bieten Sie sich den Medien als Gesprächspartner mit Fachwissen an. Es ist sicherlich nicht einfach – aber durchaus möglich.

z.B.

ATV ist ein österreichischer Privatsender. Derzeit ist bei diesem Sender eine österreichische Variante einer im ganzen deutschen Sprachraum beliebten Gerichtsshow auf Sendung. Eine meiner Bekannten, Dr. Karin Frank, eine Juristin und Anwältin, wurde vom Sender gefragt, ob sie nicht für einige Folgen die Staatsanwältin in dieser Gerichtsshow spielen könnte. Sie hat es getan und in Köln einige Folgen abgedreht. Die Premierenvorführung fand bei einer Flasche Champagner in meiner Wohnung statt. Wenn die Einschaltzahlen stimmen, gibt es sicherlich eine Fortsetzung. Sie sehen – nichts ist unmöglich!

## Werbung im TV bedeutet auch PR-Aktionen

- PR kommt ohne vorproduzierte Spots aus – denn die Aufnahmen werden von den TV-Anstalten selbst finanziert! Noch dazu völlig gratis! Allerdings muss eine Veranstaltung oder eine Aktion, die Sie bieten, stark sein. Mit lauem Werbegewäsch kommen Sie nicht weiter. Nur außergewöhnliche Ideen zählen und werden auch von TV-Anstalten übernommen und gesendet.
- Werden Sie Gast in den vielen täglichen Talk-Shows.

### Zusätzliche Punkte für die Gestaltung von Low-Budget-Kinowerbung

Der Unterschied zwischen Werbung im TV und Werbung im Kino liegt auf der Hand. Werbung im TV ist überregional, oft sogar national – Werbung im Kino ist lokal. Was ist damit gemeint? Nun, für einen Bäcker, der nur zwei oder drei Filialen in einer einzigen Stadt besitzt, hätte es keinen Sinn, Werbung im überregionalen TV zu schalten. Für ihn ist jedoch ein Spot im einzigen Kino seiner Stadt mehr als sinnvoll. Einzige Einschränkung: Wenn unser Bäcker ein Produkt auf den Markt bringt, das er auch überregional in anderen Bäckereien und vielleicht auch in einigen Supermärkten oder über Postversand verkaufen könnte, dann wäre TV-Werbung sicher eine Überlegung wert.

## Standdias sind billiger als jeder Kinospot

❑ Nicht immer sind Spots erforderlich, um im Kino zu werben. Oft genügen ein oder mehrere Dias.
❑ Die Vorteile liegen auf der Hand:
  - kein Produktionsbudget für Spots
  - Änderungen sind rasch möglich.
  - Änderungen sind ohne große Kosten möglich.
  - Fotos sind einfacher und billiger zu produzieren.

❑ Die Nachteile: Kino = bewegte Bilder (ein Dia weckt weniger Emotionen beim Betrachter)
❑ Denken Sie auch hier an die Präsentation von Vorteilen!
  - Konkrete Angebote sind besser als nur die Präsentation des Geschäftes und der Adresse.
  - Kündigen Sie Veranstaltungen oder Tage der offenen Tür mit Dias an.
  - Kündigen Sie Seminare (oder Produktverkostungen etc.) mit Dias an.

❑ Arbeiten Sie mit Text und den Werbezauberwörtern: „neu“, „gratis“, „unverbindlich“ etc.

## Spotlänge im Kino mindestens 30 Sekunden!

## Kinowerbung bringt in kleineren Städten mehr Werbeerfolg als in Großstädten

Warum das so ist? Ganz einfach, weil die Besucher in den Kleinstadtkinos die beworbene Boutique oder das beworbene Geschäft auf der Leinwand sofort lokalisieren können. In Großstädten ist das meist nur bei In-Lokalen oder In-Geschäften möglich. Die Großstadt ist zu unübersichtlich.

z.B. Aussagen wie: „Nach dem Kino auf ein Bier in die xx-Kneipe" sind in einer Kleinstadt möglich – die Kneipe ist bekannt und nicht weit entfernt. Aber niemand macht sich in Wien, Berlin oder Köln auf die Suche nach der kleinen und oftmals unbekannten xy-Kneipe. Große Ausnahme natürlich auch hier: Vorteile anbieten – z.B.: Mit der Kinokarte des heutigen Tages gibt's JEDES ZWEITE GETRÄNK GRATIS! Je weiter das Lokal oder das Geschäft vom Kino entfernt ist, desto größer muss der Vorteil für den Konsumenten sein – sich auf den Weg dorthin zu machen. Also lassen Sie sich etwas einfallen.

## Denken Sie an das sehr junge Publikum in den Kinos!

- Erinnern Sie sich noch an den Mega-Filmhit „Titanic"? Die Kinobetreiber waren auch deshalb so begeistert von dem Film, weil eine große von den Filmmogulen vernachlässigte Zielgruppe die Kinos stürmte: ältere Menschen und Senioren. Ansonsten war und ist das Kino das Element der Jungen.
- Das Kinopublikum ist im Durchschnitt zwischen 14 und 39 Jahren alt. Hauptsächlich Schüler und Studenten. Ab 25 dominieren die

Besserverdiener und die höher gebildeten Bevölkerungsschichten. Es macht also keinen Sinn, im Kino für eine Rheumasalbe zu werben.

## Im Kino ist Werbung auch an anderer Stelle möglich

Plakate in der Vorhalle/Prospekte zu jedem Ticket/Prospekte auf den Sitzen/Anzeigen in der Kinozeitung/Anzeige auf der Rückseite der Kinokarten (am besten als Gutschein konzipieren) ...

**z.B.** Um ein Gefühl für die Auswahl und Präsentation von Vorteilen zu bekommen: Sehen Sie sich die Präsentationen auf den einschlägigen TV-Shoppingsendern genau an.
HSE, RTL-Shop, QVC und TELESHOP setzen mittlerweile pro Jahr Milliarden um. Und das nicht – wie viele glauben – durch Werbeeinschaltungen, sondern rein durch den Verkauf der präsentierten Produkte. Die Werbeagenturen belächeln diese Sendungen als unkreativ und billig. Mag sein – aber sie machen das, was früher die Marktfahrer und Messepräsentatoren ebenfalls ohne viel Aufwand gemacht haben. Sie führen Produkte und Neuheiten vor – und zwar so, dass auch noch der kleinste Vorteil vor dem staunenden Publikum präsentiert wird. Das ist für mich die „hohe Schule" des Produktverkaufs!

# 14 Schaufenster & POS

Auch wenn Einzelhandelsunternehmen kein Geld für Werbung ausgeben, für die Schaufensterdekoration ist immer ein kleines Budget vorhanden. Dennoch sind gerade Schaufenster oft das Stiefkind der Einzelhandelsunternehmen. Liegt es nur an den fehlenden Ideen oder glaubt man etwa noch immer, dass einige lieblos ins Fenster gestellte Produkte genügen müssten? Nicht umsonst gibt es im Englischen den Ausdruck „Window-Shopping" für den Schaufensterbummel. Der englische Begriff trifft es genau: „Schaufenster-Einkauf." Ich hole mir heute Appetit – kaufen werde ich ein anderes Mal. Sicher sind Sie auch schon nach Hause gekommen und haben Ihrer Familie von einem neuen Produkt in einem ganz bestimmten Schaufenster eines Geschäfts erzählt und empfahlen, es sich bei Gelegenheit auch anzusehen. Und wie umlagert sind kurz vor Weihnachten die Schaufenster der Juweliere, Computerläden und Spielzeuggeschäfte – je nach persönlichem Interesse!
Genau das kann das Schaufenster bewirken – Interesse wecken. Und im Idealfall gibt ein gut gestaltetes Fenster den letzten (oder sogar den unmittelbaren) Anstoß für das Betreten Ihres Geschäfts. Unterschätzen Sie also nicht die Informations- und Werbekraft Ihrer Ausstellungsfläche hinter Glas.
Gerade in den letzten Jahren wird immer wieder das Schlagwort „Innovation" gebraucht. Für viele Unternehmer ist es bereits ein Unwort und dennoch liegt in der Forderung nach „Innovation in allen Bereichen" sehr viel Wahres. Aber man muss nicht immer nach den Sternen greifen, wenn Innovation im Spiel ist. Gerade in der Schaufenstergestaltung bewirken kleinste Innovationen tatsächlich sofort etwas Außergewöhnliches – Mehrumsatz! Und dafür müssen Sie nicht einmal Ihr Schaufenster neu gestalten! Woher kommt dann der Umsatz?, werden Sie fragen. Ganz einfach durch Präsentation von „neuen" Produkten. Ein Beispiel soll unterstreichen, was ich meine.

z.B.

Vor einigen Wochen machte ich einen tollen Geschäftsabschluss und war richtig guter Dinge. Und wie das nun einmal so bei einem „modernen Konsumenten“ ist – man muss sich belohnen. Und das geht natürlich nur durch Shopping. Also ging ich durch den ersten Bezirk in Wien, vorbei an einem alteingesessenen Hemdengeschäft – viele Wiener kennen es: „das blaue Eck“ in der Nähe der Rotenturmgasse. Ohne lange zu überlegen ging ich hinein – und ob Sie es mir nun glauben oder nicht: Die Regale dieses Geschäftes sind bis zur Decke angefüllt mit ausschließlich einem Produkt – Herrenhemden. Dennoch fiel es mir schwer, eine Auswahl zu treffen. Oh nein, nicht deshalb, weil die Auswahl so groß war – sondern ganz im Gegenteil. Trotz hunderter Modelle beschränkten sich die Farben auf Blau, Rosa, Weiß und Grün, und das in den klassischen Blockstreifen, in Uni oder in Karomustern. Jetzt habe ich absolut nichts gegen diese Farben oder gegen Blockstreifen – aber in meinem Kleiderschrank liegen bereits mehr als 30 Hemden – ich brauche daher kein drittes Blockstreifenhemd in Blau. Wie in diesem Buch schon mehrfach erwähnt: Wir haben alles – ich suche daher Abwechslung. Was soll ich sagen – trotz meiner absoluten Kauflaune blieb es beim Erwerb eines einzigen Hemdes – ich hätte auch Geld für drei oder vier Hemden gehabt.

Low Budget

Mein Vorschlag für einen kleinen Praxistest für Handelsgeschäfte ohne Werbebudget – aber mit einem Schaufenster. Legen Sie Produkte in die Auslage, die auffälliger, bunter, lustiger, teurer sind als das Angebot, das Sie sonst im Schaufenster präsentieren. Ich garantiere Ihnen, die Passanten werden wieder stehen bleiben und schauen. Und auch wenn die ausgestellten Produkte nicht die Verkaufsrenner werden – so haben sie doch ihren Zweck als „Hingucker“ erfüllt.

# Die wichtigsten Punkte für die Gestaltung von Low-Budget-Schaufenstern

## Gestaltung muss sein!

Gute Schaufenstergestaltung kostet in erster Linie Zeit! Wenn Sie nicht genügend Zeit für diese Arbeit erübrigen können, machen Sie sie nicht nebenbei. Engagieren Sie lieber einen Profi. Das kostet zwar Geld, aber ein gut gestaltetes Schaufenster bringt dieses Geld bald wieder herein. Ich wundere mich immer wieder über Geschäftsleute, die darüber schimpfen, dass die Kunden verstärkt zu den großen Ketten wechseln. Genau dieselben Unternehmer halten aber nicht einmal ihre Auslage „up to date". Die Auslagengestaltung erinnert mich bei manchen Läden entweder an die 50er-Jahre („Das haben wir immer schon so dekoriert") oder an ein unaufgeräumtes Zimmer (alles wird zwar irgendwie und irgendwo präsentiert, aber ohne Plan, ohne Stil, ohne einheitliche Linie). Sieht man ein Schaufenster als die Visitenkarte und den Prospekt eines Einzelhändlers an, ist es kein Wunder, dass die Kunden bei solchen Schaufenstern nicht zu einem Einkauf animiert werden.

Low Budget

Versuchen Sie es doch einmal mit nur einer einzigen Farbe! Wenn Sie kein Geld für einen Dekorateur ausgeben möchten, versuchen Sie es mit dem einfachsten Gestaltungsrezept. Dekorieren Sie Ihr Schaufenster konsequent in einer einzigen Farbe. Und bitte nicht halbherzig, sondern wirklich konsequent. Sie werden über die Wirkung staunen. Das Ein-Farben-Prinzip sollte bis hin zu den Produkten gehen. Egal, ob rote Pullover kombiniert mit roten Hosen auf rotem Samt dekoriert werden oder alle Bücher mit rotem Cover in einer Buchhandlung auf rotem Tüll präsentiert werden – alles ist möglich. Der Effekt ist „augenscheinlich". Die Passanten werden wieder stehen bleiben und das tun, wofür ein Schau-

fenster eigentlich gedacht ist – schauen. Der Aufwand ist minimal – der Erfolg sofort messbar. Der zweite Schritt sind Dekorationen in zwei Farben.
Anders als die anderen! Auch und gerade im Schaufenster – Ideen sind gefragt. Wagen Sie etwas Unkonventionelles. Sie können nur gewinnen.

## Bewegung „kann" sein!

Alles, was sich bewegt, reizt das Auge zum Hinschauen. Nutzen Sie diesen Effekt. Wenn sich etwas an Ihrer Fassade oder in Ihrem Schaufenster bewegt, ist das ein toller Werbeeffekt.

- ❑ Fahnen (ganzjährig oder nur bei bestimmten Anlässen)
- ❑ Bewegliche Werbe- oder Schaufensterfiguren (gerade bei Spielzeuggeschäften sehr beliebt, aber viel zu selten zu sehen)
- ❑ Eine Modelleisenbahn, die im Schaufenster ihre Runden zieht und in den Güterwagen kleine Produkte präsentiert (Brillen, Schuhe, Bücher, Uhren, Schmuck etc.)
- ❑ Luftballons (vor allem an der Außenseite des Ladens)

Low Budget

Gerade Luftballons sind extrem günstig in der Anschaffung. Sie müssen nicht einmal mit Ihrem Logo bedruckt sein. Wichtig ist eine einheitliche Farbe (entweder nur eine Farbe oder höchstens zwei Farben). Das ist zusätzlich auffällig und die Farben können zum jeweiligen Anlass gewählt werden (Frühling = Grün etc.) Gerade heute bin ich in einer Einkaufsstraße an einem Geschäft vorbeigekommen, wo ein riesiger Strauß von Ballons an der Fassade befestigt war. Man feierte ein Jubiläum und es standen eine Menge Leute vor dem Geschäft.

**Tipp** Luftballons an der Fassade wirken auf den Kunden unwiderstehlich und wie ein Signal – da ist etwas los – da gibt's was Neues – da schau'n wir mal hin.

- Lebende Menschen oder Tiere im Schaufenster: Ideal, um bei kurzen Aktionen enormes Aufsehen zu erregen. Zu Ostern ein paar Häschen ins Schaufenster und die Kinder (aber auch die Erwachsenen) werden sich die Nasen an den Scheiben platt drücken (bei Tierhandlungen ist das eine beliebte und erfolgreiche Methode, um das Schaufenster „zu beleben"). Aber achten Sie auf den Tierschutz!
- Gerade Studenten sind (gegen etwas Bares) für manchen Gag zu haben. Ein Bettenhaus könnte also durchaus einige Studenten für eine Nacht zum „Probeliegen" im neuesten Federbett überreden. Natürlich im Schaufenster.
- Haben Sie ein Modehaus und Ihre Schaufenster sind groß genug – wie wäre es mit einer Modeschau im Schaufenster? Wenn möglich, eine Dessous-Modeschau. Menschentrauben vor Ihrem Schaufenster wären die unweigerliche Folge.
- Ein Friseur könnte an einem Tag ein Schaufrisieren im Schaufenster veranstalten. (Laden Sie dazu auch die lokale Presse und die lokalen Radiostationen ein.)
- Ein Optiker könnte die Herstellung und das Schleifen einer Brille vom stillen Kämmerchen öffentlichkeitswirksam ins Schaufenster verlagern.

## Es werde Licht!

- Schaufenster ohne Licht sind undenkbar. Aber soll man sich aus Kostengründen auf die einfache Beleuchtung beschränken? Low-Budget-Werber entwickeln auch hier Kreativität!
- Installieren Sie blinkendes Licht – eine einzelne Glühlampe bringt schon mehr Auffälligkeit.

**Tipp** Ein echter Low-Budget-Tipp: Wechseln Sie eine Ihrer Glühlampen gegen eine blinkende Lampe aus und schon ist dieser Blinkreiz ein fast unwiderstehlicher „Hingucker".

Warum immer weißes Licht? Das Leben ist farbig! Installieren Sie einige Farbglühbirnen und Ihr kleines, kaum genutztes Nebenschaufenster erscheint „in neuem Licht". Aber Achtung! Bei rotem Licht ist Vorsicht geboten. Rotes Licht wird leicht mit einem bestimmten Gewerbe identifiziert.

## Verführen Sie den Kunden mit allen Mitteln, die Ihnen zur Verfügung stehen

Jede Sekunde, die Ihr Kunde länger vor Ihrem Geschäft zubringt, ist kostbar. Stellen Sie eine „Wühlkiste" mit Sonderangeboten vor Ihr Geschäft.

**Low Budget** Eine meiner Kundinnen hat ein Geschäft mit Antiquitäten. Sie erzählte mir einmal, dass sie bei Regen immer sehnsüchtig auf das Ende des Schauers wartet, weil sie dann wieder ihre Wühlkiste mit billigen Romanheften und alten Büchern vor die Tür stellen könne. Sie versicherte mir glaubhauft, dass der Umsatz spürbar mit dem Aufstellen dieser billigen Wühlkiste zusammenhängen würde. Ihr wäre es sogar egal, dass immer wieder einige der Bücher gestohlen würden. Wichtig bei der Sache wäre, dass Interessenten vor ihrem Geschäft stehen bleiben und sich zumindest einige Sekunden mit der Auslage und den Angeboten beschäftigen. Außerdem würden diejenigen Kunden, welche die billigen Bücher kaufen, auch immer wieder in ihrem Geschäft weitere Spontankäufe tätigen.

## Stellen Sie ein TV ins Schaufenster oder ins Geschäft

Viele Menschen sind TV-süchtig. Nutzen Sie diese Tatsache! Ein TV im Schaufenster ist „Bewegung“ und Bewegung zieht die Aufmerksamkeit auf sich.

- ❑ Eine Boutique für junge Mode präsentiert die neuesten Videoclips oder zeigt MTV live.
- ❑ Ein Sportgeschäft überträgt die Sendungen des Sportkanals.
- ❑ Ein Heimwerkermarkt zeigt „Do-it-yourself-Videos“ zu einzelnen Produkten.

Möglichkeiten gibt es genügend.

Low Budget

Ein Sportgeschäft präsentierte für längere Zeit ein selbst gestaltetes Video, das die aktuellsten Jubelschreie von bekannten und unbekannten Sportlern nach dem Zieleinlauf oder auf dem Siegerpodest zeigte. Was kann für Amateursportler motivierender sein als die Siegesschreie der Topstars, die noch dazu in den Markenkleidern jubeln, die auch der Sportartikelhändler im Programm hat. Auf alle Fälle ein Programm zum Stehenbleiben, Gucken und Schmunzeln.
Präsentieren Sie die Passanten in einem TV in Ihrem Schaufenster. Simple Technik – faszinierende Reaktionen. Eine Kamera wird direkt auf die Passanten vor Ihrem Schaufenster gerichtet und ein Bildschirm strahlt diese Bilder live aus.

## Genaue Erklärungen haben noch nie geschadet

Eine weitere Möglichkeit, die Kunden länger im Geschäft bzw. vor dem Schaufenster zu halten, besteht darin, jedes Produkt genau zu beschreiben. Wie Exponate im Museum werden die wichtigsten oder interessantesten Produkte in Ihrem Geschäft bis ins Detail erklärt (mit allen Vorteilen). Oft ist nicht erkennbar, warum ein Kaschmirpullover in einem Fachgeschäft 250 Euro kostet und in einem Kaufhaus nur 50 Euro. Die Erklärung gibt oft das unterschiedliche Material selbst. Die Kaufhausware ist eben nicht so fein, nicht so edel und nicht von denselben Kaschmirziegen wie die Produkte im Fachgeschäft. Sie wissen das, aber wissen es auch die Kunden, die nur den Preisunterschied sehen und daher doch im Kaufhaus kaufen? Wenn Sie aber Ihr Produkt penibel erklären und seine Eigenarten herausstreichen, dann wird damit auch der höhere Preis gerechtfertigt.

Low Budget

Das beste Beispiel sind hier die Teefachgeschäfte mit offenen Teesorten. Sie haben von Anfang an ihre einzelnen Sorten in kleinen Prospekten beschrieben. Darin werden Angaben zur genauen Herkunft und Verarbeitung, zu Geschmack und besonderen Eigenschaften gemacht. Es ist für den Kunden z.B. wichtig zu wissen, dass von dem hochpreisigen Tee, den er gerade bereit ist zu erstehen, jährlich nur 100 kg geerntet werden. Der Preis für 50 g Luxustee ist bei 250 €/kg außergewöhnlich. Aber nur, wenn der Kunde nicht erklärt bekommt, warum er diesen Preis zahlen muss.
Ein besonders teures oder exklusives Produkt wird gesondert im Schaufenster präsentiert und daneben eine detaillierte Produktbeschreibung (in der Länge einer ganzen Seite) gestellt. Zusätzlich können auch noch Zeitungsberichte über das Produkt oder das verwendete Material ausgestellt werden. Sie werden erstaunt sein, wie intensiv Ihre Auslage „studiert" werden wird.

## Reagieren Sie mit Ihrem Schaufenster auf bestimmte Anlässe

- Egal, ob Beethovens Geburts- oder Todestag, die Premiere eines neuen Musicals oder auch „nur" ein Kongress von Lungenärzten in Ihrer Stadt – reagieren Sie auf solche Anlässe mit einer Schaufensterdekoration, die darauf Bezug nimmt. Dies kann auch mit dem Ziel geschehen, neue Kundenschichten anzusprechen oder Zusatzumsatz mit den Kongressgästen zu erwirtschaften.

- ❑ Nur wer von Ihrem Angebot erfährt, kann Kunde bei Ihnen werden. Mozartkugeln wären nie zu einem Verkaufsschlager geworden, wenn man sie in den Salzburger Konditoreien nicht in den Schaufenstern präsentiert hätte.

**z.B.** Vor einem Jahr hatte ich als „Werbetherapeut" einen Beratungsauftrag in einem Spezialgeschäft für Seide. Schon beim Betreten des Geschäfts fiel mir das Schaufenster auf. Da waren einige Unterwäschestücke aus echter Seide drapiert. Ich muss gestehen, sie waren nicht sehr attraktiv – weil ungefärbt und ungebleicht, also in einem schmutzigen Weiß gehalten. Wenn man aber auf den angeführten Preis blickte, korrespondierte dieser extrem hohe Preis in keinster Weise mit dem ausgestellten Produkt. Die Produktbeschreibung bestand ausschließlich aus der Produktbezeichung: Seidenunterleibchen und Preis. Besser wäre es, wenn man eine ausführliche Beschreibung neben dem unscheinbaren Leibchen platziert hätte. Wenn Ihr Produkt etwas Besonderes kann, dann informieren Sie Ihre Kunden. Zum Beispiel über die Vorteile von Seide gegenüber anderen Materialien oder auch über die aufwändige Produktion oder die weite Herkunft dieses edlen Rohmaterials. Oder präsentieren Sie ein Video über die Herstellung Ihrer Produkte. Sie werden sehen und es vielleicht gar nicht glauben – aber Menschen nehmen sich auch heute noch Zeit, sich in einem Schaufenster zu informieren. Man muss nur etwas präsentieren, damit es sich für den Konsumenten auch lohnt zu verweilen.

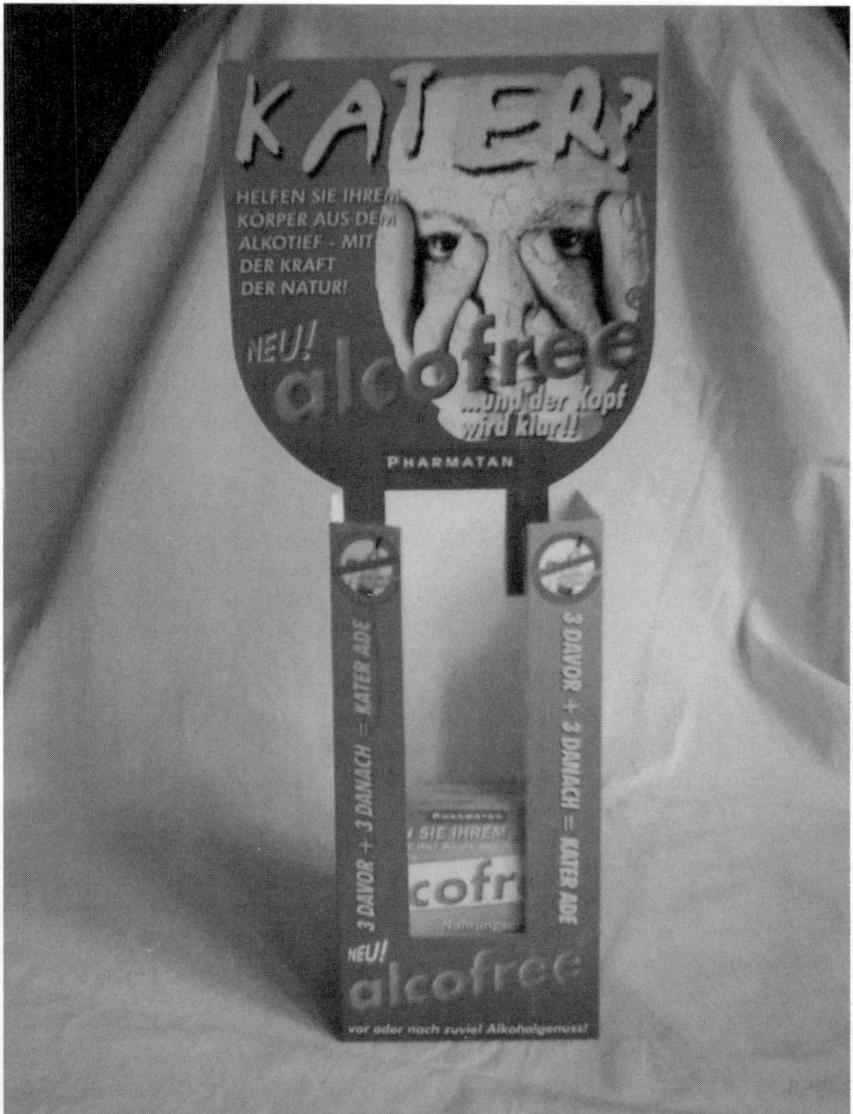
KATER?
HELFEN SIE IHREM KÖRPER AUS DEM ALKOTIEF - MIT DER KRAFT DER NATUR!
NEU! alcofree
...und der Kopf wird klar!!
PHARMATAN
3 DAVOR + 3 DANACH = KATER ADE
3 DAVOR + 3 DANACH = KATER ADE
NEU! alcofree
vor oder nach zuviel Alkoholgenuss!

**Tipp**

Noch ein Tipp für Geschäftsinhaber, die von Lieferanten immer wieder Aufsteller für Produktpräsentationen zur Verfügung gestellt bekommen. Ich weiß, für alle diese Aufsteller ist kein Platz in den meistern Geschäften. Aber nutzen Sie dennoch diese Gratisverkaufshilfen. Testen Sie einfach und wechseln Sie von Zeit zu Zeit die Aufsteller. Achten Sie dabei auch auf die Werbeaktionen, die von den Anbietern gestartet werden. Wenn eine TV-Kampagne startet und der Lieferant Ihnen einen Aufsteller anbietet, dann sollten Sie diesen auch einsetzen. Am Beispiel des oben abgedruckten Fotos von einem Aufsteller, der in Apotheken angeboten wurde, kann man eindeutig nachweisen, dass Nachfrage und Umsatz rapide anstiegen, sobald der Aufsteller in der Apotheke platziert wurde. Unterstützt wurde die Nachfrage durch eine Low-Budget-TV-Kampagne.

# 15 Kooperationen

In den letzten Wochen haben sich für mich sehr interessante Kooperationen ergeben. Ich habe derzeit noch keine Ahnung, ob aus diesen Gesprächen jemals ein echtes „Geschäft“ entstehen wird. Eines kann ich aber schon sicher sagen – ich habe Kontakte geknüpft, von denen ich überzeugt bin, dass sie sich irgendwann einmal bezahlt machen werden.

**Tipp** Gehen Sie mit „wachem Geist“ durchs Wirtschaftsleben. Versuchen Sie, jeden Kontakt nicht nur auf schnellen Umsatz, sondern auch auf eine mögliche Kooperation hin zu durchleuchten. In den letzten drei Wochen sind zwei Leser meiner Bücher an mich herangetreten und wollten mir eigentlich nur zum „Low Budget Werbe-1 x 1“ und zu „Hotel Kreativ“ gratulieren. Mehr war vonseiten dieser beiden Personen nicht oder nicht sofort geplant. Die Kontaktaufnahme kam durch E-Mail zustande. Das machte es mir natürlich besonders leicht zu antworten. Und zwar nicht einfach, indem ich mich nur und ausschließlich für das Lob zu meinen Büchern bedankte, sondern mit konkreten Überlegungen hinsichtlich Kooperationen und Zusammenarbeit. Das Besondere daran: Beide Leser waren aus meiner eigenen Branche und daher eigentlich „Konkurrenten“. Kein Problem, wenn man weiß, wo man sich unterstützen kann und wo man sich nicht ins Gehege kommt. Konkret verhandeln wir derzeit über eine „Road-Show“ des Werbetherapeuten durch Österreich und über ein spezielles Coaching-Angebot für Kaufleute und Unternehmer im Raum Baden bei Wien. Ob es zustande kommt – wir werden sehen. Vorteile hätten jedenfalls alle Beteiligten.

Was ich damit zeigen wollte, ist Folgendes: Die Zeiten sind hart und werden auch in Zukunft sicherlich nicht leichter werden. Hier mit geeigneten Partnern gemeinsame Sache zu machen entspricht genau der Low-Budget-Philosophie. Kooperationen sind dann sinnvoll, wenn es darum geht, bestimmte Werbe- oder Merketingziele gemeinsam einfacher (und auch günstiger) zu erreichen oder auch eventuellen gemeinsamen Zielgruppen bessere, günstigere und vielleicht auch nur bequemere Lösungsansätze oder Produkte und Dienstleistungen anzubieten. Ganz nach dem Motto: Besser gemeinsam als einsam! Sie denken, dass Kooperationen bei ihnen kaum einen Sinn haben? Weit gefehlt! Ein brandaktuelles Beispiel, das Ihnen zeigen soll, wie spontan sich Kooperationen und Zusammenarbeiten zum Wohle meiner Leser ergeben, ist dieses Buch.

Ganz kurz die Vorgeschichte: Bei der Endrecherche und mitten in der Textierung dieses Buches bekam ich eine Werbe-E-Mail von einer deutschen Internetfirma, die mir ihre Dienste anbot. Und ganz ehrlich, zu diesem Zeitpunkt hatte ich noch nie von diesem Unternehmen gehört – aber die Ideen und neuen Lösungsmöglichkeiten für Homepages erschienen mir sehr attraktiv. Meine kurze Antwort auf das Massen-Mailing blieb nicht unbeantwortet und nach einigen Mails entstand die Idee, für die Leser dieses Buches etwas ganz Besonderes auf die Beine zu stellen. Gesagt, getan: Die Firma aicovo GmbH bietet Ihnen hiermit die Möglichkeit, den Kaufpreis dieses Buch refundiert zu bekommen. Der Text der Original-Mail von aicovo lautete wie folgt:

Hallo Herr Gmeiner,
im Nachgang zu meiner Mail von heute Abend ist mir noch was Geniales eingefallen.

1.) Sie könnten in dem Buch, wenn Sie HALLO-KUNDE erwähnen, einen **Bonus-Code** abdrucken. Mit diesem **Bonus-Code** würden wir jedem Buchkäufer den Kaufpreis des Buches (oder einen Teil davon – ich kenne Ihr Preisgefüge noch nicht) bei Buchung von HALLO-KUNDE in Abzug bringen.
2.) Wir könnten auch eine Website einrichten für Marketing-Tipps in der Zielgruppe und HALLO-KUNDE und/oder eine Mail-Konferenz zusammen mit Ihrem Buch als Bundle anbieten.

Super – oder?

Herzliche Grüße:
Axel Haitzer
www.hallo-kunde.com

Und damit Sie sehen, dass diese zufällige Kooperation für meine Leser nicht nur heiße Luft produziert, sondern auch etwas gebracht hat, kann ich Ihnen Folgendes anbieten: Holen Sie sich den kompletten Kaufpreis dieses Buches zurück, wenn Sie sich für Hallo-Kunde entscheiden. Den folgenden Code fügen Sie bei der Anmeldung und Bestellung auf der Homepage www.hallo-kunde.com an. Während des Buchungsvorgangs kann der Besteller den Bonus-Code eingeben.

Bonus-Code: 7AB5222636

Na bitte, das nenne ich spontane Kooperation zum Nutzen des Kunden.
Hätte ich nicht auf die Mail reagiert, wäre diese kleine No-Budget-Aktion niemals entstanden. Den Vorteil haben beide Parteien – aicovo wird in diesem Buch erwähnt und Sie als Leser können günstiger in den Genuss der Dienstleistung kommen.

Und noch einmal: Keiner der an diesem „Deal“ Beteiligten weiß jetzt schon, ob das Kooperationsexperiment funktionieren wird. Wenn Sie als Leser diesen Bonus-Code nutzen – gut. Wenn nicht – auch gut. Die einzigen echten Investitionen von Herr Haitzer waren

- ❑ seine schnelle Reaktion auf meine E-Mail,
- ❑ seine Kreativität, um sich für mich und meine Leser einen geeigneten „Vorteil“ einfallen zu lassen,
- ❑ Zeit, um den Bonus-Code zu programmieren.

Und meine Investitionen waren ebenfalls nicht wirklich weltbewegend:

- ❑ spontane Reaktion auf die Massen-Mail von Herrn Haitzer
- ❑ Vorschläge für Kooperation
- ❑ Kontaktaufnahme mit meinem Verlag, um den Vorschlag von aicovo vorzustellen und (wenn es sein müsste) zu argumentieren
- ❑ den Text für dieses Kapitel zu verfassen

Dennoch: Meine Erfahrung zeigt mir tagtäglich, dass diese geringen Investitionen für viele Unternehmer bereits zu viel sind. Und daher sind für mich viele Selbstständige auch keine Unternehmer mehr, sondern „Unterlasser“! Sorry – aber das musste auch einmal gesagt werden!

PS: Übrigens – in einigen Wochen bin ich Gastvortragender bei einer internationalen Telefonpressekonferenz mit hunderten Teilnehmern. Natürlich organisiert von aicovo, die diesen Service ebenfalls im Angebot haben und bekannt machen wollen. Das Thema: „Servicewüste Internet“. Selbstverständlich nehme ich mir auch dafür die Zeit – der Termin ist bereits fixiert. Ein paar Gratis-Presseerwähnungen haben noch keinem geschadet. Die Kooperation geht also munter weiter ... und Sie können das auch! GARANTIERT!

Und wie steht´s mit ihren eigenen Ideen für Kooperationen?

## MÖGLICHKEITEN FÜR KOOPERATIONEN

Kooperationspartner:

a) ..................................................

b) ..................................................

c) ..................................................

d) ..................................................

Vorteile: ..............................................

Nachteile: ............................................

# 16 Die Werbekampagne unter 5.000 Euro

Sie stehen kurz vor der Eröffnung Ihres neuen Geschäfts, Lokals oder Büros und wollen wissen, welche Werbemittel Sie von Beginn an einsetzen sollen, um mit möglichst geringem Budget innerhalb von 14 Tagen bereits die ersten Erfolge zu sehen? Vielleicht möchten Sie auch nur wissen, was Sie sinnvollerweise während eines Jahres an Werbeaktivitäten initiieren können, wenn Sie 5.000 Euro Werbebudget zur Verfügung haben?
Planen Sie die Einschaltungen und Aktivitäten grob über das Jahr verteilt im Voraus und reservieren Sie immer einen gewissen Betrag, um spontan eine „gute Idee“ umsetzen zu können. Vergessen Sie aber nie: Werbung = Masse. Das Versenden von zehn Briefen wird Ihnen keinen sensationellen Erfolg bringen, genauso wenig wie eine einzige Anzeige. Gehen Sie eher nach dem Motto vor: Steter Tropfen höhlt den Stein.
Und nun einige Tipps, die ich Ihnen für eine effiziente Minimal-Kampagne ans Herz legen möchte. Dass die Kampagne auch „funktioniert“, hängt weniger von der Gestaltung als von Ihrem Wissen über die eigenen Kundenvorteile ab, die Sie in Ihrer Firma zu bieten haben. Lesen Sie außerdem noch einmal (oder zum ersten Mal) die ersten Kapitel dieses Buches durch. Ohne klare Kundenvorteile können nämlich auch der beste Werber und das größte Werbebudget nichts ausrichten.
Im Folgenden die für mich effizientesten Medien und Werbemittel bei wenig Budget.

# Jahreskampagne bei einer Geschäftseröffnung

**!** Nicht kleckern, sondern klotzen!

Auffällige Werbeaktionen und Veranstaltungen machen auf Ihren Betrieb aufmerksam – von Beginn an. Sparen Sie nicht am falschen Ende, sondern veranschlagen Sie zumindest die Hälfte der 5.000 Euro für die Eröffnung. Ein Stichwortkonzept könnte für diesen Fall folgendermaßen aussehen:

| | |
|---|---|
| **Budget für Eröffnung:** | **2.500 Euro** |
| Eröffnungsaktionen: | Je wilder und ungewöhnlicher, desto besser. Mein Vorschlag daher (das Motto hängt natürlich von Ihrem Betrieb und Ihrer Werbelinie ab):<br>a) Laufen Sie mit dem Slogan „**Jumboeröffnung**“ mit einem echten Elefanten durch die Stadt.<br>b) Verschnüren Sie Ihr gesamtes Ladengeschäft als Paket und packen Sie es anlässlich der Eröffnung aus. |
| Eröffnungswerbemittel: | Flugblätter, Postwurfsendungen, Kleinplakate |
| Gewinnspiel: | Der Preis für den Gewinn ist nicht in den 2.500 Euro enthalten. |
| Sonderposten PR: | Meldung der Eröffnung an die Presse – wenn die Aktion ungewöhnlich genug ist, erfolgt eine Gratiserwähnung. Wenn nicht, hat es Sie nur etwas Zeit gekostet. |

**Budget für den Rest des Jahres: 2.500 Euro**

| | |
|---|---|
| Werbemittel-Grundausstattung: | Briefpapier, Kundenkarte, Mini-Plakate, Hauszeitung, Flugblätter |
| Werbeaktionen im Lauf des Jahres: | Kundenadressen vorhanden: Direct-Mailings (+ Antwortkarte). Keine Kundenadressen vorhanden: Postwurfsendungen oder Flugblätter |

## Jahreskampagne unter 5.000 Euro

**Produktion der wichtigsten Werbemittel**

| | |
|---|---|
| 500 – 1.000 Euro: | Briefpapier, Kundenkarte, Hauszeitung, Mini-Plakat Flugblatt, Mailing-Antwortkarte |

**Schaltung der wichtigsten Werbemittel**

| | |
|---|---|
| 2.500 – 3.500 Euro: | Direct-Mailing, Flugblatt bzw. Postwurfsendung; Schaltung und Druck Sonderwerbemittel |
| 500 – 1.000 Euro: | Kleinplakate inklusive Plakatierung |

**Schaltung Telefonbuchanzeige**

| | |
|---|---|
| 500 Euro: | Anzeige in den Gelben Seiten |

**Sonderposten**

| | |
|---|---|
| 0 – 50 Euro: | Meldungen an die Presse – wenn es etwas Interessantes zu melden gibt, das die Leser der jeweiligen Zeitung interessieren könnte |

# Die Werbekampagne unter 500 Euro

Überlegen Sie sich, welches Werbebudget Ihnen pro Jahr zur Verfügung steht. (Fünf Prozent vom Umsatz sollten als Durchschnitt gelten.) Die vorgegebenen fiktiven 500 Euro sind daher für wirklich sehr kleine Betriebe gedacht. Dennoch möchte ich Ihnen anhand dieses besonders knapp bemessenen Budgets beweisen, dass es auch hier effiziente Werbemöglichkeiten gibt.
Bei 500 Euro Werbebudget würde ich folgende Werbemittel produzieren und möglichst effektiv unter die Leute bringen:

## Kundenvorteilskarte

- ❑ Seien Sie nicht „geizig" mit diesen Karten. Es ist das günstigste Werbemittel, das Ihnen zur Verfügung steht.
- ❑ Geben Sie dem Kunden einige echte Gründe, bei Ihnen einzukaufen.

## Das Flugblatt

- ❑ Die aktuellsten Angebote und die besten Vorteile müssen auf Ihr Flugblatt mit eingedruckter Antwortkarte.
- ❑ Verteilen Sie Ihre Werbemittel selbst oder stecken Sie sie hinter die Scheibenwischer von geparkten Autos.

Low Budget

Verwenden Sie keine DIN-A4-Flugblätter – A5 tut's auch. Oder kopieren sie überhaupt nur Mini-Gutscheine oder Rabattmarken für alle Schnäppchenjäger. Bei guten Angeboten wird der Erfolg nicht lange auf sich warten lassen.

- ❑ Bieten Sie die Flugblätter auch am Geschäftsportal in einem Prospekthalter zur freien Entnahme an.
- ❑ Legen Sie Ihre Flugblätter auch in anderen Geschäften, Vereinslokalen oder an Orten aus, wo viel Publikumsverkehr herrscht. Ein

Hundesalon sollte also seine Flugblätter beim örtlichen Tierarzt auslegen, ein Sportartikelhändler in den lokalen Sportvereinen, ein Optiker in den örtlichen Altersheimen. Sein Geheimnis: Ein Aushang am schwarzen Brett des Wohnheims – **„Gratis-Hausbesuche** für alle Heimbewohner".

- ❏ Verteilung vor Ämtern, Universitäten, Schulen etc.
- ❏ Verteilung vor dem Beginn oder nach dem Ende von kulturellen oder sportlichen Veranstaltungen

## Public Relations

- ❏ Guter Kontakt zur Presse ist eine Daueraufgabe. Geben Sie der Presse immer wieder einen „Grund", über Sie zu schreiben, etwa über
  - ungewöhnliche-Veranstaltungen und Rekordversuche etc.,
  - Seminare,
  - Tipps vom Fachmann oder Handwerksmeister.
- ❏ Bemühen Sie sich hartnäckig um möglichst häufige Medienpräsenz. Machen Sie „von sich reden".
- ❏ Schreiben Sie Leserbriefe – dies ist der einfachste Weg in die Zeitung.

## Schaufenster-Plakate

- ❏ Nur kopiert statt gedruckt sind sie extrem günstig und dennoch bei guter Gestaltung in der Werbewirkung nicht zu überbieten.
- ❏ Hängen Sie das Plakat auch in den umliegenden Geschäften oder an stark frequentierten Stellen in Ihrer Umgebung auf.
- ❏ Auch die schwarzen Bretter in den Wohnhausanlagen sind perfekt für Ihr Kleinplakat geeignet. Gestalten Sie Ihr Plakat so, dass man Ihre Telefonnummer (und den Firmennamen) mehrmals leicht vom übrigen Plakat abtrennen kann.
- ❏ Denken Sie immer an den Vorteil für den Kunden – sonst hagelt es Misserfolge.

## Die „zusätzliche" Werbekampagne im Internet

- Eine Homepage ist heute für jeden Betrieb fast so wichtig wie eine Visitenkarte. Und heute kostet auch die Erstellung einer Homepage keine Unsummen mehr. Bei einer einfachen kleinen Homepage sind Sie schon mit 200 Euro dabei.
- Nutzen Sie die Möglichkeiten von Google-Werbung, solange noch nicht zu viele Ihrer Konkurrenten diese „günstige" Methode für sich entdeckt haben.
- Eine Anzeige können Sie noch heute – innerhalb von 10 Minuten – erstellen. Und schon morgen haben Sie neue Interessenten auf Ihrer Homepage – GARANTIERT!

# Danksagung

Mein Dank gilt diesmal nur einer einzigen Person.

Meiner kleinen Tochter

**KATHARINA MARLEN**

Danke, dass es dich gibt!
Danke, dass ich bei deinem Aufwachsen dabei sein darf und dass ich so unglaublich viel über menschliches Lernen, menschliche Bedürfnisbefriedigung und menschliche Verhaltensweisen von dir lernen durfte. Danke für deine inspirierende, kindliche Kreativität. Danke für dein spontanes Reagieren auf Neuheiten, auf Farben, Formen, Gerüche und Geschmackserlebnisse. Und natürlich ein großes Danke für deine oft erstaunlich rational-irrationalen Reaktionen als kleine und selbstbewusste Konsumentin bei unseren gemeinsamen Einkaufstouren. Das alles hat mir bei meiner Arbeit und beim grundsätzlichen Verständnis der Verhaltensweisen „moderner Menschen" enorm geholfen und mir vieles klarer vor Augen geführt.

Ich bin stolz auf dich!

Dein Papa

# Literaturverzeichnis

Aus folgenden Büchern wurden kurze Zitate bzw. Fachausdrücke übernommen oder Ideen und Anregungen verwendet. Herzlichen Dank an die Autoren:


Autorenteam: *Der Werbeberater. Ideenservice für erfolgreiche Werbung und Öffentlichkeitsarbeit*. Loseblattausgabe, Bonn 2000

Boress, A. S.: *Jetzt brauche ich Aufträge. Wie Dienstleiter, Selbständige und Freiberufler ihre Auftragslage stabilisieren, neue langfristige Kundenbeziehungen aufbauen und erfolgreich am Markt bestehen*. Landsberg am Lech 1998

brand eins Wirtschaftsmagazin

Bürger, J. H.: *Wie sage ich's der Presse*. Landsberg am Lech (vergriffen)

Drescher, U.: *Katalogoptimierung*. Landsberg am Lech (vergriffen)

Förster, H. P.: *Handbuch Pressearbeit*, München

Gmeiner, A.: *Besser werben in 60 Minuten! Werbung leicht gemacht für Klein- und Mittelbetriebe*. Audiokassette, Wien 1998

Gmeiner, A.: *Werbung für freie Berufe endlich erlaubt*. Landsberg am Lech 1999

Gmeiner, A.: *Werbung verboten? Werbung leicht gemacht für Ärzte, Apotheker, Rechtsanwälte, Notare, Steuerberater und Wirtschaftstreuhänder in Österreich*. Wien 1998

Harbich E./Kotschwar G.: *WIFI-Skriptum*. WIFI-Wien

Klewes, J.: *Die Marketing Datenbank. Das Sourcebook für Werbung, PR und Below the Line*. Regensburg 1997

Levinson, J. C.: *Guerilla Marketing für Fortgeschrittene*. München 1997

Levinson, J. C.: *Guerilla Marketing im Internet. Tips und Tricks für kleinere und mittlere Unternehmen*. Zürich 1999

Levinson, J. C.: *Guerilla Marketing. Offensives Werben und Verkaufen für kleiner Unternehmen*. München 1995

Levinson, J. C.: *Guerilla Werbung. Ein Leitfaden für kleine und mittlere Unternehmen*. München 1998

Lewis, H. G.: *Werbebriefe mit Power. 1000 Tips, Regeln und Erfolgsbeispiele.* 2. Aufl. 1997, Landsberg am Lech
Lüscher, M.: *Die Lüscherwürfel*, München
Pawlowitz, N.: *Marketing im Internet. Zielgruppenpotential – Einsatzmöglichkeiten – Umsetzung.* 2. Aktualisierte Aufl., Wien 1999
Schwab, V. O.: *Anzeign wirksam texten.* Landsberg am Lech (vergriffen)
Skirl, M. j.: *100 Ideen für Werbung und PR.* München
Winterfeldt, W.: *Besser texten – mehr verkaufen.* Hohmann Verlag

## Bereits erschienene Werke von Alois Gmeiner

HOTEL KREATIV!
(B.O.D. Norderstedt)
333 kreative Hotel- und Gastro-Ideen aus Las Vegas und dem Rest der Welt.
Es gibt auch bereits eine Homepage zu dem Buch: www.hotelkreativ.de

WERBUNG ERLAUBT!
(Verlag Österreich)
Werbetipps für Anwälte, Notare, Steuerberater und Wirtschaftstreuhänder in Österreich!

WERBUNG VERBOTEN?
(Grenzverlag Wien 1998)
Mein erstes Buch für die freien Berufe. Damals noch mit sehr vielen Werbebeschränkungen.

WERBUNG FÜR FREIE BERUFE ENDLICH ERLAUBT
(Verlag Moderne Industrie 1999)
Für den deutschen Markt adaptierte Ausgabe von Werbung verboten.

BESSER WERBEN IN 60 MINUTEN
(Grenzverlag Wien)
Audiokassette fürs „Do it yourself"-Seminar zu Hause oder im Auto.

ZIGARREN SAMMLER BUCH FÜR AFFICIONADOS
(B.O.D. Norderstedt)
Sie lieben Zigarren – dann ist das das Buch für Sie. Homepage: www.sammlerbuch.at.tt

KÄSE-GOURMET SAMMLER BUCH
(B.O.D. Norderstedt)
Für Käseliebhaber – www.sammlerbuch.at.tt

Homepage: www.ideenmanufaktur.info
www.werbetherapeut.com
www.hotelkreativ.de
www.whitetrash.info

Werfen Sie von Zeit zu Zeit einen Blick auf meine Homepages – es sind für die nächste Zeit einige weitere Werke zum Thema Werbung und Kreativiät geplant.

# Stichwortverzeichnis

**E**



**F**



**G**



**H**



**I**



**K**